CINEMA PARA RUSSOS, CINEMA PARA SOVIÉTICOS

JOÃO
LANARI BO

CINEMA PARA RUSSOS CINEMA PARA SOVIÉTICOS

© Bazar do Tempo, 2019
© João Lanari Bo, 2019

Todos os direitos reservados e protegidos pela
Lei nº 9.610, de 12.2.1998. É proibida a reprodução total
ou parcial sem a expressa anuência da editora.

Este livro foi revisado segundo o Acordo Ortográfico
da Língua Portuguesa de 1990, em vigor no Brasil desde 2009.

DIREÇÃO EDITORIAL Ana Cecilia Impellizieri Martins
EDIÇÃO Maria de Andrade
ASSISTENTE EDITORIAL Catarina Lins
PROJETO GRÁFICO Thiago Lacaz
TRATAMENTO DE IMAGEM Leonardo de Vasconcelos
IMAGENS Mosfilm, Museu Nacional V. V. Maiakóvski (p. 12),
Overtheknee Project (p. 13) e Universal Art Archive/
Alamy Stock Photo (verso da sobrecapa)
COPIDESQUE E ICONOGRAFIA COMPLEMENTAR Paula Vaz de Almeida
REVISÃO Vanessa Gouveia
ÍNDICE ONOMÁSTICO Gabriella Russano
AGRADECIMENTOS Mosfilm e CPC – Umes Filmes

CIP-Brasil. Catalogação na Publicação
Sindicato Nacional dos Editores de Livros, RJ

Bo, João Lanari, 1955-
Cinema para russos, cinema para soviéticos / João Lanari Bo.
Rio de Janeiro : Bazar do Tempo, 2019. 304 p. Inclui índice.
ISBN 978-85-69924-63-0
1. Cinema – Rússia – História. 2. Cinema – União Soviética –
História. I. Título.
19-60255 CDD: 791.430947 CDU: 791.4(47+57)

Meri Gleice Rodrigues de Souza, bibliotecária CRB 7/6439

BAZAR DO TEMPO
Produções e Empreendimentos Culturais Ltda.
Rua General Dionísio, 53, Humaitá
22271-050 Rio de Janeiro RJ
contato@bazardotempo.com.br
bazardotempo.com.br

Apresentação
Dentro e fora: cinema soviético e cinema russo   9

Da era tsarista à virada socialista
Cinema pré-Revolução   19
Reviravolta da história   33
Aceleração da história   53

Stálin no poder: o regime de controle
Revolução cultural   95
Centralização e terror   117

Cinema em vias de guerra
Guerra patriótica   165
Guerra Fria e paranoia   185

Rumo ao moderno cinema soviético
Primavera   237
A porta de Ilitch   259

Bibliografia anotada   281
Índice onomástico   289
Sobre o autor   303

APRESENTAÇÃO
DENTRO E FORA: CINEMA SOVIÉTICO E CINEMA RUSSO

Ninguém duvida de que o evento singular mais marcante do século XX tenha sido a revolução bolchevique de 1917. Uma aceleração histórica sem precedentes, diretamente involucrada com a Primeira Guerra Mundial, inevitavelmente amarrada à Segunda Guerra, que desembocou na Guerra Fria. E sempre sujeita a sobressaltos e injúrias, euforias e esperanças, luto e melancolia.

A história, afinal, é uma curva tendendo ao infinito, cruzando percepções e decepções. A versão oficial da epopeia soviética é conhecida à exaustão. Antes de 1917, as narrativas russas eram fragmentadas e caóticas. Como conjugar todas essas linhas de força? O que conhecemos como cinema revolucionário soviético, por exemplo, resume-se a um pacote de filmes brilhantes produzidos na década de 1920, canonizados em uma mitologia que os torna quase atemporais. Por exemplo: muitas das imagens que supomos como autênticas da Revolução em Petrogrado (nome dado a São Petersburgo no começo da guerra, em 1914), no fatídico mês de outubro de 1917, são artificiais, idealizadas dez anos depois por olhos argutos como os de Eisenstein e Pudóvkin.

Como todo cânone, o pacote é excludente, como se não houvesse nada relevante antes, durante e depois. Ou, ainda, como se houvesse o cinema revolucionário e uma categoria à parte que englobasse o resto, os *outros cinemas*. Ao contrário, antes da Revolução, havia muito cinema na Rússia, como ocorria nos quatro cantos do mundo. Mesmo nos anos mais dramáticos da gestão stalinista, também havia cinema. A Guerra Fria, a primavera de Khruschov, a vertigem de Gorbatchov e mesmo a modorra de Brejnev também impregnaram as telas. A história, esse entrelaçado de processos das mais variadas naturezas, avançava a passos céleres, e o cinema, enfim, tinha que encontrar o caminho que levava ao seu público. Portanto, se havia público, constrangimentos, restrições, identificações, catarses – tinha de haver cinema.

Pouco a pouco, sobretudo com a queda do muro em 1989, os *outros cinemas* atolados no roldão da história bolchevique começaram a vir à tona. Investigar um recorte desses títulos produzidos até 1968 – um ano de tantas reverberações no imaginário ocidental, mas de memória trágica no Leste Europeu, ano da invasão de Praga, um suspiro de exibicionismo militar que prenunciava a corrosão do sistema – é o objetivo deste livro, costurando os momentos mais luminares do cinema aos fluxos que eletrizaram o século, agenciando latências e tergiversando assertivas.

Cinema para russos, cinema para soviéticos. Uma oscilação que atravessou todo o século XX e que perdura ainda, de certa forma, na cinematografia daquele país-continente. Gelo e degelo na esfera política, tal como a metáfora dos historiadores para descrever os apertos e relaxamentos do regime. Momentos em que o *homem soviético* era reassegurado, louvado, enaltecido; momentos em que o *homem russo* se impunha, portador de uma espécie de retorno do real que invadia o espaço e o tempo do cinema.

Ao final, um vislumbre fugaz de ordenamento, de conforto epistemológico, sem pretensão de conceitos totalizantes ou panoramas completos. Uma escrita da oscilação, acompanhando essas curvas e rupturas, procurando o percurso não linear da recepção cinematográfica russo-soviética.

João Lanari Bo

DA ERA TSARISTA
À VIRADA SOCIALISTA

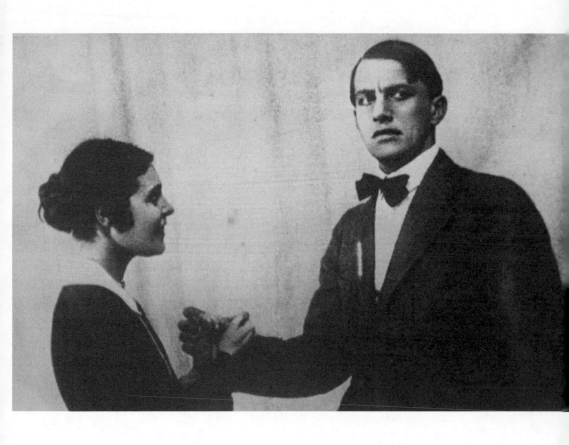
Vladímir Maiakóvski e Lília Brik em *Acorrentada pelo filme*, dir. Nikandr Turkin, 1918

Padre Sérgio, dir. Iákov Protazánov, 1918

A greve, dir. Serguei Eisenstein, 1924

Aelita, dir. Iákov Protazánov, 1924

O encouraçado Potemkin, dir. Serguei Eisenstein, 1925

CINEMA PRÉ-REVOLUÇÃO

Se em algum lugar a dialética histórica hegeliana prevaleceu, este lugar é o imenso território a leste da Europa, a ex-União das Repúblicas Socialistas Soviéticas (URSS). A certeza de que a razão pilota os avanços da história constituiu um solo teleológico partilhado, forçada ou voluntariamente, pela população russa e o conjunto das nacionalidades que compunham a constelação das repúblicas soviéticas. A centralidade desse mal-entendido – em última análise, uma má leitura do próprio Hegel – é apontada por Isaiah Berlin como principal equívoco da *utopia socialista* que de 1917 a 1991 norteou o trato da coisa pública na colossal União Soviética.[1]

A força material dessa construção ideológica não é, de modo algum, desprezível. Hoje, a convicção de que – malgrado as contradições do presente – o futuro aponta para uma sociedade sem classes, seja lá o que isto quer dizer, pulverizou-se em fragmentos irremediáveis. Existiria um ponto em que história e destino, sujeito e objeto, se encontram? Apesar de tudo, muitos ainda querem acreditar nessa utopia. Quais as bases concretas para tal crença? A evolução política da URSS está longe de ter sido monolítica, nunca existiu uma unanimidade em torno da ideia de progresso social. O cinema de russos e soviéticos, nas suas variadas convergências e divergências, atesta esse fato – diante das evidências históricas, qualquer uso que se faça da palavra *soviético* nos dias de hoje parece sugerir muito mais distopias do que utopias, sobretudo na Rússia contemporânea. Talvez uma maneira de lidar com essa fragmentação inelutável seja utilizar a expressão cinematográfica como exposição da história, isto é, como um espaço

---

[1] I. Berlin, *The Soviet Mind: Russian Culture Under Communism*, Washington: Brookings Institution Press, 2004, p. 105-107.

de dispersões, com diferentes fluxos convergindo e divergindo, não necessariamente progredindo em direção a um objetivo comum.

Falar de cinema pré-Revolução soviética, por exemplo, pode soar estranho e inaudito, tal a força que impregna o chamado cinema revolucionário (e canônico) dos grandes cineastas dos anos de 1920, Eisenstein, Vertov,[2] Pudóvkin, Kulechov e tantos outros. Durante muito tempo era como se a produção audiovisual na Rússia antes de 1917 pertencesse a um domínio excluído da história do cinema, como se não existisse, simplesmente. A verdade é que muitos filmes, bons e ruins, foram produzidos na Rússia tsarista. Se antes da Primeira Guerra Mundial a quase totalidade do que se exibia era importado, a eclosão do conflito, as dificuldades de produção e distribuição nos países europeus terminaram por estimular a produção russa – 129 películas em 1913, 232 em 1914, 370 em 1915 e 499 em 1916, a maioria de longas-metragens, que ocuparam cerca de 80% do mercado. Tais dados, coletados pelo pesquisador Semion Guinzburg, são eloquentes em si mesmos. E mais: à quantidade da produção correspondeu uma qualidade crescente dos filmes e a emergência de traços singulares de linguagem, reveladores de uma cinematografia à altura das tradições russas na cultura – que são, como se sabe, de altíssimo nível. Na política, talvez o indicador mais significativo da redutora leitura da filosofia hegeliana nas paragens russo-soviéticas é a ideia de *ditadura do proletariado*, criada à revelia do próprio Marx. Olhando retrospectivamente, a ideia sugere a aplicação de uma espécie de acelerador histórico em prol da utopia social, no tempo e no espaço, concebida pela mente brilhante (e implacável) de Lênin, algo que proporcionava a legitimidade formal de um sistema autoritário e antitético ao liberalismo burguês (que Lênin detestava) ao mesmo tempo em que garantia saltos institucionais e destruía de vez a velha ordem política. No capítulo particular da história do cinema, a ditadura do proletariado serviu para legitimar a anulação de tudo o que veio antes (e durante também, como será examinado), a fim de enaltecer a produção do *cinema revolucionário*, momento fundador da linguagem e emancipador da classe operária. Ao cinema pré-revolucionário, portanto, cabe resgatar seu lugar na história.

* * *

Em 1908, o produtor Aleksandr Drankov – pioneiro e ousado, conhecido por ter filmado o escritor Lev Tolstói em seu jardim – roda o primeiro drama narrativo do cinema russo, *Stenka Rázin*, com cerca de dez minutos de duração (em 1907 tinha filmado a tragédia de Púchkin, *Boris Godunov*, mas o próprio produtor preferiu esquecer o filme). O título é o nome do herói cossaco que assustou tsares e nobres no século XVII, eximiu-se em peregrinações e pilhagens, desceu o Volga adentrando o Mar Cáspio e tornou-se símbolo de revolta popular. Segundo o historiador Jay Leyda, Drankov não pagou direitos autorais da peça em que se baseou o filme, como tampouco ao compositor que escreveu a trilha musical especialmente para *Stenka Rázin*.[3] Foi um sucesso de bilheteria naqueles primórdios da exibição cinematográfica, mas o herói foi reduzido a um tipo bêbado e fanfarrão, inspirador da canção folclórica *Volga, Volga*, hino dos adeptos do álcool nas estepes da bacia do célebre rio. Leyda – um norte-americano que morou em Moscou, foi aluno de Eisenstein e escreveu um livro sobre as primeiras cinco décadas do cinema russo – sugere que o público saía arrebatado da sessão, mas esvaziado diante da superficialidade das aventuras de Stenka narradas sob a ótica de Drankov.

Às vésperas da Grande Guerra Patriótica (como a Segunda Guerra Mundial era chamada pelos soviéticos) e no final dos expurgos stalinistas, em 1939, uma nova versão de *Stenka Rázin* foi levada às telas, agora na atmosfera carregada dos filmes que se faziam no período. Dirigido pela dupla Olga Preobrajiénskaia e Ivan Pravov, exibe um Stenka unidimensional e preocupado em discutir a essência do conceito de classe no processo histórico (nos bastidores, entretanto, consta que o ator principal fartou-se de beber e protagonizar cenas de pugilato com a equipe técnica). Embora possa ser apreciado pelo viés do constructo ideológico que beira o *kitsch*, o resultado é decepcionante – mesmo com o primitivismo da dramaturgia na produção de 1908, o interesse que desperta hoje é maior em relação ao filme de 1939. Drankov tinha faro de produtor e captou o espírito de sublevação aguçado pelas turbulências que sacudiram a Rússia em 1905.

* * *

Naquele ano de 1905, com efeito, o caldo histórico transbordou. As disfunções da Rússia imperial tinham uma escala absurdamente elevada, um verdadeiro terreno minado. Em 1861, uma reforma agrária emancipou os camponeses da

---

2 N.E.: Com exceção do sobrenome de Dziga Vertov, que aparece em sua forma consagrada no Ocidente, a transliteração dos nomes russos e títulos de obras citadas desse idioma foi feita de acordo com a tabela de correspondências utilizada pela Universidade de São Paulo (USP), com pequenas alterações.

3 J. Leyda, *Kino: História del Cine Ruso y Sovietico*, Buenos Aires: Editorial Universitaria de Buenos Aires, 1965, p. 24-26.

servidão e lançou um programa de aquisição de terras de seus antigos senhores, que ficou pela metade e gerou uma infinidade de atritos. Nas cidades, a política liberal intensificada em fins do século XIX, sobretudo para o setor industrial, expandiu rapidamente a produção, mas defrontou-se com crises financeiras e teve de lidar com um fenômeno social sem precedentes no país, a ascensão do proletariado urbano politizado. Nas regiões periféricas onde o Império tinha ramificações e fronteiras – Polônia, Finlândia, Países Bálticos, Oriente Asiático –, estava cada vez mais difícil, senão impossível, administrar a polifonia étnica e os impulsos de autonomia. A inesperada derrota para o Japão em exaustivos dois anos de guerra, encerrados em 1905, adicionou à conjuntura a humilhação internacional e a perda de influência na Coreia e na Manchúria. Finalmente, a emergência, ao longo do século XIX, de uma formidável plêiade de intelectuais dos mais diversos matizes – escritores, ativistas políticos e sociais, pensadores, cientistas, artistas, poetas – acelerou inapelavelmente o motor da história e levou ao colapso do Império em 1917.

A revolução de 1905 foi um movimento de massas pulverizado no imenso território russo, com diferentes eventos mais ou menos articulados entre si, não necessariamente progredindo em direção a um objetivo comum. Uma faísca de sublevação chispou espontaneamente em vários lugares e situações, para desespero de Lênin, que pregava o profissionalismo revolucionário como condição indispensável para o sucesso do golpe (para ele, revolução espontânea era amadorismo). Agitações no campo, greves urbanas e motins militares – entre eles o que gerou a obra-prima de Eisenstein, *O encouraçado Potemkin*, de 1925 – sucederam-se de forma desarticulada e acabaram aterrissando nas mãos inábeis e obtusas do tsar Nicolau II.

Um dos estopins da revolta ocorreu em 22 de janeiro de 1905, quando milhares de manifestantes, liderados pelo sacerdote Gueórgui Gapon, foram assassinados ou feridos em frente ao Palácio de Inverno em São Petersburgo, totalmente desarmados, pedindo pão e trabalho ao tsar. O episódio – conhecido como *Domingo Sangrento* – foi um dos emblemas lancinantes do absoluto divórcio do soberano com seu povo. Gapon, que conseguiu fugir para a Europa e foi recebido por Lênin e Jean Jaurès, terminou revelando-se informante da polícia e foi enforcado por militantes do Partido Socialista Revolucionário.

* * *

Nicolau II escreveu em seu diário no início do século XX que "as cabines públicas de cinema são locais perigosos, só Deus sabe que crimes podem ser cometidos no seu interior... não sei o que fazer com esses lugares".[4] Com os amigos e a família, entretanto, filmava o tempo todo, no melhor estilo dos vídeos caseiros, incluindo banhos coletivos do soberano e figurantes da corte totalmente desnudos (muito desse material sobreviveu). Sua coroação, em maio de 1896, já havia sido um evento inédito no cinema, registrada para a posteridade por câmeras que vieram da França. Na véspera da efeméride, correu o boato de que haveria distribuição de cerveja, doces e retratos do casal imperial, provocando muita correria e milhares de mortos (algumas fontes sugerem que até cinco mil corpos foram enterrados numa vala comum). Nessa noite, o tsar participou de um baile na embaixada francesa.

Com tanta desgraça, não é de se espantar que um sentimento trágico permeie o cinema pré-revolucionário na Rússia – e que, mesmo com o positivismo prevalecente nas obras produzidas durante a era soviética, esse sentimento tenha resistido ao longo do século XX e no começo do XXI. Yuri Tsivian, autor de um esplêndido estudo sobre o cinema russo na silenciosa era pré-revolucionária, lembra que pouquíssimos filmes terminavam bem, seguindo o modelo *happy ending*.[5] Em sua maioria, o final era funesto, com a morte de um ou mais personagens dentre os principais – até mesmo nas películas importadas, que tinham cenas finais especialmente feitas para o mercado russo, como era o caso dos filmes dinamarqueses. Uma versão russa inspirada em *The Lonely Villa*, realizado em 1909 por D. W. Griffith, foi produzida em 1914 pelo versátil Iákov Protazánov, com o título de *Um drama por telefone* [*Drama u tielefona*]. Nos EUA, a heroína é resgatada sã e salva, depois de uma emocionante montagem paralela alternando o marido no trem em movimento e a esposa no recinto claustrofóbico sob ataque de bandidos; na terra do tsar, sem o paralelismo de emoções e com ênfase em imagens psicologizantes, o marido corre desabalado pela linha férrea apenas para encontrar o cadáver da mulher na estação.

Generalizações são arriscadas para explicar um tal fenômeno, naturalmente. Talvez o cinema nascente na Rússia estivesse emulando seus ilustres ancestrais

---

4   I. Christie e R. Taylor, *The Film Factory: Russian and Soviet Cinema in Documents 1896-1939*, Londres: Routledge, 1994, p. 19.

5   Y. Tsivian, "New Notes on Russian Film Culture between 1908 and 1919" in *The Silent Cinema Reader*. Londres: Routledge, 2004, p. 340-341.

no campo cultural, na literatura e no teatro, na reprodução dessa alma soturna. Talvez a combinação entre a precipitação socioeconômica do início do século XX e os atributos místicos do cristianismo ortodoxo russo – que produziu um personagem bizarro como Raspútin, o monge que seduzia cortesãs e encantou a tsarina – tenha contribuído para multiplicar ansiedades. Até um escritor como Maksim Górki, o arauto do realismo poético e social, deixou-se impressionar pelo *reino das trevas* que exalava das seminais imagens do trem chegando na estação, onde *tudo* – "terra, árvores, pessoas, água e ar – parecia submerso num cinza monótono... não é a vida, mas sua sombra, não é o movimento, mas seu espectro mudo".[6] Górki escreveu essas linhas no apagar das luzes do século XIX, assistindo à projeção da famosa tomada do trem chegando na estação, feita pelos irmãos Lumière. Seus colegas literatos russos engajados na sublimação poética que veio a ser conhecida como *simbolista*, como o luzente e popular Aleksandr Blok, portador de uma mescla de rarefação espiritualista com imagética surrealista, mergulharam sem rodeios na vertente fantasmática do cinema. Para Blok, lembra Tsivian, o cinema era parte essencial do *mistério da cidade* que o fascinava. A fugacidade e a instabilidade das imagens cinematográficas, seu caráter efêmero, remetiam o poeta ao *abismo azul* da modernidade urbana, sua contiguidade com a iminente catástrofe, em última análise, com a morte da cultura – em seu diário, certa vez, Blok definiu a *humanidade como uma pessoa parada ao lado de uma bomba*.[7] Encerrar morbidamente o tempo diegético das narrativas, aludindo a mortes e cadáveres, como faziam os autores cinematográficos, era um corolário. Quando veio a Revolução de Fevereiro de 1917 e, logo em seguida, a de Outubro, os simbolistas abraçaram imediata e ingenuamente os novos tempos messiânicos.

* * *

O Simbolismo foi a um só tempo expressão da modernidade e da decadência que permeavam a Rússia tsarista no final do século XIX, momento fértil de contradições, desafios e impasses. A linguagem audiovisual absorveu esses influxos: Tsivian nota que a imobilidade dos personagens e a lentidão da ação em muitos dos filmes pré-revolucionários, características de diretores como Eviguéni Bauer, sugerem também um confronto entre a paralisia do social hierarquizado e a velocidade das mudanças que as novas tecnologias, como o cinema, veiculavam. A transição entre estados psicológicos dos personagens era feita a partir da técnica dos atores, sem o recurso da montagem. Embora tais comparações sejam sempre aproximativas e voláteis, ganham firmeza com a constatação de que uma das alavancas do cinema revolucionário que explodiu na década de 1920 foi justamente a valorização da montagem como dispositivo de manipulação (e aceleração) do tempo. A história, depois de 1917, adquiriria um *momentum* vertiginoso; ao cinema (e às artes), caberia difundir a ideia de progresso social e não havia tempo a perder. A contemplação melancólica dos simbolistas cederia lugar à fúria construtivista: arte a serviço da revolução.

Mas é preciso cuidado com leituras precipitadas. O cinema das décadas iniciais refletia uma Rússia pré-industrial, mas cultivava também outras temporalidades, outras culturas. A suposta morbidez da alma russa convivia com afluências externas de clichês e fetiches. Grande importadora de filmes, pelo menos até a véspera da guerra de 1914-1918, a Rússia era um mercado dominado por empresas francesas – Pathé sobretudo, mas também Gaumont, Lumière e Éclair – que tinham estrutura de distribuição e equipamento próprio de projeção. Logo, as personagens femininas, como cantoras de ópera, bailarinas e dançarinas orientais, passaram a ter uma presença ubíqua nas telas. Asta Nielsen, a diva dinamarquesa, era um sucesso retumbante. Nas produções locais que irromperam em seguida, na década de 1910, esse imaginário adentrou com toda força, adaptado às tradições russas e sintonizado com a emergência dos fetiches modernos do cinema – já em *Stenka Rázin*, a dançarina exótica, arquétipo de feminidade no contexto do imaginário cinematográfico, prestou-se a esse papel.

Os cineastas pré-revolucionários mais destacados, como Bauer, Protazánov, Gárdin e Tchardynin, fizeram uso desse arquétipo para experimentar procedimentos de linguagem, como em *Miragem*, realizado em 1916 por Tchardynin, e *Nelly Raintseva*, de Bauer, do mesmo ano. A popular e magnética Vera Kholódnaia, um dos mitos fundadores do cinema russo – apenas cinco filmes sobreviveram de sua curta carreira de atriz, entre 1914 e 1918 – foi uma das melhores encarnações desse modelo. Seus filmes continuaram a ser exibidos nas cidades russas durante anos, como *Calada, minha tristeza, calada* [*Moltchi, grust, moltchi*], sucesso estrondoso dirigido por Tchardynin na primavera de 1918.

* * *

---

6 I. Christie e R. Taylor, op. cit., p. 25.
7 Y. Tsivian, *Early Russian cinema and its*

Cultural Reception, Londres: Routledge, 1994, p. 119-120.

Em pleno turbilhão revolucionário, nos anos de 1917 e 1918, Kholódnaia tornou-se um fenômeno – atuou em dezenas de películas, a maioria perdida, algo entre cinquenta e oitenta, em somente três anos e pouco de atividade. O prestigiado diretor e ator Konstantin Stanislávski chegou a convidá-la para o Teatro de Arte de Moscou depois de assistir a *O cadáver vivo* [*Jivói trup*], filme baseado em texto que Tolstói escreveu pouco antes de morrer. O público queria melodramas trágicos, e o cinema, eficiente, entregava: em fevereiro de 1919, aos 25 anos, Vera morre de complicações advindas da gripe espanhola que varria o mundo, depois de protagonizar uma performance em Odessa, onde se estabelecera junto com produtores e diretores após a chegada ao poder dos bolcheviques.

Seu marido fora convocado para lutar na guerra. No teatro em que atuou pela última vez, a audiência, toda agasalhada, era partidária dos Brancos, inimigos dos Vermelhos. Ela e os atores estavam vestidos com roupas leves. Em 1931, o cemitério em Odessa onde estava enterrada transformou-se em parque e seu corpo desapareceu. Corriam rumores de que ela teria sido espiã dos bolcheviques e fora assassinada pelos Brancos. Outra versão – envenenamento – atribuía o crime ao embaixador francês, de quem teria sido amante.

* * *

A vida imita a arte: o melodrama familiar de Nicolau II – um filho hemofílico e uma tsarina mau humorada cada vez mais imbuída de um misticismo parvo – acabou como emblema de gosto duvidoso de um dos períodos mais disruptivos da história mundial. Em 15 de março de 1917, depois de vacilações e erros terríveis no engajamento da Rússia na grande guerra estalada em 1914, o tsar abdicou em favor do filho, e nomeou o irmão para sucedê-lo no trono até a maioridade da criança. No dia seguinte, o irmão declinou da indicação: fim da monarquia. A Duma Estatal indicou um Comitê Provisório, que teve de tolerar o poder dual da oposição (em especial de esquerda) materializada no *Soviete de São Petersburgo*, um amplo e impulsivo conselho que abarcava praticamente todo o espectro político. Começava a vertigem de 1917. O mundo não seria mais como antes.

Aceleração da história: o desgoverno e as contradições que culminaram nos acontecimentos de 1905 voltaram à tona, amplificados e devastadores. O breve período de fevereiro a outubro de 1917, um estreito corredor temporal de alta intensidade em um país desprovido de estrutura político-institucional capaz de absorver conflitos sociais e econômicos – depois de séculos de regime autocrático

– funcionou como laboratório para a mente estratégica de Lênin, gestor sutil e afiado de paixões coletivas, convicto na inabalável crença no movimento dialético da história em direção à sociedade sem classes. Em outubro vem o golpe bolchevique, organizado do centro para a periferia, no imenso e complexo território russo. Instalada a ditadura do proletariado, o país se fragmentou, social e politicamente. Seguir-se-ia uma cruel guerra civil, e a posterior estabilização, sob a égide da URSS.

Segundo informa Jay Leyda,[8] no setor do cinema, entre fevereiro e outubro de 1917, o impacto foi reduzido apesar de um acirramento da tendência monopolística dos poucos produtores – o que contrastava, no plano social, com a politização crescente dos sindicatos das diversas categorias da atividade. Entre março e julho, formaram-se nove organizações de profissionais ligados ao cinema, em Moscou, São Petersburgo, Odessa, Kazan e Minsk. Em abril, a primeira greve, dos trabalhadores das salas de cinema, de projecionistas e pianistas, foi neutralizada pelos patrões. À medida em que a temperatura aumentava no Soviete, em especial após o retorno de Lênin à Rússia (em abril, depois de uma década exilado na Europa), os produtores começaram a planejar transferência de equipamentos e técnicos, incluindo atores e diretores, para o sul, na península da Crimeia.

* * *

Bauer não viveu para testemunhar os novos tempos. Na primavera de 1917, juntou-se à equipe de produção na ensolarada Crimeia, mas caiu numa ribanceira junto à costa e quebrou a perna. Dirigiu seu último filme, o melancólico *Para a felicidade* [*Za stchástiem*], numa cadeira de rodas, e começou outro, *O rei de Paris* [*Korol Parija*], em condições precárias, falecendo em junho, de pneumonia, aos 52 anos. Era o diretor mais bem pago do cinema russo, salário de 40 mil rublos, e tornara-se sócio de sua produtora, com pretensões de construir um estúdio na península. *Para a felicidade* narra o desespero de uma jovem apaixonada por um advogado ao descobrir que seu objeto de desejo mantinha um relacionamento com sua mãe viúva e pretendia se casar com ela. A cena final, em que a desafortunada fica cega depois de ser rechaçada pelo nubente, é de uma intensidade dramática compatível com o fim iminente que atingiria tragicamente o diretor. Lev Kulechov, futuro realizador e teórico do cinema soviético, fez a direção de arte – com apenas 18 anos de idade.

8 J. Leyda, op. cit., p. 106.

Em menos de quatro anos de atividades, Bauer realizou 82 filmes. Trabalhou como cenógrafo e logo passou a dirigir nos mais variados gêneros, comédias, filmes patrióticos e, em especial, dramas e tragédias com personagens obsessivos. *Depois da morte* [*Posle smiérti*], de 1915, adaptado de Turguêniev, segue um tipo pertubado por uma atriz que comete suicídio em plena performance; em *Vida na morte* [*Jísni v smiérti*], um ano antes, o protagonista é tão obcecado pela esposa que a mata e embalsama o corpo. *Devaneios* [*Griózy*], um dos melhores, de 1915, retrata um recém-viúvo que assiste a uma ópera e é enfeitiçado pela cantora, de traços semelhantes aos da esposa. Casa-se com ela, mas seu culto à antiga esposa é tamanho que acaba provocando ciúmes na cantora, estrangulada no final com o cabelo sagrado da defunta. A protagonista de *Asas queimadas*, de 1915 e não preservado, deixa-se arrastar pela embriaguez e se mata. Também perdido, *O selo do velho lutador*, de 1916, termina com o lutador, paralítico, enforcando a nora infiel. Em *A morte do cisne*, de 1916, a bailarina muda se encanta com o (mórbido) artista que a utiliza para ilustrar o tema da morte.

Com tal tipo de enredo, é difícil imaginar que os filmes de Bauer emulassem o ritmo que D. W. Griffith, o pioneiro codificador da linguagem cinematográfica, exercitava nos Estados Unidos, uma mescla de ação, cortes e montagem. Na Rússia era diferente: certa morbidez, a correlação entre sexo e morte, a iluminação e os efeitos expressionistas, tudo isso confluía para um estilo visual singular, pausado, lento em comparação ao norte-americano. Isso, observe-se, sem que Bauer abrisse mão do uso dos planos-próximos, do *close-up*, assim como dos movimentos de câmera e do *travelling*. O desenho cênico cuidadoso e o *close* dramaticamente calculado contribuíam para a percepção de ambientes espaçosos, pontuados pelas famosas colunas (que não dispensava) e desprovidos de excessos decorativos. Sua assinatura eram os planos com cortinas escuras de cada lado, com um vislumbre dos atores no centro e cenografia no fundo. O ator e diretor Ivan Perestiáni disse que "um feixe de luz na sua mão era um pincel de artista".[9]

Bauer foi também premonitório, embora com sinal trocado: seu *Revolucionário* [*Rievolutsioner*], realizado logo após a instauração do governo provisório em fevereiro de 1917, tratou de repressão tsarista, anseios revolucionários em 1905 e desterro na Sibéria. Ao final, depois de anos exilado, o protagonista volta a tempo de convencer o filho bolchevique a alistar-se junto com ele para combater os alemães – situação que se tornaria impensável depois de Outubro, com a negociação pelos sovietes da paz em separado com o Reich. Após quatro milhões de mortos, a guerra tornara-se um fardo difícil de justificar. O Tratado de

Brest-Litovsk, assinado em março de 1918, tirou a Rússia do conflito ao custo da cessão de territórios e recursos valiosos, mas forneceu a Lênin um oportuno apoio popular, sobretudo, entre os soldados.

* * *

A virada histórica desencadeada pela Primeira Guerra Mundial, entre 1914 e 1918, abalou o prestígio do Simbolismo no ambiente estético russo, abrindo caminho para uma nova era em que máquinas e construções iriam impactar as referências artísticas. A despeito da reviravolta, é preciso levar em conta influxos cruzados: o Simbolismo influenciou e continuou a influenciar o cinema. Mas já pulsava na Rússia tsarista um vento modernizante nas artes, como sugere o famoso manifesto de inspiração cubo-futurista de título insólito, *Bofetada no gosto público*, assinado entre outros pelos poetas Vladímir Maiakóvski e Vielímir Khlébnikov, em 1912. Colateral ao grupo estavam artistas plásticos como Kazimir Maliévitch e Liubov Popova, além do linguista Roman Jakobson, todos desvinculados do decadentismo da sensibilidade simbolista.

Tais transições culturais aconteciam igualmente em outros países, à luz da frenética introdução de invenções na virada do século XIX, entre elas o cinema. Na moribunda Rússia tsarista e na nascente URSS comunista, não podia ser diferente: a ideia de progresso implícita no espetáculo moderno de máquinas e tecnologia cairia como uma luva para o projeto soviético. Já em 1913, Maiakóvski acercava-se a toda velocidade desse novo meio de expressão, publicando artigos coléricos em que o cinema aparece como arma de destruição (e renovação) do teatro. Apesar da pressa, ainda não era arte – "arte produz imagens elevadas, o cinema as multiplica, com ou sem sucesso", escreveu o poeta[10] (os cubo-futuristas tinham afinidade com o *status* de "baixa cultura" do cinema nos primeiros anos). O período pós-revolucionário dos anos de 1920 seria a época áurea do construtivismo, da máquina como epítome da atividade artística, necessariamente comprometida com o que ocorria no plano social – no cinema, Dziga Vertov e Serguei Eisenstein ilustrariam seus filmes com parâmetros construtivistas.

---

9   R. Armstrong, *Mourning Films: A Critical Study of Loss and Grieving in Cinema*, Jefferson: McFarland & Co, 2012, p. 65.

10   I. Christie e R. Taylor, op. cit., p. 35.

A transformação estética no campo específico da produção cinematográfica, entretanto, não foi um jogo de soma zero: diretores de relevo na era pré-revolucionária lograram atravessar agitações e reconfigurações, conseguindo manter-se em atividade no novo cenário político e social. Foi assim também na literatura e no teatro: vanguardas convivendo com linguagens tradicionais (nas artes plásticas foi mais abrupto). Tal premissa sugere igualmente que, se a ruptura revolucionária introduziu novas condições de produção, não tinha como objetivo eliminar os chamados filmes de entretenimento. Pelo contrário, conviveu com essa produção tida como burguesa pelo menos até o advento da revolução cultural do final da década, que coincidiu com a consolidação de Stálin no poder, entre 1928 e 1931.

O nome mais representativo dessa incrível transição foi Iákov Protazánov, o grande diretor (ao lado de Bauer) dos primórdios do cinema russo. Como ressalta o pesquisador Ian Christie, se o cinema soviético não tivesse sido embalsamado pela mitologia canônica do projeto revolucionário, a trajetória de Protazánov certamente teria alcançado mais proeminência. Dentre as turbulências enfrentadas pelo realizador nos seus 32 anos de atividades, de 1911 a 1943, as duas revoluções de 1917, em fevereiro e em outubro, destacam-se. Após a tomada do poder pelos bolcheviques, Protazánov refugiou-se de início em Ialta, como a maior parte da indústria, emigrando depois para França e Alemanha, onde continuou fazendo filmes até retornar ao país natal, em 1923. Nos anos que se seguiram retomou a carreira com o destaque costumeiro.

* * *

De família abastada, Protazánov fez o que muitos dos que tinham recursos faziam nos tempos da Rússia imperial: completou sua formação na Europa. E aí foi seduzido pela novidade cinematográfica. Circulou pelos estúdios da Pathé e voltou em 1907, quando começou a escrever roteiros e a dirigir filmes, curtos e certeiros. Sua aguda percepção dos desejos da audiência o levava a escolher assuntos escandalosos e polêmicos, que terminavam sempre revestidos de um certo moralismo. Ao contrário de Bauer, seu principal competidor na era pré-revolucionária, transitou com facilidade entre gêneros, da comédia ao satanismo. Sua destreza em conduzir a narrativa de modo a exacerbar o núcleo dramático – o escândalo, o inusitado – garantiu-lhe um lugar cativo entre as preferências dos frequentadores das salas. Um diretor competente, dotado de rara sensibilidade e visão industrial.

Em 1912, codirigiu com a irmã de seu produtor *A partida do grande ancião* [*Ukhoda vielíkogo startsa*], sobre os últimos (e confusos) dias de Tolstói. Aborrecido com a mulher, o escritor de 82 anos saiu de casa no meio da noite, pegou um trem e morreu de pneumonia poucas horas depois, na estação de Astapovo. Tudo isso no inverno de 1910. Na sessão especial para convidados, a viúva, retratada na tela como gananciosa e aproveitadora, levantou-se indignada e bradou que aquilo era uma caricatura. A imprensa apoiou e o filme foi interditado na Rússia, mas não no mercado externo, onde o sucesso foi imediato. Logo depois, em 1913, em parceria com Vladímir Gárdin, Protazánov realiza um êxito de bilheteria que consolidou a popularidade das produções russas de longa duração diante do seu próprio público: *As chaves da felicidade* [*Kliutchi stchástia*], adaptação de um *best-seller* homônimo da escritora Anastassia Verbítskaia, cheio de insinuações sensuais e políticas no clima pós-revolução de 1905, estrelado por Olga Preobrajiénskaia, a mesma que se destacaria como diretora na era soviética.

Com a queda das importações de produções estrangeiras devido à guerra, a produção russa disparou (o fim do conflito e a revolução comunista iriam reduzir sobremaneira esse fenômeno). Estabelecido no mercado, Protazánov tornou-se referência: em 1915, novamente com Gárdin, lança *Guerra e paz*, primeira versão do clássico de Tolstói. Em 1914, já haviam sido dezoito produções: em 1915, onze, e em 1916, treze. No ano das Revoluções de Fevereiro e Outubro,[12] 1917, foram sete; em 1918, filmando em Ialta, cinco. *A dama de espadas*, de 1916, inspirado no conto do poeta nacional Aleksandr Púchkin, contou com o formidável ator Ivan Mozjúkhin, que mais tarde emigraria para a França. Mozjúkhin iria estrelar dois dos melhores trabalhos de Protazánov nesse confuso período, *Satã triunfante* [*Sataná likúiuschi*], de 1917, e o notável *Padre Sérgio*, concluído em 1918, inspirado em livro de Lev Tolstói.

* * *

O grande escritor – cristão excomungado e socialista heterodoxo, sujeito a uma incontrolável flutuação entre os extremos moral e emocional, como dizia

---

11 N.E.: Os nomes das revoluções aparecem aqui como ficaram popularmente conhecidas, referenciados na contagem do calendário juliano. Foi a partir do início de 1918 que o país adotou oficialmente o calendário gregoriano, o mesmo utilizado na Europa, suprimindo treze dias do mês de fevereiro daquele ano.

Edmund Wilson – deu ao cinema (e ao diretor Protazánov) provavelmente a narrativa mais representativa daqueles tempos de alto contraste, *Padre Sérgio*. Um príncipe de boa aparência e atlético tem sua noiva usurpada pelo tsar; retira-se do convívio social e torna-se anacoreta, monge recluso. Procurado (e assediado) por uma sedutora amiga dos tempos da corte, corta um dedo para resistir à tentação. Foge, vagueia com o lumpemproletariado guiado por um mendigo cego; é preso e mandado para a Sibéria, tornando-se instrutor de jardinagem para filhos de camponeses abastados.

Um drama que sinaliza, pelas reviravoltas que transtornam o personagem, o sentimento latente reverberado pela audiência naquele momento histórico. Como se a sofreguidão das expectativas e a incerteza dos destinos de alguma forma se transladasse para a narrativa, constituindo uma camada latente que subjaz aos acontecimentos que se sucedem. Até nas passagens espaço-temporais que o personagem experimenta parece inscrever-se a radicalidade das mudanças vivenciadas pela sociedade. Do luxo irresponsável da corte à penitência do claustro, da miséria urbana ao exílio na Sibéria. Os historiadores da literatura russa designam o período que vai dos últimos anos do tsarismo até o início da revolução soviética como a *Idade de Prata*: a metáfora metálica afigura-se ainda mais pertinente no cinema pré-revolucionário, pela presença de sais de prata na emulsão fotográfica e pela beleza de muitos dos seus filmes.

REVIRAVOLTA DA HISTÓRIA

Fazer a cronologia dos eventos históricos significativos é uma tarefa que pode ser burocrática, repetitiva – a história parece organizar-se em um fluxo diacrônico, linear, pontuada por inflexões aqui e ali, que sugerem um percurso lógico e compreensível.

Em alguns momentos, entretanto, qualquer simplificação pode ser fatal. A inversão brusca das condições desmonta os sujeitos da história: 1789 em Paris foi um deles, a Bastilha caiu e com ela a ordem divina e aristocrática que definia a França (e a Europa); 1917, em São Petersburgo, foi outro momento demolidor do poder autocrático e absoluto do maior império do planeta, o russo.

O principal protagonista dessa epopeia arrasadora é sem dúvida Vladímir Ilitch Uliánov, Lênin, para as massas – o extraordinário estrategista cuja determinação absoluta foi essencial para a virada de 1917. Sua obsessão, diluída apenas nos poucos e incontornáveis momentos de estresse, funcionou como uma verdadeira bússola: uma notável capacidade de prever e antecipar movimentos políticos, na maioria das vezes no sentido de acelerar a tomada do poder e ignorar esdrúxulas composições parlamentares. Mesmo nos gestos inexplicavelmente cautelosos, que pareciam atrasar a marcha dos acontecimentos, acertava. Não é à toa que era um exímio jogador de xadrez.

No dia 26 de outubro de 1917, o Comitê Central dos Bolcheviques aprovou o nome de Lênin para Presidente do Conselho de Comissários do Povo. Na mesma sessão, igualmente sob aplausos, foi indicado Anatóli Lunatchárski para Comissário do Povo para Educação (a palavra russa para educação significa também Iluminismo, esclarecimento, formação). Além deles, apenas Trótski, Comissário de Assuntos Estrangeiros, encarregado da espinhosa tarefa de negociar a paz com a Alemanha em Brest-Litovski, foi ovacionado (ele ocuparia o cargo até 13 de março de 1918, quando foi nomeado Comissário para Assuntos do Exército e da Marinha). Atribuem-se os aplausos ao prestígio que as três personalidades desfrutavam junto ao público não bolchevique.

* * *

Afinal, quem era Lunatchárski, sob cuja guarda estavam os assuntos de cinema, naquele momento absolutamente disruptivo? Poeta e escritor, filósofo e orador, ficou famoso pelos discursos que fazia na São Petersburgo convulsionada de 1917, em fábricas, circos e assembleias, com uma média de 4 mil pessoas por evento. Era estimado e respeitado por Lênin, apesar de rusgas político-filosóficas antes de 1917, quando flertou com os rivais dos bolcheviques, os mencheviques. Nunca foi considerado um membro do núcleo duro do poder – talvez por isso mesmo conseguiu permanecer no cargo até 1929, sempre na periferia das principais decisões políticas e sofrendo críticas impiedosas nos congressos do partido. O seu maior feito terá sido, com a ajuda da mulher de Lênin, Nadiejda Krúpskaia, a implementação bem-sucedida de políticas educacionais inovadoras em um país assustadoramente analfabeto (em 1897, apenas 28% da população era alfabetizada, percentual que caía para 13% entre as mulheres).

Mal tomou posse e Lunatchárski assinou um decreto sobre educação popular, pautado em parâmetros como descentralização e estímulo a organizações locais. Os anos de guerra civil e terror que se seguiram à tomada do poder (nos dois lados, Branco e Vermelho) obviamente dificultaram ainda mais essa tarefa monumental, dadas a diversidade e a vastidão do território russo. Além disso, Lunatchárski era alvo frequente de hostilidades da *intelligentsia* não alinhada com a Revolução, começando pelas universidades: os bolcheviques, por sua vez, achavam que o Comissário estava dando tratamento excessivamente leve a professores e cientistas. Com a classe artística, seu perfil era de tolerância e manutenção (na medida do possível) de subsídios, desde que não houvessem sinais claros de agressividade contrarrevolucionária ou rancores de classe (o principal nome do teatro da era monárquica, Stanislávski, incluía-se nesse rol). Também pautou-se por evitar qualquer indício de monopólio ou criação de uma arte oficial, apesar das queixas de luminares como Maiakóvski e Meyerhold, que queriam mais engajamentos e compromissos por parte do Estado – para Lunatchárski, avesso a dogmatismos, arte era apanágio da criação individual livre.

Na década de 1920, a implantação da *Nova Política Econômica*, conhecida pela sigla NEP (transliteração da sigla russa НЭП – *Nóvaia Ekonomítcheskaia Politika*), afrouxou o controle estatal sobre a economia a partir de agosto de 1921 – não restou outra opção a Lênin, à luz da devastação econômica causada pelos anos de guerra – e tornou a liberalidade do comissário ainda mais fluida. Na preservação do patrimônio cultural russo, sejam monumentos arquitetônicos ou tesouros artísticos (a coleção do Museu Hermitage, por exemplo, foi objeto de sua constante preocupação), destacou-se pela vigilância e combatividade. Também protegia artistas e intelectuais de eventuais perseguições – publicou uma precursora resenha do livro de Bakhtin sobre Dostoiévski, numa época em que o teórico residia, literal e metaforicamente, na periferia do sistema. Ainda encontrava tempo para escrever roteiros e livros sobre cinema, filiando-se a uma narrativa tradicional e longe dos experimentos construtivistas de linguagem pelos quais o cinema soviético veio a ser conhecido. Logo em 1918 um (didático) roteiro seu, sobre um professor de química que é obrigado a dividir o apartamento com um operário e sua família – típica situação na nova Rússia socialista – é levado às telas. O título da obra, da qual restam 26 minutos (metade da metragem original) é *Coabitação*, segundo a tradução francesa do original russo, ou *Superlotação*, pela versão inglesa. O Comitê Cinematográfico de Petrogrado definiu o filme como uma *comédia de agitação*.

* * *

Em 27 de agosto de 1919, Lênin assinou um decreto transferindo o Comércio e Indústria Cinematográfico e Fotográfico para o Comissariado de Educação, nacionalizando a indústria. A medida foi o ápice de uma relação conflituosa e aguçou ainda mais a reação da maioria dos produtores, que transferiram pessoal e equipamento para a Crimeia, ainda em poder dos Brancos, posteriormente abandonando o país rumo à Europa. Deixaram para trás, sobretudo em Moscou e São Petersburgo, uma situação precária, da escassez de material à carência de técnicos e atores. Na prática, o principal resultado do decreto foi centralizar no Comissariado (na Seção criada especificamente para cinema, a VFKO, sigla para *Vssierossíski fotokinootdel*, o Departamento Panrusso de Foto e Vídeo) a administração dos recursos escassos e o registro de filmes para exibição, estrangeiros e nacionais, pré e pós-revolucionário. Salas de cinema desocupadas e produtoras sem equipamento foram nacionalizadas sem muito proveito. Faltava até celuloide para novas cópias: no desespero, um químico desenvolveu um processo especial que retirava a emulsão das películas descartadas para utilizar a base do celuloide em novas tiragens. Obter negativo virgem também era dramático. Lev Kulechov, depois de correr o país supervisionando um grupo de fotógrafos documentando a guerra civil, criou um coletivo de atores e iniciou seus experimentos de montagem, rodando muitas vezes com câmeras vazias, sem negativo.

Diante de tantas urgências, em meio a um país assolado pela violência pulverizada em várias frentes, seria impossível supor que ações de política governamental em relação ao cinema tivessem efeito instantâneo. Pressões e demandas vinham de todos os lados, espelhando o caos fervilhante daqueles dias. Uma das iniciativas foi bem-sucedida: pelo menos cinco "trens de agitação", com dezesseis a dezoito vagões, zarparam pelo país convulsionado nos primeiros anos da Revolução com fins de propaganda política, levando filmes para serem projetados, folhetos, trupes de teatro, oradores e livros – Vertov registrou cenas memoráveis de um deles, batizado de *Revolução de Outubro*. Entre 1919 e 1920, este *agitprop* realizou doze viagens, e no pico das atividades – em apenas dois meses – organizou 97 sessões para um público estimado de 100 mil espectadores. Projetavam-se cinejornais, além de curtas didáticos produzidos a toque de caixa com mensagens simples e diretas sobre a nova realidade política vivida pela população. Artistas de vanguarda como Kazimir Maliévitch e El Lissitzky pintaram os vagões, pelo menos no início (alguém insinuou que as propostas eram muito abstratas para serem entendidas por camponeses, levando a ilustrações mais figurativas nas viagens posteriores). Serguei Eisenstein iniciou em um *agitprop* sua imersão no teatro, trabalhando como cenógrafo em uma unidade do Exército Vermelho. Para o Comissariado do Iluminismo, como não atender essa demanda revolucionária por celuloide e equipamento?

Na sofreguidão por recursos, Lunatchárski deixou-se convencer pelo Comitê de Cinema de Moscou, liderado por um certo Nikolai Preobrajiénski, que uma oportunidade de ouro finalmente aparecera: um distribuidor italiano independente, conhecido por ter sido o primeiro a introduzir na Rússia o clássico de Griffith, *Intolerância*, estava disposto a viajar a Nova York e adquirir filme virgem, maquinário e demais apetrechos para processamento em laboratório. Seu nome era Giacomo Cibrario, ou Jacques Cibrario, como ficou conhecido na imprensa norte-americana. Em julho de 1918, foi contratado para representar o Comitê no exterior, com um orçamento extremamente ambicioso, cerca de um milhão de dólares. Despender uma soma dessas em um momento de fome e epidemias disseminadas – a ração[1] em Moscou em 1918 era de míseras 50 gramas de pão por dia – foi uma decisão ousada e indicativa da alta prioridade atribuída ao cinema como veículo de difusão da nova ordem política, novos valores sociais e humanos. Cibrario, infelizmente, revelou-se um estelionatário. Começou adquirindo equipamento de baixa qualidade, apelou em seguida para o superfaturamento e passou simplesmente a desviar os recursos para uma empresa fantasma. Os soviéticos só perceberam o embuste em meados de 1921. O italiano chegou a ser preso em Nova York, mas foi solto alguns meses depois em função da impossibilidade de o governo soviético acionar o sistema judiciário dos EUA, pois os países não tinham, à época, relações diplomáticas. O próprio Lênin teria acompanhado o assunto, com notória ansiedade. Em 1930, os soviéticos insistiram em incriminar Cibrario, dessa vez na Itália, para onde tinha retornado o trânsfuga. O caso ficou em aberto por mais vinte anos.

* * *

A despeito das incríveis dificuldades, os realizadores não esmoreciam. Um dos melhores sobreviventes cinematográficos dessa turbulenta fase de transição é *O camarada Abraão* [*Tovarisch Abram*], dirigido por Aleksandr Razumny em 1919. Entram em cena os temíveis *Centelhas negras*, coligação da nobreza e funcionários antissemitas criada na virada do século XX para apoiar o tsar e o nacionalismo xenófobo. A família de Abraão é massacrada pelos Centelhas sob a acusação de ter ajudado os alemães no começo da Primeira Guerra. Socorre-o um oficial do Exército Vermelho, a quem a família judia havia escondido anteriormente. Abraão consegue trabalho em uma tipografia, onde conhece e assimila a cartilha revolucionária junto com o operariado: em pouco tempo, alista-se e acaba como comandante de um destacamento. *O camarada Abraão* foi exibido em Moscou, em trens e até barcos *agitprop*. Depois de aterrorizantes *pogroms*,[2] os judeus pareciam ter logrado uma instância de reconhecimento nas telas.

A ruptura revolucionária impactou diretamente o *status* das minorias na Rússia. No dia seguinte à tomada do Palácio de Inverno, quando Lênin articulava os nomes para o Comitê Executivo central, Trótski recusou o cargo de Comissário para Assuntos Interiores (com poder de polícia): "Vale a pena colocar nas mãos

---

1 N.E.: Termo cunhado por historiadores para designar a média da cota de comida a que cada pessoa tinha direito no momento mais agudo da guerra civil.

2 N.E.: Termo russo usado para designar a perseguição aos judeus na Rússia tsarista.

de nossos inimigos mais uma arma, minha origem judaica?",³ perguntou. Sua assunção tinha sólidas ramificações no real. A história do povo judeu na Rússia tsarista é uma sucessão de arbitrariedades e violência, não exclusivamente originadas de injunções da Igreja Ortodoxa, mas sempre avalizadas, com poucas exceções, pelo poder imperial. Já em 1791, a Imperatriz Catarina II, conhecida pelas tendências liberais (amiga de Voltaire e Diderot) estabeleceu uma zona exclusiva de residência para judeus, incluindo partes da Ucrânia e Polônia, e a totalidade da Bielorrússia, Lituânia e Moldávia. Aos judeus não restavam alternativas, ou se convertiam em cristãos ortodoxos ou iriam para a área designada e submetiam-se a diversas restrições. A segregação durou entre 1791 e 1917, ano da Revolução. Estima-se que dois milhões de pessoas emigraram para a América do Norte entre 1881 e 1914 por conta dessas medidas. Dezenas de milhares de judeus foram mortos, mas, entre 1918 e 1922, em virtude da guerra civil e do terrorismo conexo, cerca de 150 mil judeus teriam perecido nas diversas regiões da antiga Rússia Imperial. A forte presença de intelectuais seculares de origem judaica no Partido Comunista, entretanto, contribuiu para a edição de leis banindo as restrições antissemitas, em especial na Bielorrússia e Ucrânia. Foi um alívio temporário, por alguns poucos anos, pois novos conflitos e um exercício de poder ainda mais autocrático (de Stálin) iriam abalar aqueles territórios.

* * *

Aleksandr Razumny é um diretor que deslanchou sua carreira na reviravolta revolucionária. Ainda em julho de 1917, estreou com *Vida e morte do tenente Schmidt* [*Jízn i smiérti leitienanta Schimdt*], sobre o famoso episódio em 1905 da insurreição de marinheiros em Sebastopol, que seria matéria-prima de Eisenstein poucos anos depois no clássico *O encouraçado Potemkin*.⁴ No primeiro aniversário da tomada do poder, em 1918, realizou *Insurreição* [*Vostánie*], e, em 1919, *A mãe* [*Mat*], baseada no livro de Górki, que seria também utilizado na obra homônima de Pudóvkin, em 1926. Foi dele um dos poucos filmes finalizados pela *Proletkult*, organização cultural proletária às voltas com dificuldades financeiras: a comédia antirreligiosa *Comandante Ivánov* [*Combrig Ivánov*], de 1923, em que o comissário bolchevique é atraído pela filha do sacerdote, que termina superando suas resistências pequenos-burguesas para "cair no pecado", como indicava a propaganda do filme (exportado para os EUA, levou o título de *The Beauty and the Bolchevik*). Razumny atravessou todos os sobressaltos da vida política soviética e dirigiu seu último título em 1961.

Os objetivos didáticos eram explícitos nos filmes da reviravolta histórica. O drama era direto, e os personagens unidimensionais, sejam burgueses grotescos, desertores sem caráter e proletários ou camponeses em vias de adquirir consciência de classe. As exceções eram poucas: uma delas foi inspirada no curto texto, *Polikuchka*, que Tolstói escreveu poucos meses antes de iniciar *Guerra e paz*. A um servo com reputação de desonesto e alcoólatra, que trabalha para uma proprietária bondosa (típica personagem do escritor), é confiada uma missão delicada: transportar valores em espécie para o senhorio. Um golpe do destino faz com que falhe, justamente quando se redimia. Culpado, termina se enforcando. Rodado em 1919, mas lançado em 1922 por falta de celuloide para cópias, foi dirigido por Aleksandr Sanin, ator ligado a Stanislávski. O filme não se prende às limitações mecanicistas dos roteiros da época, recuperando em parte o viés psicológico do cinema pré-revolucionário (Sanin emigrou para a Europa em 1922, onde seguiu carreira de diretor de óperas).

Stanislávski tinha admiradores importantes – entre eles, Lênin e Lunatchárski. O líder, além de elogiar o rigoroso método do diretor, cuidou também de protegê-lo da desapropriação de sua casa após a Revolução (Stanislávski vinha de uma das famílias mais abastadas da Rússia). Mas também tinha críticos: os novos tempos revolucionários e construtivistas estimulavam pesquisas articulando técnicas de representação e montagem cinematográfica. Um dos instigadores dessa empreitada foi Lev Kulechov. Apoiando-se nas premissas de François Delsarte, ator e teórico francês do século XIX, Kulechov elaborou um sistema que enfatizava os atributos físicos e as habilidades acrobáticas do ator em detrimento das motivações psicológicas do personagem. O refinamento do sistema veio com uma visão modernizante, que incorporou as balizas geométricas e dinâmicas do construtivismo na formulação estética do cinema – enquadramentos, composições de imagem e, sobretudo, montagem. O afã era deixar para trás a linguagem pré-revolucionária e alavancar o ingresso da URSS na vida moderna, veloz e energética, tal como ocorria com o cinema norte-americano.

* * *

---

3   C. Miéville, *Outubro*, Boitempo Editorial, 2017, p. 275.

4   N.E.: Apesar de a transliteração correta ser "Potiómkin", optou-se aqui por reproduzir o título em sua forma consagrada no Brasil.

Energia era o que não faltava ao diretor de apenas dezenove anos. Começando com cinejornais cobrindo a guerra civil, Kulechov passou pela montagem e produziu em 1918 um filme ousado, *O projeto do engenheiro Prite* [*Proekt injeniera Praita*], que mostra o conflito entre interesses petroleiros na construção de uma represa hidroelétrica. A duração média das cenas era de menos da metade do habitual dos filmes russos do período anterior a outubro de 1917, irritando alguns críticos, mas agradando a plateia. Em 1920, rodou *No fronte vermelho* [*Na krásnom fronte*], mesclando cenas dramatizadas e cinejornal de guerra, na esteira dos *agit-prop*. O filme, do qual não restaram cópias, foi gravado em celuloide positivo usado com cobertura de emulsão, tal a carência de negativos. Voltando a São Petersburgo, reuniu um coletivo de atores no VGIK (sigla russa para *Vssierossískaia Gossudárstveni Institut Kinematográfi ímieni S.A. Guerásimova*, a Universidade Estatal Panrussa de Cinematografia S. A. Guerássimov)[5] fundado por Vladímir Gárdin, concebendo linha própria de pesquisa e conectando-se com outros grupos artísticos. O coletivo – que tinha entre seus membros Boris Bárnet, Vsiévolod Pudóvkin e Serguei Komarov, futuros realizadores na URSS, além da atriz, e futura esposa do próprio Kulechov, Aleksandra Khokhlova, que atuou em todos os seus filmes – realizou inovadores experimentos de linguagem, como o que resultou no famoso *efeito Kulechov*, e exercícios de reedição de material pré-revolucionário ou estrangeiro (*Intolerância* [*Nieterpímost*] foi um dos dissecados).

O *efeito Kulechov* – cuja premissa básica sustenta que o significado cinemático apreendido pelo espectador é função da montagem entre planos e não dos planos individualmente tomados – tornou-se um mito na história do cinema. E como mito, sujeito a exageros e deformações: o que vale como registro é a pulsão especulativa que animava Kulechov e o grupo. A interpolação de imagens diferentes entre planos imóveis do ator Ivan Mozjúkhin evoca sentidos (e emoções) distintos no espectador. Outros experimentos feitos pelo coletivo, a maioria realizado em 1921 e perdido (ou filmado sem negativo), foram o conceito de uma geografia imaginária, obtido pela alternância entre imagens de personagens caminhando em Moscou e nas cercanias da Casa Branca, em Washington, e o uso de sucessivos *close-ups* de diferentes gestos de corpo feminino para exprimir apenas uma personagem-bailarina. Já em 1917, Kulechov começou a publicar artigos sobre cinema e sua especificidade artística: naquele ano, ainda sob a influência do convívio com Bauer, afirmava que a "essência do cinema enquanto arte apoia-se na criatividade do diretor", cujo principal resultado é a "composição da imagem".[6] Em 1918, após a Revolução, a montagem assume a centralidade da criação cinematográfica, pela capacidade de ordenar o ritmo do filme e transmitir o movimento (Gárdin conta que, na primeira e curta conversa que teve com Kulechov sobre o curso na VGIK, a palavra montagem foi repetida pelo menos dez vezes). Em 1918, no primeiro ano da Revolução, o inquieto diretor publicou o artigo "A arte do cinema" ["Iskusstvo svietotvórtchestva"], no qual afirmava: "Montagem é para o cinema o mesmo que a composição das cores é para a pintura e as sequências harmônicas para a música".[6] Em 1929 editou a coletânea desses artigos iniciais e dedicou o livro ao mentor Bauer.

* * *

Kulechov era também fascinado pela agilidade da montagem no cinema norte-americano. Acreditava que a eficiência da máquina-cinema no cenário capitalista poderia ser utilizada igualmente no contexto socialista – em paralelo, é conhecido também o entusiasmo de Lênin pelo taylorismo, sistema de produção inventado no Estados Unidos que tinha como parâmetros máxima produtividade e gestão racional do trabalho. Como inserir o cinema nesse momento intenso de reengenharia social? As especulações de Kulechov logo iriam encontrar rivais, no plano teórico e mesmo no pessoal. Um deles foi Dziga Vertov, um frustrado poeta futurista que em 1917 foi para São Petersburgo e ali instalou um "laboratório de audição" para gravar ruídos em um velho fonógrafo. Algum tempo depois, em um texto intitulado "Nascimento do Cine-olho", relatava a gênese da ideia: "Voltando da estação, ainda escuto os suspiros, o ruído do trem que se afasta... risos, assobios, vozes, bater de sinos, arquejo da locomotiva... murmúrios, chamadas, despedidas"[8]. Um exercício de montagem poético-sonora, que prefigura o estilo singular de uma obra única na história do cinema.

Dziga Vertov – pseudônimo de Denis Arkadievitch Kaufman (versão "russificada" do nome de batismo David Ábielevitch), *dziga* significando pião em ucraniano (apelido dado pela babá) e *viértov* um substantivo formado a partir do verbo *viertiet*, que significa rodar, em russo – adquiriu uma aura especial no cinema soviético, balizada pelos filmes que concebeu e pela especulação teórico-poética

---

5   A escola passou a chamar-se VGIK, com a referência a Guerássimov, em 1986. Foi fundada em 1919 em Moscou e é a escola de cinema mais antiga no mundo.
6   I. Christie e R. Taylor, op. cit., p. 41.
7   Ibid., p. 46.
8   A. Michelson (org.), *Kino: The Writings of Dziga Vertov*, Berkeley: University of California Press, 1985, p. 40.

que elaborou. Para ele, o cinema aparece como revelação – a metáfora recorrente é o conceito de cine-olho, ver através da câmera o que os olhos não podem ver. Annette Michelson, exegeta da obra, lembra uma das primeiras experiências de Vertov com o cinema: filmar a si mesmo pulando de uma marquise. O objetivo era projetar o filme em câmara lenta e analisar as sutis variações em seu rosto, imperceptíveis à velocidade normal, mas captáveis pela lente – descobrir-se, enfim, por meio do aparato cinematográfico.[8] Quando chegou na capital, Vertov iniciou estudos de neuropsicologia. Julgado inapto para o serviço militar, engajou-se como redator e montador na equipe do *Kino-Nediélia*, o Cine-Semana, o cinejornal da Revolução. Logo estava nos trens *agitprop*, filmando, processando e projetando. Compilou imagens dos cinejornais para *Aniversário da Revolução*, de 1919, e *História da Guerra Civil*, de 1922.

Nos seus textos, o poeta-cineasta atribuiu pouca ou nenhuma importância ao estágio inicial no cinejornal (dizia que o material se limitava a solenidades, enterros e afins). Mas conflitos com os colegas apareceram: em 1919, precisamente em 11 de abril, Lênin ordenou que uma equipe de filmagem se dirigisse a Siérguiev Possad, perto de Moscou, para registrar a abertura do sarcófago de Sérgio de Radonege – um venerado *stáret*, mestre e conselheiro de monastério ortodoxo, santo das Igrejas Ortodoxa e Católica, morto em 1392. As lentes do cinema iriam captar o momento preciso em que, ao contrário do que supunha a crença popular, o corpo do santo não estava incorrupto: o cine-olho soviético desmontando a transcendência mística russa. Quem dirigiu o registro desmistificador? Kulechov asseverou em suas memórias que foi ele, apesar de alguns historiadores afirmarem que foi Vertov (irritado, Kulechov insinuou que isso acontecia porque o rival utilizara as imagens em algum clipe posterior). Somente entre 1919 e 1923 foram registradas 63 aberturas de relíquias. O santo, como revelaram as imagens, havia virado pó e ossos. Com o fim do comunismo, o local voltou a ser um importante centro de peregrinação religiosa.

* * *

A tecnologia na sua melhor expressão – o próprio cinema – era a ferramenta perfeita para superar as limitações humanas, físicas e mentais, espalhando a verdade marxista-leninista e prestando contribuição decisiva para a Revolução. Vertov identificava um pecado original no nascente cinema – a mercantilização, a apropriação pelo capital. Em 1917 escreveu um poema sobre as atividades do laboratório de audição, em que dizia "não como Pathé / não como Gaumont / não como eles veem / não como eles querem... dê olhos às pessoas / para ver um cachorro/ com olhos de Pávlov".[10] O potencial epistemológico da câmera, pelo seu caráter objetivo, ajustava-se como uma luva aos desígnios comunistas de transformação social. Começava a se abrir um horizonte de possibilidades infinitas para a prática cinematográfica, algo que Vertov captou e que iria exercer uma atração indelével aos futuros praticantes do audiovisual, muito além dos limites ideológicos da União Soviética. O próximo estágio seria o *Kino-Pravda* (Cine-verdade), cinejornal habilmente referenciado ao principal diário do novo governo, fundado por Lênin: foram 23 edições entre 1922 e 1925, com uso de imagens de arquivo, legendas móveis de inspiração construtivista (feitas pelo fotógrafo e artista gráfico Aleksandr Rodtchenko), crescente unidade temática por episódio e o irmão, Mikhail Kaufman, como principal operador de câmera (a partir da sexta edição). Juntamente com a montadora e futura esposa, Elizaveta Svílova, com quem trabalhava desde 1920, formaria o núcleo dos *kinóki* – termo cunhado por Vertov para designar o grupo (*kinô* é "cinema", *óko*, termo arcaico para "olho").

O *Pravda* saudou, em 28 de junho de 1922, a primeira edição do *Kino-Pravda*: remoções de igrejas, julgamento de socialistas-revolucionários e inauguração de estação elétrica eram os assuntos. Mas não poupou críticas: as igrejas eram todas em Moscou e não havia imagens dos interiores da estação, equipamentos e circuitos. Pequenas deficiências que não empanavam o mérito da iniciativa e o "amor pelo trabalho demonstrado pelo setor do cinejornal social".[11] Lênin, apesar de um certo desconforto diante das câmeras (exceto quando discursava), era um dos principais personagens. Sua morte em 21 de janeiro de 1924 deu margem a uma curiosa animação, ilustrando louvores ao reconhecimento internacional da URSS e a admissão de 100 mil membros no Partido Comunista. Um ano depois, em 1925, foi lançado um *Kino-Pravda* especial de três partes, com total de 29 minutos, montado dialeticamente: tese (trabalho de Lênin), antítese (morte) e síntese (Lênin morreu, mas sua força está entre nós). Um artigo no *Pravda* mais uma vez louvou o trabalho, mas cobrou lógica e simplicidade na estrutura, para chegar às audiências camponesa e proletária.

---

9   Ibid., p. XVIII.
10 Esta é uma tradução livre do inglês que consta do livro de Y. Tsivian (org.), *Lines of Resistance: Dziga Vertov and the Twenties*, Bloomington: Indiana University Press, 2005, p. 35.
11 A. Michelson (org.), op. cit., p. 40.

A apropriação *comunista* do cinema parecia um objetivo possível. E mais: o nascimento de uma cultura proletária era "objetivamente incontornável", como dizia o desafeto de Lênin, Aleksandr Bogdánov, outra influência sobre Vertov. A consolidação do grupo *Cine-olho* viria na forma de poemas-manifestos, aparições e apelos, veiculados pela imprensa nascente. "Nós", publicado em agosto de 1922 no primeiro número da revista *Kinofot* – editada pelo construtivista Aleksei Gan, companheiro da documentarista Esfir Chub – separa sem rodeios os *kinóki* do cinema dos "outros cineastas, um bando de palhaços que mal vendem seus trapos". Os *kinóki* exaltam o "dinamismo" dos filmes americanos, "com seus cortes rápidos e *close-ups*... mas desordenados e desprovidos de um estudo preciso do movimento". E afirmam: "Os velhos filmes, baseados nos romances e teatro, têm lepra... são mortalmente perigosos e contagiosos!"[12]

* * *

Em 1923 Óssip Brik, teórico formalista, roteirista de cinema e funcionário da TcheKa[13] – a primeira polícia secreta da União Soviética – fundou com Maiakóvski e Boris Arvátov a revista LEF (*Liévi Front Iskusstv*, a Frente de Esquerda das Artes), trincheira da vanguarda artística e do construtivismo, que tinha como premissa "reexaminar a ideologia e as práticas da chamada arte de esquerda, e abandonar o individualismo a fim de valorizar a arte para o desenvolvimento do comunismo".[14] Entre outros, participaram da revista Boris Pasternak, Serguei Tretiakov (poeta e dramaturgo, morto nos expurgos stalinistas de 1937, amigo de Eisenstein), Viktor Chklóvski (crítico de literatura do grupo formalista e roteirista) e Aleksandr Rodtchenko. Em seu terceiro número, junho de 1923, o Conselho dos Três *kinóki* publicou o manifesto "Kinóki. Insurreição", um dos, senão o principal texto fundador do cinema militante em todo o mundo: não apenas no sentido ideológico, mas também no ontológico, um chamado à prática cinematográfica que remete diretamente à natureza da atividade. Em uma passagem os *kinóki* afirmam:

> *Eu sou o Cine-olho. Eu sou o construtor* [...] *eu crio um homem mais perfeito do que Adão* [...] *a um tomo as mãos mais fortes e as mais ágeis, a outro as pernas mais esbeltas e as mais rápidas, a um terceiro a cabeça mais bela e a mais expressiva, e com a montagem crio um homem novo, perfeito* [...].[15]

A contundência do manifesto tem a marca de Maiakóvski. Vertov desde cedo idolatrava o poeta, encarnação da linguagem revolucionária e antenada com a potência do cinema, entre outras intervenções visuais. *Komfut* era a senha para os comunistas-futuristas, aliança entre a vanguarda e os bolcheviques que procurava espaço naquele cenário conturbado. Maiakóvski era figura frequente em reuniões e manifestações públicas, defendendo a plenos pulmões um engajamento artístico nas transformações sociais e culturais, chocando-se à direita e à esquerda – Lênin, que oscilava na apreciação dos *ismos*, queixava-se a Lunatchárski das tiragens excessivas dos livros do poeta, mas também expressava deleite sobre as burlas que Maiakóvski fazia dos burocratas e assembleístas compulsivos. No cinema pós-Revolução seu envolvimento foi intenso, porém errático. Escreveu roteiros, dirigiu e atuou, na frente das câmeras e em sessões político-administrativas das organizações estatais do setor. O ano de 1918, em meio às penúrias de produção, foi o mais produtivo, paradoxalmente: protagonizou três filmes, dos quais *A senhorita e o valentão* [*Baríchnia i khuligan*], peça didática sobre educação para adultos, que sobreviveu, *Não nascido para o dinheiro* [*Ne dliá diéneg rodívchiisia*], em que faz o (elogiado) papel de um poeta, e *Acorrentada pelo filme* [*Zakóvanaia fílmoi*], no qual escreveu o roteiro e foi coestrelado pela amante Lília Brik, mulher de Óssip. Os dois últimos se perderam, total ou parcialmente.

Logo em 17 de novembro de 1917, na alvorada da tomada do poder, o Comissariado do Povo para Educação espalhou cartazes por toda São Petersburgo convocando para uma reunião com o comissário "pintores, dramaturgos, escritores, atores, assim como representantes de grupos proletários de artistas que desejem trabalhar na aproximação das grandes massas populares".[16] Apenas cinco pessoas compareceram, entre elas Maiakóvski e o diretor de teatro Vsiévolod Meyerhold (o primeiro suicidou-se em 1930 e o segundo foi executado no expurgo stalinista de 1937).[17] Em 1927, durante uma discussão promovida pelo Comitê Central da

12   Ibid., p. 5.
13   N.E.: Transliteração do russo para a junção das letras Ч e К, que significam, respectivamente: "Comissão" e "Extraordinária". Trata-se de uma redução da denominação do órgão *Vssierossískaia Tchrezvytcháinaia Komíssia po Bopre s Kontrrevoliutsiei i Sabotájiem* (Comissão Extraordinária pela Luta contra a Contrarrevolução e a Sabotagem).

14   Disponível em <https://monoskop.org/LEF>. Acesso em jul 2019.
15   Rodtchenko inseriu uma chamada ao lado deste trecho com letras grandes, onde se lê "Adolescente Elétrico". A. Michelson (org.), op. cit., p. 17.
16   J. Leyda, op. cit., p. 142.
17   Idem.

Juventude Comunista sobre a associação de produtoras Sovkino (acrônimo para: *Soviétskoe kinó*], empresa estatal de cinema criada em 1924, o poeta diria, com tom de desencanto: "Vejam Maiakóvski, o poeta, sentado em seu covil de poeta... não sou poeta, senão aquele que põe hoje em dia sua pena a serviço – anotem, a serviço – da vida atual e de seu guia: o governo soviético e o Partido"[18].

* * *

As massas, entretanto, queriam consumir cinema como entretenimento, como diversão. Esse é um aspecto que ficou um tanto oculto nos primórdios da era comunista, pela canonização (fora da URSS, principalmente) dos cineastas mais identificados com propostas fronteiriças da experimentação formal e conscientização social, que sedimentaram um lugar específico e prestigioso na história do cinema. A audiência contemporânea na União Soviética dos filmes desses diretores – como Eisenstein, Vertov, Pudóvkin, e Dovjienko – era, entretanto, minoritária. A canonização ficou ainda mais reforçada pela queda na qualidade da produção nos anos de 1930, em consequência do endurecimento do regime com Stálin: a prioridade passou a ser filmes de consumo fácil e tutelados ideologicamente, princípios materializados na estética do realismo socialista.

A demanda pelo cinema de diversão na nova república – malgrado objeções de boa parte da crítica e entidades proletárias, além do próprio Partido Comunista, atentos quanto à reprodução dos valores da velha ordem autárquica e dos hábitos pequeno-burgueses dos *Nepmen* – acabou desempenhando um papel fundamental na produção cinematográfica. Os horrores da Guerra Civil superados – embora com sequelas socioeconômicas por resolver, como menores desabrigados e habitação – e a gradual implantação do liberalismo da NEP, levaram diretores e produtores a se adaptar ao novo cenário político-social. Cinema de gênero, como aventura, melodrama, comédia, horror, foi um desdobramento inevitável, a exemplo do que acontecia nas indústrias cinematográficas nos principais países produtores no Ocidente. Os acalorados debates sobre a crescente mercantilização do cinema em contraponto ao projeto comunista de sociedade sem classes não impediram o rápido aumento de produções locais – a maioria voltada para o mercado de entretenimento –, que atingiram o pico em 1928, com 109 filmes, ultrapassando o produto estrangeiro na União Soviética. Decisões tomadas nos congressos do Partido respaldavam as críticas: em 1924 foi criada a Associação de Cinematografia Revolucionária (ARK, sigla para *Assotsiátsia rievoliutsiónnoi kinematógrafii*), organização de profissionais de cinema que tinha entre seus objetivos, além do aperfeiçoamento de práticas e equipamentos, o monitoramento do que se passava na indústria. Uma alternativa que permeava as discussões era a realização de filmes que fossem narrativos e convencionais, de forma a atrair o público, mas cujos personagens fossem devidamente positivados conforme a cartilha do politicamente correto na aurora soviética. Positivados, mas convincentes e emocionais, envolvidos em tramas mais complexas do que os *agitprop* iniciais.

Um exemplo de ator e diretor da era pré-revolucionária que se adaptou aos novos tempos foi Ivan Perestiáni – entre 1921 e 1931 foi o realizador que mais assinou produções na URSS, dezessete (logo em seguida vêm os igualmente veteranos Gárdin e Tchardynin, dezesseis e quatorze, respectivamente). Em 1921 dirige *Arsen Djordjiachvili*,[19] drama romântico com pano de fundo revolucionário: Arsen é um agitador clandestino na revolta de 1905, atormentado entre um amor passional e o dever de assassinar um general tsarista, morrendo de maneira heroica no final (o pelotão de fuzilamento erra o alvo propositadamente, um oficial completa a execução). O ator, georgiano como o diretor, foi Mikhail Tchiaureli, conhecido pelos filmes que realizou posteriormente tendo como protagonista o próprio Stálin. Perestiáni não perdeu tempo e completou, no ano seguinte, *Os diabinhos vermelhos* [*Krásnie diavoliata*], exibido em 1923, sucesso de público e crítica, saudado na imprensa como o "primeiro filme da Revolução – todo cidadão deveria assisti-lo".[20] A história acompanha as peripécias de três adolescentes durante a guerra civil, irmão, irmã e um amigo negro (Tom Jackson), na perseguição ao anarquista ucraniano Nestor Makhnó, notório assassino de camponeses e comunistas, e seu bando. Combinando humor e violência – o pai dos irmãos é brutalmente morto pelos bandidos – além de uma indisfarçável simpatia pelos *pequenos vermelhos*, foi eleito em uma enquete de 1925 como o filme preferido por metade dos entrevistados.

Ainda nos anos de 1920, uma das tentativas de aproximar a linguagem experimental das práticas populares de entretenimento – circo, *music hall*, teatro de rua – foi a Fábrica do Ator Excêntrico (FEKS, sigla para *Fábrika Ektsientrítcheskogo aktiora*), fundada em São Petersburgo por Leonid Tráuberg e Grigóri Kózintsev,

---

18 I. Christie e R. Taylor, op. cit., p. 173.

19 N.E.: O título original é homônimo da personagem, mas outras versões são encontradas em traduções livres: *A morte do general Griaznov*; *Vida na morte*; *Morte em nome da vida*.

20 D. Youngblood, *Movie for the Masses: Popular Cinema and Soviet Society in the 1920s*, Cambridge: Cambridge University Press, 1993, p. 77.

com 19 e 16 anos respectivamente, de início como coletivo teatral e logo enveredando pelo cinema. A dupla partiria logo para a realização de filmes: com Serguei Iutkiévitch, outro jovem (17 anos) que se tornaria diretor de prestígio, redigiram em 1921 um manifesto que propunha não uma antiarte, no diapasão dos construtivistas, mas uma arte sem "a" maiúsculo, um esvaziamento da arte tomada nos seus fundamentos burgueses. Não eram preocupados com formulações teóricas: a força do grupo era a audácia e a energia juvenil. Iutkiévitch dizia, ecoando o futurista italiano Marinetti: "O velho está sempre errado, mesmo quando está certo, e o novo está sempre certo, mesmo quando está errado".[21]

* * *

Em 1923 foi lançado *O serralheiro e o chanceler* [*Sliésar i kántslier*], dirigido por Gárdin e inspirado em peça de Lunatchárski. Ambientada em um país estrangeiro povoado por mulheres decadentes e soldados homossexuais, o filme fracassou, segundo a crítica, pela ausência de foco e dinamismo. Em 1919, o comissário da Educação (e escritor prolífico) havia publicado ensaio sobre as tarefas do Estado em relação ao cinema. Inserido nos intensos debates sobre produção e difusão do novo meio, com muita radicalização e voluntarismo, o texto acena com uma conciliação (até onde era possível). Citando Tolstói e Tchékhov, dois eminentes literatos da era tsarista – em princípio anátemas para o novo regime – Lunatchárski reiterou que os filmes da nova era deveriam estar imbuídos de um "espírito socialista" e transmitir a mensagem de tal forma que as ideias básicas do comunismo, entre elas "a ditadura dos pobres ou do proletariado", fossem tornadas claras para o espectador. Tratava-se, segundo ele, de estimular novo alento ao setor "das artes e da educação": a tarefa não era simplesmente nacionalizar a produção e a distribuição. Um dos principais resultados dessas proposições seriam filmes histórico-culturais, que servissem à causa da vitória na guerra civil e também à reconstrução da sociedade. Nesse contexto entraria também a história da Igreja, na crítica aos seus aspectos "cruéis" e "insensatos", mas também na valorização de seus "aspectos positivos e democráticos".[22]

Não era novidade essa aproximação com temas religiosos. Em 1908 Lunatchárski escreveu *Religião e socialismo* [*Relíguia i sotsialism*] (em dois tomos) e recebeu severas críticas de Lênin. Compartilhada por Górki e Bogdánov, a ambição do livro era complementar o determinismo marxista com os valores "emocionais e morais" das religiões. Extirpadas de superstições e retórica do sobrenatural, a nova religião (o parentesco com o culto da razão de Robespierre não é acidental) seria uma contribuição decisiva para a consolidação do socialismo científico. Bogdánov, cunhado de Lunatchárski, era um problema à parte: Lênin detestava o ex-companheiro, mente brilhante, médico e romancista, mas que expulsou do Partido em 1909 por divergências teóricas. Aleksandr Bogdánov, que vencia Lênin nas partidas de xadrez em Capri na casa de Górki, enveredou por uma seara epistemológica complexa e excêntrica: desenvolveu um sistema filosófico propondo um princípio organizacional que relacionava ciências físicas, biológicas e humanas, tido por Lênin como contrário ao marxismo. Escreveu uma ficção científica para ilustrar suas ideias sobre um utópico sistema comunista de transfusão de sangue em Marte (*Estrela vermelha*) e acabou morrendo, em 1928, vítima das próprias experiências de transferências sanguíneas. Em 1920, Lênin repreendeu publicamente Lunatchárski por uma adesão deste a uma maior autonomia do *Proletkult*, que tinha Bogdánov como um dos inspiradores. O comissário recuou e alegou que suas palavras tinham sido *distorcidas*.

Apesar dos entreveros, a interação de Lênin com Lunatchárski é um dos pontos altos na história do cinema soviético e mundial. Em janeiro de 1922, Lênin redige um memorando pessoal definindo algumas prioridades para o cinema, em especial cotas proporcionais de exibição entre películas de entretenimento (exceto as "indecentes" e as "contrarrevolucionárias") e filmes com teor educativo e conteúdo de propaganda. Era o embrião da conhecida "proporção leninista". Estímulo especial caberia aos filmes na rubrica "sobre a vida dos povos de todos os países", ou seja, um equilíbrio pragmático entre diversão e utilitarismo. Em meados de fevereiro daquele ano, conforme relato de Lunatchárski, Lênin chamou-o para uma conversa sobre assuntos do Comissariado, quando disse: "Se tivermos bons noticiários, e películas sérias e instrutivas, pouco importa se o público se entretenha com filmes inúteis... Claro, a censura é necessária, de todos os modos. Películas contrarrevolucionárias e imorais não têm lugar aqui." Agregou que a melhoria gradativa das condições do país favoreceria à atividade cinematográfica, permitindo aumento do número de produções sadias para as massas urbanas e camponesas. Finalizou com a célebre frase: "Você, que é conhecido como protetor das artes, deve recordar que, de todas as artes, para nós, o cinema é a mais importante."[23]

21 I. Christie e R. Taylor, op. cit., p. 64.
22 Ibid., p. 47-49.
23 J. Leyda, op. cit., p. 191-193.

* * *

A reconstrução do diálogo que marcou a história do cinema encontra-se no indispensável compêndio de Jay Leyda.[24] Durante a longa vigência do comunismo era comum encontrar a frase – "de todas as artes, para nós, o cinema é a mais importante" – nas salas de cinema de toda a URSS. Além disso, serviu de epígrafe a inúmeros livros e filmes, em todo o mundo, em particular nos momentos mais intensos do cinema militante, nos anos de 1960 e 70. Lênin adquiriu sua visão de cinema – uma mescla de entretenimento e utilitarismo – nos anos de exílio. Sua formação cultural era, sobretudo, literária, como a da grande maioria dos russos cultos. Em 1908, em visita a Górki na ilha de Capri, divertiu-se com o cinema pastelão do pioneiro Charles Prince, francês que dirigiu e atuou em mais de seiscentos curtas. Em Zurique, a hagiografia leninista relata que o futuro líder costumava frequentar salas de cinema depois de horas de estudo em bibliotecas – depois de mergulhar em *A ciência da lógica*, de Hegel, ia ver filmes populares em busca de informações, como sugere Leyda, ou simplesmente relaxar. Com a aceleração dos acontecimentos, percebeu com sua acurada visão estratégica que o cinema poderia ser também uma arma poderosa de educação e propaganda.

Em 1922 o quadro era de distensão, com a NEP sendo implementada. Segundo a irmã de Lênin, seu filme preferido entre os poucos que viu neste ano foi *O milagreiro* [*Tchudotvoriets*], comédia antirreligiosa em que camponeses rudes se divertem com um falso milagre, ridicularizando patrões e a Igreja. No plano internacional, as notícias eram auspiciosas: o bloqueio imposto à nascente República Vermelha pelos países ocidentais, Reino Unido, principalmente, foi suspenso, permitindo incremento na importação de negativos, equipamento e filmes estrangeiros. Lênin e Lunatchárski aproveitaram para pôr em marcha engenhoso sistema de tributação das cópias de títulos importados para capitalizar a indústria local, artifício que se revelou extremamente útil após a criação da Sovkino, controlada pelo Comissariado de Educação (55%) e pelo Comissariado de Comércio Exterior (30%). No contexto da economia mista da NEP, 75% do comércio interno acabou passando para mãos privadas, mas as operações de comércio exterior permaneceram sob controle absoluto do Estado, assim como as indústrias de base, como mineração, e os bancos. O esquema naturalmente favoreceu negociações comerciais para aquisição de direitos de exibição com os grandes produtores americanos e europeus. Pela lógica da *proporção leninista*, a exibição de longas-metragens estrangeiros como *O ladrão de Bagdá*, estrelado por Douglas Fairbanks e dirigido por Raoul Walsh – em 1925 alcançou o maior público da década na URSS, mais de 1 milhão e 700 mil espectadores nos primeiros seis meses de exibição – seriam precedidas de cinejornal e curta-metragem educativo.

No plano pessoal, entretanto, a situação era distinta. Em agosto de 1918, Lênin foi alvo de uma tentativa de assassinato por uma militante da ala esquerda do Partido Socialista Revolucionário, Fanni Kaplan. Foi atingido por duas balas, e uma delas perfurou seu pulmão – para quem tinha problemas circulatórios congênitos, além de ataques de pânico cuidadosamente dissimulados com a ajuda da esposa, foi um abalo considerável. O ato inscreve-se na volatilidade política do momento. Embora os bolcheviques tivessem obtido a maioria dos votos urbanos nas eleições para a Assembleia Constituinte de novembro de 1917, o eleitorado do interior acabou dando a maioria das cadeiras ao Partido Socialista Revolucionário, em princípio coligado aos comunistas, mas internamente dividido (os socialistas-revolucionários eram orientados por um *idealismo ingênuo*, criticava Lênin). A Assembleia reuniu-se em janeiro de 1918, com a recusa dos demais partidos em apoiar a proposta de uma república soviética. No dia seguinte, as eleições foram anuladas e os bolcheviques tomaram definitivamente o poder.

Lênin faleceu em 21 de janeiro de 1924, depois de sofrer três derrames, aos 53 anos de idade. Na década de 1930, ele se tornaria o principal personagem (juntamente com Stálin) do cinema soviético – sua primeira aparição foi em 1927, no clássico *Outubro*, de Eisenstein. Foram inúmeros filmes, graças à necessidade de Stálin de contar com um coadjuvante legitimador na tarefa de reescrever a história. Em um período de rígido controle do entretenimento, da estética do realismo socialista, um filme como *Lênin em Outubro* [*Liénin v Oktiabrié*], de Mikhail Romm, foi lançado em 1937 com a assombrosa cifra de 955 cópias, um provável recorde mundial. A arte mais importante, o cinema, acabou participando da mitificação do líder revolucionário.

24 Idem.

ACELERAÇÃO DA HISTÓRIA

12 de julho de 1923: em meio à intensa luta por poder nos bastidores do Politburo, Leon Trótski encontra tempo para escrever no *Pravda* um artigo retumbante – "A vodca, a Igreja e o cinema"[1] ["Vodka, tsiérkov i kinematógraf"]. Comissário da Guerra em 1918, Trótski destacou-se pela determinação e capacidade em organizar o Exército Vermelho, combatendo rebeldes Brancos da antiga nobreza, forças estrangeiras anticomunistas, desordeiros oportunistas e sublevações pontuais (mas com potencial desestabilizador). A determinação podia traduzir-se eventualmente em crueldade, em nome do objetivo maior. Junto à liderança leninista, de quem não hesitava em discordar em público, levou a cabo uma façanha de proporções inimagináveis – vencer a Guerra Civil, unificar o vasto território russo e assegurar, com condições razoáveis de viabilidade, a fundação do Estado socialista. Lênin manifestou até onde pôde sua preferência em tê-lo como sucessor, mas a deterioração do seu estado de saúde, aliada à inabilidade de Trótski nas articulações internas do comitê (de acordo com o líder), acabaram com a possibilidade.

O artigo no *Pravda* foi publicado no vácuo das manobras internas da sucessão – Lênin sofreu um terceiro e devastador derrame em março daquele ano. O comissário candidato a número um do regime escreveu: para ele, "a paixão pelo cinema estava enraizada no desejo de distração, no desejo de alguma coisa nova e improvável, de rir e chorar, não dos seus, mas dos infortúnios das outras pessoas". Pura emoção, que as massas simplesmente procuravam para enfrentar o cotidiano de tragédias e, pelo menos por um breve momento, suspender a dureza e as dificuldades desse ofício incontornável que é a existência. O cinema satisfaz esse desejo transcendental,

---

1   I. Christie e R. Taylor, op. cit., p. 94-96.

de uma maneira inédita na esfera do entretenimento, "direta, visual, pitoresca e vital": e mais, graças à novidade tecnológica do seu dispositivo de linguagem, não requerendo nada de especial da audiência, "nem mesmo que ela seja alfabetizada". Por essa razão, prossegue, é que o cinema se beneficia de uma gratidão amorosa por parte do público, que tem nele "uma fonte inesgotável de impressões e emoções".

Na miríade de horizontes possíveis da aurora comunista, da qual Trótski era um dos protagonistas, o cinema enquanto diversão era uma brecha privilegiada para chegar ao âmago da população, para comunicar valores e influenciar atitudes. Citando o *grande reformista utópico* Charles Fourier, que repudiou o ascetismo cristão e a supressão dos instintos naturais na construção das comunidades do futuro (os *falanstérios*), Trótski asseverou: o cinema poderia ser um ponto de apoio para a aplicação da alavanca revolucionária do partido. Em consequência, os revolucionários deveriam estar preparados para aplicar aí suas energias educacionais socialistas. Se "na vida diária das cidades capitalistas, o cinema tornou-se parte integral da vida como os banhos, a cervejaria, a igreja e outras instituições, louváveis ou não", na paisagem soviética, entretanto, poderia ser muito mais do que isso: poderia ser uma arma, "que clama por ser usada, não qualquer arma, mas o melhor instrumento para propaganda, técnica, educacional e industrial, propaganda contra o álcool, pelo saneamento, propaganda política, qualquer tipo de propaganda que vocês queiram".

Uma propaganda, enfim, que se imiscui na memória e pode ser também uma fonte de renda: um grande competidor não somente da taberna, mas também da igreja – "ao divertir, educar, atacar a imaginação com as imagens, ele libera você da necessidade de atravessar a porta da igreja". A classe operária, disse, não era nem uma ordem espiritual nem um monastério. A nova república "estava obrigada a satisfazer esse desejo com a mais alta qualidade artística, e ao mesmo tempo fazendo da diversão uma arma de educação coletiva, liberada da tutela do pedagogo e do cansativo hábito moralizador". A conclusão desse panfleto libertário, não obstante, era pessimista: o fato de que "em seis anos nós não tenhamos sido capazes de tomar posse do cinema mostra o quão lentos e ignorantes nós somos, dizendo francamente, estúpidos".[2]

* * *

A expectativa demonstrada por Trótski em relação às potencialidades do cinema como veículo de comunicação de massa era compartilhada por muitos na União

Soviética, sobretudo no Partido. Na virada do século cheia de novidades tecnológicas, o cinema rapidamente instalou-se no imaginário daqueles que queriam, a qualquer custo, acelerar a história e aterrissar na linha do horizonte da sociedade sem classes. A vodca e o monopólio estatal, ou a Igreja e seu anacronismo, parecem ao polemista meros pretextos para falar dessa nova arma de propaganda. E de forma arrojada, desvinculada das referências tradicionais (teatro, literatura), propondo uma rota de produção de entretenimento acoplada à difusão de novos valores. Ao pregar o cinema de qualidade massificado, "liberado da tutela do pedagogo e do cansativo hábito moralizador",[3] Trótski antecipou conceitos que iriam atravessar os debates até o final da década de 1920, até o final da sua própria sobrevivência política também, quando Stálin e diretrizes centralizadoras do Partido se impuseram. A URSS vivia seu primeiro "ciclo de degelo", a euforia especulativa pós-Revolução, a liberalização parcial da NEP e o fim dos horrores da guerra civil.

Serguei Eisenstein assistiu às agitações de julho de 1917 da janela do apartamento de sua mãe, em Petrogrado. Tinha saído há pouco tempo de Riga, capital da Letônia, onde nasceu e morava com o pai, personalidade autoritária e talentoso arquiteto, para estudar engenharia civil (e ir ao teatro). A separação dos pais produziu um trauma profundo no filho único do casal. Os tumultos se estenderam à Avenida Niévski, quando marinheiros de Kronstadt se juntaram a operários e muitos foram baleados – a cena está em *Outubro*, de 1927, mas Eisenstein não presenciou. Tampouco acompanhou a tomada do Palácio de Inverno, em outubro. No começo de 1918, foi convocado pelo Exército como auxiliar de engenharia e, quando pôde, engajou-se em atividades teatrais, desenhando cenários e figurinos nos trens *agitprop*. Conseguiu uma vaga para estudar japonês em Moscou, mas a proximidade com o panorama cultural da capital (a partir de março de 1918, os comunistas levaram o governo para Moscou) levou-o ao teatro, como cenógrafo e, em seguida, como diretor no *Proletkult*. Logo familiarizou-se com a biomecânica de Meyerhold e as experiências de Kulechov, além da estética circense dos jovens do FEKS, que continuavam em Petrogrado.

Na sua primeira cenografia, para a peça *O mexicano* [*Meksikánets*], deslocou o ringue de boxe, onde se dava o ato final, do palco para a plateia: já como diretor, em *Estás ouvindo, Moscou* [*Slíchich, Moskvá*], fez os protagonistas (um Conde e sua amante) entrarem no proscênio em cima de um camelo. Em 1923, estimulado por

2 Idem.
3 Idem.

amigos, resolveu dirigir um entreato cinematográfico para inserir na primeira peça que dirigiu, *O sábio* [*Mudriets*]. O filme – *O diário de Glumov* [*Dniévnik Glumova*], pouco mais de cinco minutos – foi pensado como paródia dos cinejornais de atualidade da Pathé, com acrobacias, palhaços e alpinistas urbanos. Harry Piel, ator alemão muito estimado pelos espectadores russos, era um dos parodiados, pelas cenas ousadas e perigosas que gostava de fazer. Pediu apoio ao Comitê de Cinema e Dziga Vertov foi enviado: no primeiro dia de filmagens se desentenderam, o *kinók* abandonou o *set* (uma das cenas foi considerada muito arriscada). Seria a primeira de uma série de desavenças entre os dois. Para Eisenstein, "o teatro era uma forma de violência psicológica – verificada pela experiência e matematicamente calculada para produzir choques emocionais específicos no espectador".[4] Nada a ver com representação naturalista, ou, no caso de Vertov, com a ausência mesma da representação.

* * *

Naquele ano, levado pela amiga Esfir Chub, Eisenstein participa da reedição para o mercado soviético do filme de Fritz Lang, *Dr. Mabuse, o jogador*. A prática era corrente na União Soviética. Escreveu novos (e ideologicamente corretos) subtítulos, transformando Mabuse em um demônio capitalista. Ficou excitado com as possibilidades da montagem cinematográfica descortinada pelas mãos talentosas da montadora. Voltou ao *Proletkult* e propôs uma série em oito episódios sobre a tomada de poder bolchevique, intitulada *Rumo à ditadura* [*K diktature*]. Um novo sócio, de uma casa produtora recém-nacionalizada, aderiu ao projeto – sinal da nova conjuntura econômica favorável –, o que tornou possível a realização de pelo menos um episódio do projeto inicial, *A greve* [*Statchka*], seu primeiro sucesso. Mesclar a cartilha construtivista da composição visual com a tipagem excêntrica de situações e personagens – no roteiro constavam indicações como "um olho de boi flutuando em uma sopa de operário dissolve-se no olho de um capitalista que olha para a câmera"[5] – permitiu ao inexperiente e culto diretor criar uma inédita versão dinâmica, cinemática e trágica da revolução comunista, como sugere uma de suas biógrafas, Oksana Bulgakowa. A principal novidade era o tratamento do trágico – elaborado a partir da exploração dramática da tensão dialética entre operários e classe dominante, culmina na tomada de consciência do proletariado de sua força para fazer a greve e reverter a situação opressiva. Uma ópera proletária, com heróis coletivos cruelmente dizimados ao final.

A greve [Statchka] foi um caso raro de produção de vanguarda: estreou em abril de 1925 e ficou 37 dias em cartaz, obtendo críticas entusiastas, a começar pelo *Pravda*, assinada pelo Presidente da ARK, Nikolai Liébedev: "Eisenstein superou não apenas nossos Griffiths, como também o próprio Griffith",[6] disse ele. Originalidade, ritmo e montagem foram atributos exaustivamente elogiados: as imagens de Eduard Tissé, o fotógrafo, deslumbraram. Os colegas, entretanto, ficaram silenciosos (Kulechov) ou hostis, como Vertov, que acusou Eisenstein, em discussão pública na ARK, de plagiar quase tudo do seu longa recém-lançado em 1924, *Cine-olho* [Kino-glaz]: design dos subtítulos, estrutura de montagem e composição, até mesmo a utilização do matadouro como espaço dramático. O filme de Vertov é resultante de um processo de reflexão sobre metodologia e linguagem, aprofundando a pesquisa empreendida pelos *kinóki* de captação cinematográfica da materialidade social e suas transformações. Desenho animado, movimentos reversos (a carne retomando a forma de um boi, o pão em trigo), crianças-pioneiras do socialismo em atividade e até um manicômio sob o impacto da Revolução compõem o quadro pedagógico-visual apresentado ao espectador, como se fora um fluxo vital e sem mediações, sem artifícios e ilusões.

A resposta não tardou: no artigo "O problema da abordagem materialista no cinema",[7] publicado no periódico da ARK pouco depois, Eisenstein retrucou que Vertov era oportunista e *menchevique*, preocupado em produzir *arte pela arte*, e seu grupo nada mais do que *kinóki* andarilhos com um bloco de notas à mão. Em lugar do cine-olho, concluiu, *precisamos do cine-punho*. O debate assumiu contornos políticos – chamar alguém de menchevique naquele momento era ultrajante. Ambos, Vertov e Eisenstein, eram ligados ao grupo da revista LEF: Boris Arvátov tentou a conciliação, Chklóvski e Maliévitch também se envolveram, sem resultado. Em seguida, foi a vez dos distribuidores fazerem campanha contra *A greve*, que "custou um preço alto, gastou muito negativo e rendeu pouco": sobretudo, não tinha *enredo* (tal como *Cine-olho*). O filme, não obstante, foi exportado, e ganhou prêmio internacional em Paris. Seu poder expressivo foi uma ruptura radical na ordem visual do cinema soviético e inaugurou uma série de filmes-mitos da Revolução. À época, depois dos 37 dias, os distribuidores (da estatal Sovkino) tiraram *A greve* de cartaz e programaram *O ladrão de Bagdá*.

4   O. Bulgakowa. *Sergei Eisenstein. A Biography*, Berlim: Potemkin Press, 2002, p. 39.
5   Ibid., p. 48.
6   Ibid., p. 53.

7   Y. Tsivian (org.), *Lines of Resistance: Dziga Vertov and the Twenties*, Bloomington: Indiana University Press, 2005, p. 126.

* * *

Inimigos, Vertov e Eisenstein compartilhavam um contendor formidável, o cinema da narrativa convencional ancorado no ecossistema cinematográfico que tomava conta da União Soviética: produção e distribuição centralizados na Sovkino, que absorveu os estúdios remanescentes e monopolizou a distribuição, além da predisposição em atrair investimento estrangeiro para produção. Fora do território russo, as unidades de produção – em especial na Geórgia e na Ucrânia – orbitavam em torno de Moscou, reproduzindo eventuais tensões políticas, sobretudo a Administração Panucraniana de Foto e Cinema, o VUFKU ucraniano (sigla transliterada do ucraniano para *Vssieukraínskoe Fotokinoupravliénie*), que logo se chocou com a Sovkino sobre direitos de distribuição. Na exibição, o panorama era híbrido, com salas comerciais privadas reativadas graças à NEP convivendo com circuito semiestatal de clubes e associações proletárias, que pagavam menos pelo aluguel das cópias e cobravam entradas a preços reduzidos. Com a maciça importação de filmes (em 1924, foram exibidas 366 produções de fora contra 76 locais), a audiência cresceu rapidamente, o dinheiro começou a entrar e os investimentos aumentaram, melhorando um pouco a qualidade das salas de exibição. Ilia Trainin, membro do colegiado da Sovkino e bolchevique de primeira hora (desde 1905), tornou-se o principal porta-voz do cinema de entretenimento na URSS: para ele, os filmes *agitprop* eram ingênuos e aborrecidos, com excesso de subtítulos, e os de vanguarda tendiam a seguir esse padrão, apesar de qualidades na concepção. O corolário era estimular a produção de filmes *verdadeiramente artísticos*, bem feitos e acessíveis aos soviéticos, que pudessem competir com os importados na preferência das massas e serem exportados.

O meio cultural era dividido: muitos achavam que esse tipo de produção reproduzia valores burgueses, pré-revolucionários ou contemporâneos, característicos do período da NEP. Na esfera de poder, Trainin tinha um aliado importante, ninguém menos que o próprio Anatóli Lunatchárski, o Comissário de Educação. Autor ele mesmo de vários roteiros e peças moldadas em formato mais tradicional, talvez encorajado pelo casamento com a atriz Natália Rozenel, o comissário engajou-se em prol do cinema melodramático e popular. Em março de 1924, publicou um conjunto de teses sob o título de *Cinema e Ideologia Revolucionária* [*Rievoliutsiónaia ideológuia i kinó*], em que afirmava: "Nossos filmes devem ser tão atrativos e divertidos quanto os filmes burgueses; a forma melodramática é a melhor forma com o apropriado tratamento, naturalmente." Os grandes eventos fornecem uma rica variedade de fontes melodramáticas, e "quase todos eles podem ser convertidos em uma história com a luta de classes oculta, escondida entre esses eventos".[8] Lunatchárski escrevia frequentemente artigos sobre cinema, e publicou um livro nesse período, *O cinema no Ocidente e na URSS*.

Diretor de óperas antes da Revolução, Aleksandr Ivanóvski foi um dos que conseguiu adaptar-se aos novos tempos seguindo a trilha dos dramas históricos. Em 1923 dirige *O palácio e a fortaleza* [*Dvoriets i kriépost*], sobre o encarceramento durante vinte anos sem julgamento do revolucionário Mikhail Beideman, alternando cenas do luxo palaciano da corte do tsar Alexandre II com o ambiente lúgubre da Fortaleza de Pedro e Paulo, em São Petersburgo. Os fatos eram reais: Beideman acabou morrendo louco. O público compareceu em massa. O tsar seria coadjuvante também do próximo filme de Ivanóvski, *Stepan Khalturin*, de 1925. Stepan é um paciente carpinteiro que levou dinamites uma a uma para o Palácio de Inverno, onde conseguira um posto de trabalho em 1880, a fim de liquidar o monarca. Ligado ao grupo revolucionário *Vontade do povo* [*Naródnaia vólia*], armou o explosivo no porão debaixo da sala de jantar. No momento da explosão, o tsar escapou em virtude de atraso imprevisto, para cumprimentar um príncipe – onze pessoas morreram (o tsar terminou sendo assassinado em 1881). *Stepan Khalturin* também foi bem de público, embora criticado na imprensa oficial pelo olhar burguês das cenas palacianas. Era o filme soviético preferido de Trainin.

* * *

A popularidade do produto estrangeiro transformou-se em um verdadeiro culto na nascente república socialista. Estima-se que foram importados cerca de 1.700 filmes entre 1921 e 1931, ano que se encerra a *revolução cultural* stalinista: dois terços dos filmes exibidos na URSS durante a década de 1920 eram de fora, 35% dos quais americanos (franceses e alemães completavam o lote). Em 1931, foram apenas cinco, e em 32, zero. A *proporção leninista* de exibição funcionava, com curtas educativos antecedendo os longas estrangeiros devidamente taxados, e a indústria cinematográfica soviética começou a capitalizar-se em termos de meios de produção (equipamentos, aperfeiçoamento do pessoal). Um dos maiores acontecimentos no mundo do entretenimento naquela década foi a visita à Rússia do casal Mary Pickford e Douglas Fairbanks, em 1926, que atraiu multidões:

---

8   I. Christie e R. Taylor, op. cit., p. 109-110.

naquele mesmo ano Serguei Komarov, oriundo do coletivo de Kulechov, dirigiu uma popular comédia, *O beijo de Mary Pickford* [*Potselui Mary Pickford*] (o casal aparece brevemente em uma sequência filmada para cinejornal). Pickford e Fairbanks tinham assistido e apreciado *O encouraçado Potemkin* em Berlim. Durante a visita estenderam convite a Eisenstein para trabalhar em Hollywood.

Kulechov escreveu em 1922 um artigo sobre a mania (ou patologia) nacional dos russos com filmes americanos e, em particular, histórias de detetives. Para ele, "pessoas superficiais e funcionários bem-pensantes ficam igualmente assustados com o fenômeno, e explicam o sucesso desses filmes pela decadência e mau gosto dos jovens do terceiro balcão".[9] A crítica visava à abordagem simplista do cinema pelo olhar ideológico, incapaz de compreender as nuances da recepção cultural da nova linguagem. Dois anos depois, em 1924, dirigiu uma farsa sobre a interseção entre os dois sistemas, capitalista e socialista, *As extraordinárias aventuras de Mr. West no país dos bolcheviques* [*Neobytchainye prikliutchénia ministera Vesta v strane bolchevikov*]. Sátira em mão dupla sobre percepções cruzadas de personagens clichês – *cowboy*, contrarrevolucionários, homens de negócio, aventureiros, uma pretensa condessa – foi, em suma, a genuína materialização de suas ideias. Entre outros, incorporou truques das comédias-pastelão ao gosto de Buster Keaton: o atlético Boris Bárnet, ex-boxeador na vida real e guarda-costas na trama, foi exposto a acrobacias tão arriscadas que rompeu com o diretor. Pudóvkin elaborou a caracterização histriônica do escroque egresso do império. Os comentaristas rejeitaram a proposta de Kulechov, pelo *americanismo* excessivo, não percebendo seu viés irônico e mordaz (mesmo o requintado Chklóvski escreveu que "um filme russo real é mais interessante do que Mr. West contra o pano de fundo do Kremlin").[10]

O pano de fundo de Kulechov era justamente o *americanismo* superficial impulsionado pela atmosfera consumista da NEP e o relaxamento dos rigores autárquicos do tsarismo. Diversas produções foram realizadas na URSS dos anos 1920 parodiando filmes de Fairbanks (*A garota americana de Bagdá*, *A marca do Zorro do vilarejo*, *Um ladrão – mas não de Bagdá*). Até mesmo um gênero específico e seus personagens foi mimetizado, como ilustra *O cavaleiro do Oeste selvagem*, feito na Geórgia em 1925, que segue as aventuras de um *cowboy* de rodeio na América. A vontade paródica *americanista* no tópico específico do faroeste iria submergir nos tempos duros do stalinismo, mas curiosamente retornar na Guerra Fria, com o estabelecimento de subgêneros como *red Western*.

Superadas as críticas, Chklóvski iria escrever o roteiro, junto com Kulechov, de *Pela lei* [*Po zakónu*], em 1926, exercício minimalista inspirado em Jack London:

cinco personagens, logo reduzidos a três, prospectam ouro nos confins do Canadá, perto do Alaska. Assassinatos e o respectivo julgamento compõem a trama claustrofóbica, de intensidade dramática matematicamente calculada, rodada com baixo orçamento. A crítica foi impiedosa – em pouco tempo, Kulechov iria ser taxado de formalista, prenúncio do ambiente que se desenhava no cinema soviético.

* * *

A maior parte das produções copiadas dos filmes americanos, que conformam uma cultura popular cinematográfica um tanto oculta pela exaltação posterior do cinema revolucionário, sobretudo fora da União Soviética, parece hoje esquecida. Entretanto, a audiência preferia esses filmes, com narrativas convencionais e escapistas, ao cinema de montagem intelectual. O entorno mercadológico também era pujante: biografias de celebridades, especialmente entre 1926 e 1928, eram *best-sellers* frequentes – Pickford e Fairbanks nos primeiros lugares, seguidos de Ígor Ilínski, cujo livro vendeu 600 mil exemplares (aluno de Meyerhold, com facilidade para tipos humorísticos, tornou-se a personalidade russa mais popular do cinema soviético naquele período). Em um cenário como esse, talvez o fato mais significativo no campo cinematográfico tenha sido a associação, em 1923, da Mejrabpomfilm – entidade de solidariedade proletária ligada ao Comintern, sediada na Alemanha – com a empresa privada Rusfilm, remanescente da era pré-revolucionária, que resultou na bem-sucedida produtora Mejrabpom-Rus, responsável por vários dos campeões de bilheteria da década, além de clássicos renomados (e canonizados) do período, como *A mãe*, de Pudóvkin. O investimento – articulado por Lunatchárski e Trainin, financiado por operários alemães – trouxe atualização tecnológica e acesso a negativos, além de facilitar a venda dos filmes soviéticos no exterior, através dos partidos comunistas associados ao Comintern. Para completar, em território russo, a produtora usufruía do circuito de salas da Rusfilm.

O modelo híbrido deu certo enquanto durou a NEP, mas convivendo com críticas permanentes de ativistas sociais e do Partido, desconfiados do viés semiprivado da empresa. A resposta do público, entretanto, era quase sempre positiva. Em 1928, o Conselho de Comissários do Povo ordenou a retirada do capital privado da empresa, no contexto do fim da NEP, mas sua eficiência gerencial se

9 Ibid., p. 72-73.
10 D. Youngblood, *Soviet Cinema in the Silent Era 1918-1935*, Austin: University of Texas Press, 2001, p. 33.

manteve durante o centralismo (e restrições censórias intensificadas) stalinista; em 1932, Stálin confirmou oficialmente a missão da produtora de atuar como plataforma para o mercado internacional. Em 1936 foi finalmente fechada, e seus ativos transferidos para o estúdio Górki, especializado em filmes para crianças. Em uma década conturbada como foram os anos de 1930, com a ascensão do nazismo suprimindo a matriz alemã, e na URSS o debate em torno da internacionalização da revolução comunista contaminando esforços de divulgação cultural no exterior – seu principal objetivo era propagar através do cinema valores associados ao comunismo – não sobrou espaço para a Mejrabpom. Em doze anos de existência, entregou 110 filmes de longa-metragem, cinquenta animações e 65 documentários.

Boris Bárnet foi um dos diretores que iniciou sua carreira na Mejrabpom, beneficiando-se do clima mais liberal. *Miss Mend*, de 1926, seu filme de estreia, codirigido com Fiódor Otsep – atribulada narrativa de aventura e suspense sobre uma datilógrafa e três jornalistas-admiradores, que tentam impedir um ataque biológico perpetrado por conspiradores contrarrevolucionários e interesses escusos americanos – foi um êxito de bilheteria. Dividido em três episódios (total de pouco mais de quatro horas) com a maior parte da ação passada fora do território russo, mesclou sem reservas ou pudores aventura e ideologia, sátira e romance, capitalismo e fascismo. Os principais papéis foram interpretados por Ígor Ilínski, o próprio Bárnet e Vladímir Fóguel (também ligado ao grupo de Kulechov). Bárnet é um caso à parte: dos seus trabalhos depreende-se uma sensação de liberdade rara no cinema soviético. Tinha o hábito de alterar roteiros durante as filmagens, até mesmo com improvisações. No final da vida, diria a Otar Iosseliani que se tornara um *diretor soviético* no fim da carreira – na maior parte da vida, tinha sido apenas um diretor *honesto*.[11]

* * *

Um dos primeiros sucessos da Mejrabpom foi *A vendedora de cigarros de Moscou* [*Papirósnitsa Masselproma*], de Iuri Jeliabujski, lançado em 1924, comédia despida de referências ideológicas ou educativas. Uma secretária entediada sonha em se casar com o colega de escritório (Ígor Ilínski), que por sua vez deseja a vendedora de cigarros da esquina: esta coleciona admiradores, do *cameraman* da equipe que filmava nos arredores ao *businessman* americano que visitava a capital. Atmosfera leve, solar, contrastando com a morbidez do cinema pré-revolucionário e o sofrimento da Guerra Civil, o filme revela-se hoje como um precioso documento de época, costumes e comportamentos.

Em outra frente, o cinema militante, a luta continuava: a questão era como aceder à consciência do proletariado e transformá-la em prática material. Em um volume igualmente precioso, Yuri Tsivian recolheu a artilharia crítica relacionada a Dziga Vertov, prós e contras, ao longo da década de 1920.[12] Se alguma relevância o cinema de Vertov teve na URSS – e teve muita, certamente –, foi a de servir de baliza a um intenso debate crítico envolvendo conteúdo e forma, ficção e documentário, cinema de atores e cinema sem atores, cinema encenado e cinema não encenado. O próprio realizador era um profícuo polemista, não apenas em defesa de suas concepções, mas também para atacar adversários, em artigos, eventos públicos ou em cartas ao editor – ao mais leve comentário crítico, podia reagir desproporcionalmente. O artigo "Fábrica de fatos" ["Fábrika faktov"], publicado em 1926 no *Pravda*, é um libelo contra todas as *fábricas* que não a dos *kinóki*: a fábrica de *atrações* de Eisenstein (acusado também de copiar procedimentos do *Cine-olho*), a FEKS (de Tráuberg e Kózintsev), a fábrica de beijos e pombas, a fábrica da morte, a fábrica do cinema encenado, enfim. O contraponto: "Simplesmente fatos, a fábrica de fatos, punhos feitos de fatos."[13]

Em março daquele ano Vertov já havia proferido um discurso violento contra Eisenstein na ARK (*O encouraçado Potemkin* tinha sido lançado e era a sensação do momento na imprensa e círculos intelectuais). Um dia antes da publicação de "Fábrica de fatos", foi lançado *Caminhe, Soviete!* [*Chagai, Soviet!*], feito por Vertov sob encomenda do Soviete de Moscou por ocasião de eleições naquele órgão, equivalente ao cargo de Prefeito da capital, filme (injustamente) negligenciado em sua obra. Concebido como representação do movimento mesmo da história, antes e depois da Revolução, utiliza material de arquivo e tomadas espontâneas de máquinas, pessoas e animais com o propósito de alardear a boa nova do socialismo. Saúde, educação, eletrificação, saneamento, industrialização – todas as facetas de Moscou são mostradas como testemunhos da aceleração positiva da história, através de contrastes e montagens paralelas, pobreza e penúria opondo-se a atividades industriais e modernidade, o *antes* sempre dramatizado (na

---

11 B. Eisenschitz, "A Fickle Man, or Portrait of Boris Barnet as a Soviet Diretor", in *Inside the Film Factory: New Approaches for Russian and Soviet Cinema*, Christie e R. Taylor (orgs.), Londres: Routledge, 1994, p. 163.

12 Y. Tsivian, "New Notes on Russian Film Culture between 1908 and 1919" in *The Silent Cinema Reader*. Londres: Routledge, 2004.

13 A. Michelson (org.), op. cit., p. 59.

ausência de imagens de arquivo de cinejornais, os *kinóki* filmaram cenas contemporâneas como se fossem imagens do passado) e o presente exaltado. Em uma cena, a Bíblia e um exemplar de *As chaves da felicidade* (o popular livro que deu origem ao filme de 1913 de Protazánov e Gárdin) são incinerados para obter calor, na ausência de combustíveis adequados – reciclagem dos resíduos do passado nos novos tempos revolucionários.

O estilo direto e dinâmico do documentário, diferente do viés oblíquo e aberto de trabalhos anteriores como *Cine-olho*, granjeou novos adeptos entusiasmados ao grupo – mas também estimulou críticas. Chklóvski, que reconhecia o talento do líder dos *kinóki*, insinuou que *Caminhe, Soviete!* tinha tendências ficcionais, usando indiscriminadamente cenas de cinejornais, sem citar datas ou locais específicos, e desnorteando o espectador. Vertov resumiu, precisava que seus filmes fossem mais exibidos para aproximar-se da *sensibilidade do consumidor* (*Caminhe* teve dificuldades para encontrar canais de exibição). Em março de 1926, Vertov foi obrigado pelo Comitê Executivo do Conselho a fazer cortes e ajustes (a cena do parto, entre outras, foi cortada). Um detalhe não foi mencionado por Chklóvski: a ausência no filme de referências a líderes políticos e candidatos ao Soviete, como destacou John MacKay, especialista na obra do realizador.[14] Lev Kámenev, amigo de Lênin e cunhado de Trótski, Vice-primeiro Ministro e Presidente do Soviete de Moscou entre outubro de 1918 e janeiro de 1926, foi filmado pela equipe de Vertov diversas vezes para episódios da série *Kino-Pravda*. Era de se esperar que estivesse na produção de 1926, mas sua imagem não aparece.

Kámenev, entretanto, estava em situação delicada naquele ano. Depois de romper com Trótski, juntou-se a Zinóviev e Stálin, ajudando o futuro líder a manter o cargo de Secretário-geral do Partido no Congresso de maio de 1924, durante as controvérsias geradas pelo testamento de Lênin revelado por sua viúva (Stálin foi considerado *demasiado bruto* para ocupar o cargo). Em 1925, ele e Zinóviev desentenderam-se com Stálin e, em dezembro, pediram seu afastamento do cargo de Secretário-geral: perderam na votação do Politburo, e Kámenev acabou relegado à posição de membro sem poder de voto. Sua queda em Moscou, e o consequente apagamento do filme de Vertov, era questão de tempo. O Partido resolveu indicar o bolchevique (desde 1907) Konstantin Ukhanov, presidente do Conglomerado Estatal de Eletricidade de Moscou, para eleição no Soviete da Capital, em janeiro de 1926. Ukhanov ficou posteriormente conhecido pela ênfase na expansão das indústrias pesadas e pela destruição de monumentos históricos, e tampouco aparece no filme, apesar das inúmeras imagens enaltecedoras do progresso energético. No final de *Caminhe, Soviete!*, a figura contemporizadora na tela é Lênin, inclusive com cenas do velório em 1924. Ambos, Kámenev e Ukhanov, foram executados nos expurgos de Stálin no final da década de 1930.

* * *

Uma das constantes de Vertov era qualificar de *Cine-vodka* o cinema escapista de consumo, na esteira do artigo de Trótski. O sinal mais eloquente do rumo comercial tomado pelo cinema durante a NEP foi o drama de ficção científica *Aelita, a rainha de Marte* [*Aelita – korolieva Marsa*] lançado em setembro de 1924 com forte campanha publicitária, inclusive no *Pravda* (nos dias que antecederam a estreia, apareceu uma mensagem críptica "anta... odeli... uta", seguida de "o que ela quer dizer? Você vai descobrir dia 30 no Ars Cinema").[15] Por trás desse megaprojeto, duas personalidades da era pré-revolucionária, o realizador Protazánov e o escritor Aleksei Tolstói, ambos emigrados depois do golpe de 1917 e posteriormente reconciliados com o sistema, graças aos arrependimentos públicos e à habilidade de mediadores como Lunatchárski e da Mejrabpom, produtora do filme. Ambos, Protazánov e Tolstói, flertaram com os traidores Brancos na Europa e dispunham de prestígio suficiente para seguir em suas atividades no exterior, mas optaram por retornar, atraídos pela nascente indústria cultural da nova república.

Aleksei Tolstói, parente distante do autor de *Guerra e paz*, era um escritor popular e versátil antes de sair do país. Sua volta à constelação soviética culminou com os três prêmios Stálin que ganhou no final da vida, no início dos anos de 1940. Ficção científica era um gênero popular no ambiente de mercado da NEP (Edgar Rice Burroughs e seus livros passados em Marte, com heróis da Guerra da Secessão abduzidos por marcianos verdes, eram *best-sellers* na URSS). O texto de Tolstói pode ser lido como uma alegoria da internacionalização do comunismo em escala interplanetária, carregada de enlaces românticos e humor: Aelita se apaixona pelo engenheiro Los, que parte para Marte e acaba participando de uma revolução proletária marciana. Protazánov fez profundas adaptações na história original, transformou a viagem espacial em um sonho do engenheiro e adensou o aspecto melodramático de suas aventuras, terrenas ou não – para desconforto de Tolstói e Lunatchárski (esse último admitiu, entretanto, que o filme

---

14 J. MacKay, *Stride Soviet (1926) and Vertovian Technophobia*, 2008.

15 B. Eisenschitz, op. cit., 1991, p. 82.

era um *extraordinário fenômeno*). O resultado final – boa recepção na bilheteria e duras críticas ideológicas – combinou 3/4 de uma trama urbana contemporânea moscovita com 1/4 de ficção científica estilizada de futurismo, com figurinos de Aleksandra Ekster e cenários de seu pupilo, Isaac Rabinóvitch, ambos destacados artistas de vanguarda, comprovando o tino comercial do diretor e da produtora.

Ian Christie, estudioso de *Aelita*, salienta o débito de ambos, filme e livro, com as raízes místicas e filosóficas do imaginário cosmológico russo.[16] Um entroncamento dessa improvável combinação é Nikolai Fiódorov, pensador cristão ortodoxo do século XIX que está na origem do programa espacial soviético, junto com o notável cientista Konstantin Tsiolkóvski – para eles, a colonização do espaço poderia levar à perfeição da raça humana, com uma existência despreocupada e imortal. Ciência a serviço da transcendência. Mesclando camadas de significação com um rigor polifônico, sugere Christie referindo-se à análise de Dostoiévski por Bakhtin, o filme de Protazánov revelou-se uma crônica aguda do ajustamento que se seguiu ao fim da Guerra Civil pós-revolução soviética, utilizando uma heterogeneidade de fontes literárias e visuais para incidir com precisão cirúrgica no presente contraditório – a rainha de Marte convivendo com seus súditos no planeta vermelho e o inspetor de moradias comunais da era soviética fiscalizando o apartamento onde morava Los. Para os críticos engajados com o horizonte da sociedade sem classes, afinal uma expectativa futura, assimilar um filme que falava do presente por meio da ficção científica era um anátema.

* * *

Protazánov engrenou ritmo intenso de produções, fazendo eventuais concessões a personagens e detalhes *soviéticos*, para apaziguar a crítica militante. Dirigiu filmes regularmente até o final da vida, em 1945 – exemplo tenaz de capacidade de adaptação aos mais diversos cenários políticos e econômicos.

No entroncamento entre arte engajada e entretenimento é que surge o multitalento de Vsiévolod Pudóvkin. Ator, roteirista e diretor de arte, estreou na direção com a comédia *Febre do xadrez* [*Chakhmátnaia goriátchka*], em 1925, em que Protazánov e outros diretores fazem papéis codjuvantes, como Iúli Raizman, além do cubano José Raúl Capablanca, celebridade mundial do xadrez. Produzido pela Mejrabpom, o curta foi filmado em intervalos de outra realização de Pudóvkin, *Mecânica do cérebro* [*Mekhanika golóvnogo mózga*], documentário sobre as experiências de Pávlov acerca do reflexo condicionado (o cientista era crítico ácido do bolchevismo). *Febre do xadrez* articula com fluidez cenas de rua, interiores, campeonato de xadrez, delírios e humor pastelão, guiados pelo versátil Vladímir Fóguel, fanático pelo jogo a ponto de (quase) esquecer o próprio casamento.

Estudante de ciências naturais e matemática, Pudóvkin alistou-se no exército na Primeira Guerra Mundial, foi ferido e preso. No campo, montou peças de teatro e envolveu-se em ações de solidariedade humanitária. No retorno, trabalhou por pouco tempo em um laboratório de química na planta militar Fosgeno, mas logo entrou para o VGIK de Gárdin e em seguida no grupo de Kulechov; quando descobriu que um trecho isolado da película valia pela força própria e também pela relação que estabelecia com os demais trechos, através da montagem. Inspirado no texto de Górki, o roteiro de *A mãe*, seu longa-metragem de estreia em 1926, foi concebido como uma sonata: dividido em atos, alterna tonalidades dramáticas com imagens cuidadosamente despojadas das distrações que possam afetar a absorção da narrativa, como notou Jay Leyda, valorizando pequenos detalhes ocultos que reforçam a construção dos personagens e, em última análise, a proposta dialética do filme – o processo histórico de consciência social e política da classe operária, simbolicamente representada pela mãe.[17] No cânone dos diretores do cinema soviético, Pudóvkin aparece eclipsado pelo brilho de Eisenstein, seu maior rival, não apenas pelos filmes, mas também pela produção teórica. Em 1927, escreveu dois populares manuais de cinema, sobre direção e montagem, consolidando os fundamentos de sua concepção da linguagem cinematográfica como um guia psicológico para a audiência. Gilles Deleuze, analisando os pressupostos dialéticos dos filmes de Pudóvkin nos anos de 1920, sugere que o núcleo comum caro ao diretor é a progressão da consciência do personagem principal, *pelos saltos qualitativos de uma tomada de consciência* que supõem uma linearidade cronológica na evolução da história. O contraponto dessa progressão é o desbravamento físico de um fenômeno natural, metáfora tangível do impulso histórico – em *A mãe*, é a decomposição das geleiras do rio Volga, rota de fuga do filho revolucionário.[18] O rigor construtivo não significa que os personagens sejam esvaziados de interioridade emotiva, como em Kulechov, ou agrupados em tipologias, característica de Eisenstein. *A mãe*, também produzido pela Mejrabpom, teve boa acolhida de público e foi exportado – tal como os demais da produtora, através da subsidiária Prometheus, em Berlin.

16 I. Christie e R. Taylor, *Inside the Film Factory: New Approaches for Russian and Soviet Cinema*, Nova York: Routledge, 1991, p. 80-102.

17 J. Leyda, op. cit., p. 252.

18 G. Deleuze, *Imagem-movimento*, p. 47.

* * *

Pudóvkin havia trabalhado como assistente de direção, ainda que por poucos dias, no filme soviético de maior sucesso de público na década de 1920: *O casamento do urso* [*Miedviéjia svadba*], de 1925, dirigido pelo ator Konstantin Eggert e o veterano Gárdin a partir de peça de Lunatchárski, por sua vez inspirada em novela de Prosper Merimée, escritor e historiador, inspetor geral de monumentos históricos na França de Napoleão III. O enredo, com tintas românticas, traz um jovem nobre meio-homem meio-urso, na linha temática dos lobisomens. Conflitos com educação cristã e sintomas frequentes de vampirismo completam o quadro: a esposa de Lunatchárski tem um papel, e Eduard Tissé, o colaborador de *A greve*, compartilhou a direção de fotografia. Eisenstein e a crítica engajada abominaram o filme, tido como reprodução espúria do cinema burguês importado pela URSS, em uma palavra, reacionário.

Naquele ano foi rodada a obra capital do cinema soviético, *O encouraçado Potemkin* – não poderia haver contraste mais efusivo a *O casamento do urso*. O roteiro original, escrito pela bolchevique Nina Agadjánova-Chutkó para comemorar duas décadas da revolução de 1905, abarcava vários episódios. Eisenstein, escolhido para a direção, selecionou um deles – a revolta dos marinheiros do encouraçado – agregou a licença dramática e elevou o projeto a um patamar de qualidade inédito. Idealizado como uma tragédia em cinco atos, com alternâncias de intensidade arranjadas conforme parâmetros da estética clássica, o filme resume-se, como disse Eisenstein, "a uma crônica (ou cinejornal) dos fatos":[19] diferenças de ritmo, opondo dinamismo de ação à paralisia da comoção, constroem uma organicidade meticulosamente calculada, no interior das sequências e na relação destas com o todo. A sequência da escadaria de Odessa, com uma violência dramatizada jamais vista no cinema, foi montada com fluxos contraditórios de movimentos ascendentes e descendentes, ritmos dissonantes de soluções para cada um dos planos e um ordenamento espacial que reforça a autoridade e o arbítrio da autoridade repressora. O contraponto também foi utilizado por Eisenstein para se diferenciar de Pudóvkin. Na física moderna, disse ele, o choque de duas partículas pode produzir uma infinidade de resultados, diversos e dissonantes. Em seus filmes, a colisão entre os planos cinematográficos produz diferentes conceitos, a exemplo do que ocorre na natureza: em Pudóvkin, o choque produz apenas uma das possibilidades de leitura, que convida o espectador a imaginar uma ligação harmônica entre as imagens. As partículas chocam-se e retornam com a mesma velocidade, apenas um dos muitos desdobramentos possíveis. A despeito da carga dramática de seus filmes, a linguagem de Pudóvkin estava condenada a um ritmo inadequado para demandas narrativas mais complexas. Nos termos de Deleuze, Eisenstein se colocava como um mestre da dialética em relação aos companheiros mais identificados pelo que veio a ser conhecido como o núcleo do cinema soviético, Pudóvkin, Dovjienko e mesmo Vertov: a mera progressão linear da consciência operária era insuficiente, era necessário avançar a narrativa por oposições ou contradições, exprimindo a unidade da narrativa e a superando em seguida, fazendo o "um tornar-se dois para produzir uma nova unidade"[20].

O encouraçado Potemkin obteve reações eufóricas na imprensa, mas o público não correspondeu – ficou menos tempo em cartaz do que *A greve*. Não faltaram detratores, além de Vertov. Lunatchárski, preocupado com o cinema de consumo popular, achou o filme vago, "sem enredo". Em debate na ARK, o militante construtivista Aleksei Gan julgou que Eisenstein não tinha focado no processo, como seria de esperar de um verdadeiro construtivista, produzindo um "resultado eclético". Kulechov não viu méritos especiais na montagem, recusando-se a admitir que Eisenstein tinha aprofundado radicalmente suas próprias noções de montagem. Abram Room, psiquiatra que se engajou no grupo de Meyerhold e depois na realização cinematográfica, negou qualidades artísticas ao filme, para ele, "incapaz de lidar com vidas de seres humanos".[21] Exibido para convidados em Berlim três dias depois da estreia em Moscou, em janeiro de 1926, *O encouraçado Potemkin* foi imediatamente comprado para distribuição internacional. Em março estreou na capital alemã e logo obteve enorme repercussão por onde passou, em especial junto a artistas e intelectuais.

* * *

Em 1925 foram produzidos na União Soviética noventa longas-metragem: em 1926, 105 filmes; em 1927, 141 e em 1928, 148 títulos.[22] Em 1927, pela primeira vez, os rendimentos das produções soviéticas ultrapassam os lucros dos filmes importados. O ambiente de relativa liberdade gerado pela NEP dava margem a

---

19 J. Leyda, op. cit., p. 241.
20 G. Deleuze, op. cit.
21 D. Youngblood, op. cit., p. 85.

22 B. Eisenschitz (org.), *Gel et Dégels: une autre histoire du cinema soviétique 1926-1968*, Paris: Centre Pompidou, 2002.

uma diversidade de estilos, onde conviviam a experimentação formal politizada de Eisenstein e Vertov com uma grande quantidade de atrações de consumo imediato, sem maiores preocupações políticas. O circuito exibidor permanecia em boa medida sob controle privado: clubes e associações operárias eram a alternativa, utilizando em geral cópias desgastadas e equipamentos problemáticos. Esforço considerável foi feito para introduzir o cinema para as massas camponesas, com propósitos políticos e ideológicos, mas com dificuldades crônicas de implementação, dada a vastidão do território russo e a complexa especificidade desse público – questão que passava por aspectos ligados às diferentes nacionalidades que integravam a URRS, além da herança de sistema socioeconômico arcaico que predominara no meio rural tsarista.

Ao lado da alta cultura, portanto, subsistia na nova república socialista uma cultura popular, com uma dinâmica própria de mercado e que tinha no cinema um meio fundamental de difusão, como aponta a pesquisadora Denise Youngblood.[23] O cinema de gêneros que aparece naqueles anos – aventura, drama, comédia, detetive, histórico – era um corolário desse estado de coisas. Os sinais de mudança, entretanto, começavam a despontar: no XV Congresso do Partido Comunista, em 1927, Stálin manobrava para eliminar oposicionistas, com seu relatório sobre o desvio social-democrata no interior do partido (naquele ano, Trótski foi excluído do Politburo). A tendência à centralização política e econômica, concomitante ao fim da NEP, iria impactar todas as esferas da vida soviética, inclusive o cinema. A crença leninista na progressão racional da história rumo ao socialismo iria adotar, no final da década de 1920, a roupagem radical do stalinismo, gerando mudanças profundas na condução do país. A impregnação da deriva stalinista sobre a vida cultural soviética pode ser percebida nas trajetórias associadas aos produtos culturais. A comédia *A felicidade do judeu* [*Evréiskoe stchástie*], realizado em 1925 por Aleksei Granóvski, foi baseada em livro de Sholom Aleichem com intertítulos de Isaac Bábel (amigo de Eisenstein, preso e assassinado nos expurgos do final dos anos de 1930). Tinha como ator principal o popular Solomon Mikhoels, que foi presidente do Comitê Judeu Antifascista durante a Segunda Guerra (em 1948, Solomon foi morto por ordens de Stálin). O filme gira em torno das atribuladas peripécias de um personagem que começa tentando vender seguro, passa ao comércio de armarinhos de rua e termina como casamenteiro, na melhor tradição do humor judaico.

* * *

Leningradkino era o estúdio de Leningrado, a antiga capital do império russo batizada com o nome do líder revolucionário: foi a produtora de *A roda do diabo*, dirigido pela dupla Leonid Tráuberg e Grigóri Kózintsev em 1926, com o coletivo da FEKS, a fábrica de atores excêntricos. Um marinheiro encontra seu par romântico na montanha russa, com a câmera oscilante, perde o horário de retorno ao navio e acaba sendo conduzido por um mágico escroque (o ator é Serguei Guerássimov, futuro diretor e professor da VGIK, que leva hoje o seu nome) a uma casa em ruínas habitada por sem tetos. Captando um momento de sinergia entre anseios juvenis e tempos revolucionários, o filme aliou personagens individualizados e movimentos de massa. Praticamente ao mesmo tempo a dupla filmou uma adaptação de Gógol, *O capote*, feita pelo teórico formalista Iuri Tyniánov, lançado duas semanas depois.

No mesmo ano, em Leningrado,[24] estreava outro diretor de longa carreira no cinema soviético, Fridrikh Ermler, cujo nome verdadeiro era Vladímir Márkovitch Breslav. Seu pai, comerciante judeu, emigrou em 1905 para os Estados Unidos, deixando a família na penúria. Foi convocado e lutou na Primeira Guerra Mundial, acabando como espião para os bolcheviques na Alemanha, quando adotou o nome Ermler. Com a vitória comunista na Guerra Civil – durante o conflito foi preso e torturado pelos Brancos – entrou para o Partido e atuou na TcheKa. Em 1923 foi estudar interpretação no Instituto de Cinema de Leningrado, organizou a oficina experimental (KEM, na sigla em russo transliterada) e realizou seu primeiro projeto em 1924, *Escarlatina* [*Scarlatina*], influenciado pelos amigos Tráuberg e Kózintsev. Em 1926, lançou o primeiro longa-metragem, *As maçãs-reinette de Katka* [*Katka – bumajni ranet*], codirigido com Eduard Ioganson – exercício crítico sobre a sociedade contemporânea soviética, com apelo e fluidez narrativa no estilo de Protazánov. Katka é uma jovem imigrante que vem para capital vender maçãs na rua, envolve-se com aproveitadores e fica grávida, elementos apropriados para um melodrama socialista.

Protazánov parece ter estabelecido, depois do esforço de *Aelita* e a recepção hostil da crítica, um método alternado de produções soviéticas – ou seja, oscilando entre roteiros politicamente corretos e filmes simplesmente populares. Em 1925, dirigiu sob encomenda da Loteria Nacional *O alfaiate de Torjok* [*Zoikróichik*

---

23 D. Youngblood, op. cit., 1993, p. 4-6.

24 N.E.: A cidade de São Petersburgo foi rebatizada duas vezes: em 1914 foi chamada de Petrogrado e em 1924 recebeu o nome Leningrado. Desde 1991 a cidade voltou a seu nome original.

iz Torjká], comédia sobre um humilde alfaiate (Ígor Ilínski) que ganha na loteria, mas perde o bilhete. No mesmo ano, *O apelo dele* [*Ego priziv*], cujo título refere-se ao apelo do Partido Comunista para atrair membros depois da morte de Lênin, acompanha o retorno à URSS de um antigo industrial atrás de um tesouro escondido – o filme termina com a reviravolta da heroína, que, seduzida pelo decadente burguês, redime-se atendendo ao chamado leninista e filia-se ao Partido. Em 1926, mais duas produções de sucesso, sempre pela Mejrabpom: a comédia *O processo dos três milhões* [*Protsess o triokh miliónakh*], desprezada por alguns (entre outros, por Eisenstein) por ser uma primitiva cópia do modelo americano (e capitalista) de cinema, rendeu ótima bilheteria e foi saudada por Lunatchárski como *vitória do cinema soviético*; e o drama *O quadragésimo-primeiro* [*Sórok piérvi*], um caso de amor na guerra civil pós-Revolução entre uma *sniper* soviética e seu quadragésimo-primeiro alvo, um oficial Branco (Grigóri Tchukhrai refilmou o drama em 1956, marco da abertura política pós-Stálin). Trama passional, moldura soviética e carga melodramática garantiram a boa recepção.

* * *

Lançado no final de 1926, o ambicioso documentário de Dziga Vertov *Um sexto do mundo* [*Chestaia tchast mira*], feito por encomenda da entidade de promoção das exportações soviéticas (Departamento Estatal de Exportação e Importação – Gostorg, na sigla em russo transliterada) foi, nas palavras de Walter Benjamin, uma "tentativa de recolonização da periferia que errou o alvo".[25] A observação pode ser datada (Benjamin viu o filme no cinema em sua breve estada em Moscou), mas indica limites para o projeto vertoviano. Como combinar a pulsão de verdade do *Cine--olho* com a grandiloquência de um Estado imperial como a URSS, na véspera de comemorar o primeiro decênio da Revolução? Combinação de material de arquivo com cenas filmadas na vastidão do território russo e adjacências, relacionando um mapeamento etnográfico aleatório, a celebração do progresso socialista e intertítulos inspirados em Walt Whitman (a imprensa referia-se ao diretor como o *Whitman soviético*), o filme foi recebido com polêmicas e incompreensão – sobretudo no que toca à promoção comercial. Ilia Trainin, o inflexível produtor da Sovkino, queixou--se duramente dos custos da (longa) produção, mais caro que os filmes de Protazánov, e rompeu com Vertov no começo de 1927. A ruptura foi agravada pela decisão de Trainin ao escalar Esfir Chub para dirigir um dos títulos comemorativos dos dez anos de Revolução, a partir de filmes de arquivo – e não Vertov.

Para o líder dos *kinóki*, *Um sexto do mundo* inaugurava uma nova categoria cinematográfica, além do cinema propriamente dito, pois os "140 milhões de trabalhadores da URSS eram não apenas espectadores mas participantes do filme".[26] Seu propósito era articular uma apropriação proletária da diversidade cultural e geográfica desse imenso território, cristalizando uma alfabetização visual apta a lidar com a expansão a perder de vista das fronteiras soviéticas – exaltação que encontrava, como seria de esperar, resistências na periferia das minorias nacionais. A subjetividade coletiva que emanaria de toda essa amplitude simplesmente não cabia nos limites de um produto cultural, diziam os críticos. O devir das imagens converge, ao longo do filme, para planos próximos de rostos e mãos da classe trabalhadora, configurando um arquivo poético das forças de produção que deságua, porém, em uma aparição de Stálin. Sua linguagem gestual e trechos de seus discursos, que aparecem nos intertítulos, parecem antecipar a evocação da força unificadora que sua figura iria exibir nos anos subsequentes. A utopia vislumbrada por Vertov revelou-se, no fim, premonição dos tempos que se anunciavam para a União Soviética.

---

25 W. Benjamin, "On the Present Situation of Russian Film" in Y. Tsivian, *Lines of Resistance: Dziga Vertov and the Twenties*, Bloomington: Indiana University Press, 2005, p. 210-214.

26 Y. Tsivian, op. cit., p. 182-184.

STÁLIN NO PODER: O REGIME DE CONTROLE

Outubro, dir. Serguei Eisenstein, 1927

As mulheres de Riazan, dir. Olga Preobrajiénskaia e Ivan Pravov, 1927

O fim de São Petersburgo, dir. Vsiévolod Pudóvkin, 1927

Tempestade sobre a Ásia, dir. Vsevolod Pudóvkin, 1928

Arsenal, dir. Aleksandr Dovjienko, 1929

Aerogrado, dir. Aleksandr Dovjienko, 1935

Rapazes felizes, dir. Grigóri Aleksándrov, 1934

Bola de sebo, dir. Mikhail Romm, 1934

Circo, dir. Grigóri Aleksándrov, 1936

O cartão do Partido, dir. Ivan Píriev, 1936

Lênin em Outubro, dir. Mikhail Romm, 1937

O prado de Bejin, dir. Serguei Eisenstein, 1937

Aleksandr Niévski, dir. Serguei Eisenstein, 1938

Volga-Volga, dir. Grigóri Aleksándrov, 1938

Tratoristas, dir. Ivan Píriev, 1939

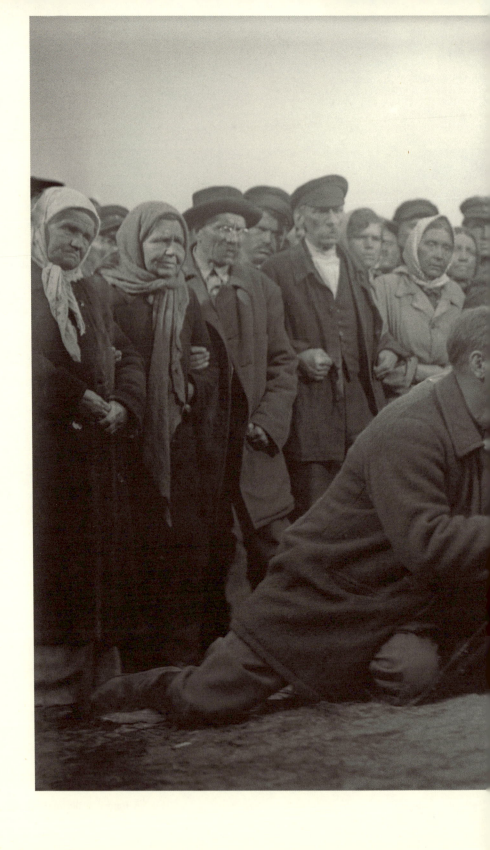

Lênin em 1918, dir. Mikhail Romm, 1939

REVOLUÇÃO CULTURAL

De 2 a 19 de dezembro de 1927, realiza-se em Moscou o xv Congresso do Partido Comunista. No relatório do Comitê Central, espécie de bula política indispensável para orientação da sociedade, foi apresentado o programa de industrialização do país, acompanhado da coletivização da agricultura, e aprovado o plano quinquenal. A palavra *cinema* é mencionada uma vez no longo texto, em um parágrafo que se refere a problemas econômicos relacionados à vodca, expansão do comércio exterior e escassez de reservas. Stálin, a principal voz do relatório, considerava ser possível reduzir gradualmente a produção de vodca e recorrer a fontes de renda como o rádio e o cinema. "Porque não tomar esses meios extremamente importantes e colocar nesses setores bolcheviques reais, trabalhadores de choque, que possam ser bem-sucedidos em expandir a atividade?"[1]

O secretário-geral já havia se referido à utilidade social do cinema quando era Comissário das Nacionalidades, ao constatar o visível avanço educativo com exibições de filmes para minorias nacionais e camponeses. Boa parte do relatório reitera as pesadas críticas a Trótski, expulso do Partido um mês antes, em 12 de novembro de 1927, junto com Kámenev e Zinóviev – a chamada Oposição de Esquerda. A luta política continha também uma variável interpretativa da marcha da história, dentro do cânone hegeliano-marxista, com vistas a uma sociedade sem classes. Exportar ou consolidar a Revolução, estratégias para ajustar a economia e superar etapas, eram temas espinhosos. Para Stálin, o Congresso coroou o estilo autocrático e ardiloso para afastar (e eventualmente liquidar) oponentes ao seu projeto de

---

[1] J. Stálin, "The Fifteenth Congress of C.P.S.U.(B.)", s. p. Disponível em <www.marxists.org/reference/archive/stalin/works/1927/12/02.htm>. Acesso em jul 2019.

poder. Seguro, em função de extenso trabalho de arregimentação de quadros leais, foi capaz de construir um discurso de expectativas realistas, pelo menos naquele momento, em contraponto às críticas por vezes oscilantes dos oposicionistas, que sugeriam um cenário de incertezas, como aponta o historiador Robert Conquest.[2] O Congresso ratificou sua visão de desenvolvimento apta a conduzir a União Soviética ao patamar socialista: fim do hibridismo da NEP e adoção do modelo de centralização e estatização da economia. A indústria cinematográfica, assim como toda a jovem república, iria ser fortemente afetada pelas resoluções do XV Congresso.

No campo ideológico, o conceito de *revolução cultural* como instrumento de combate à burocracia e aperfeiçoamento do aparato partidário, extraído de Lênin, cristalizou-se no evento. A elite partidária sinalizava para o sujeito da história, as classes trabalhadoras, o caminho (e o controle) da aceleração histórica. "O remédio mais efetivo contra a burocracia é elevar o nível cultural dos trabalhadores e camponeses [...] não apenas da alfabetização, mas sobretudo do aperfeiçoamento da habilidade de ambos em fazer parte da administração do país." Prossegue, citando Lênin em texto de 1922 – que justifica o estágio histórico da NEP como capaz de lançar as bases da economia socialista – e proclama: "Estas palavras não devem ser esquecidas! (vozes na plateia: Muito bem!)" Ao final, conclui: "Consequentemente, a tarefa do Partido é a de exercer grandes esforços para subir o nível cultural da classe operária e do estrato trabalhador do campesinato."[3]

* * *

Decretado o fim da NEP, os impactos não tardariam a chegar às artes. Em 1925 o Comitê Central do Partido havia externado a resolução sublinhando que a "liderança na área da literatura pertence à classe operária".[4] A natureza da revolução cultural do proletariado definida no relatório de 1927 iria ser detalhada em conclaves específicos de cada prática artística, a do cinema em março de 1928, na Primeira Reunião de todos os Sovietes do Partido para Assuntos Cinematográficos. A atmosfera que cercou os preparativos para o XV Congresso já havia provocado debate na imprensa sobre os rumos do cinema soviético, exacerbando o conflito entre interesses comerciais e ideológicos. Richard Taylor e Ian Christie resumem as questões discutidas na Conferência em três áreas de controvérsias. A primeira era o diagnóstico básico: "Como estava o cinema soviético". A segunda tocava no cerne do conflito: "Como filmes ideologicamente robustos poderiam também entreter e satisfazer a massa da audiência." E a terceira, pragmática, interrogava:

"Quais seriam as premissas para fazer avançar o cinema soviético em bases sólidas, comerciais e ideológicas, à luz da revolução cultural e do primeiro plano quinquenal."[5] A discussão que afetava teóricos e realizadores como Vertov – documentário ou ficção, atores e não atores – ficou em segundo plano.

A diversidade dos 141 filmes realizados em 1926 e dos 148 em 1927 era um dado evidente. Se muitos eram meras cópias dos filmes comerciais europeus e americanos, como insistia a crítica ideológica, havia espaço para filmes populares ancorados em tradições russas (aventura, comédia), experimentações formais – cerne do cinema soviético canonizado pelas cinematecas – e também produções que explorassem com viés realista e crítico, como fazia Ermler, as mazelas da vida na URSS, em si mesma um laboratório de transformações políticas e sociais. *Prostituta* [*Prostitutka*], de 1926, dirigido pelo ator Oleg Friélikh, seu primeiro filme, arriscou um tema delicado – miséria e redenção de uma prostituta. Atravessam a história, além do drama, estatísticas e propaganda de prevenções governamentais, indispensáveis para a assepsia social do novo Estado. Com montagem de Esfir Chub e intertítulos de Viktor Chklóvski, o filme sofreu sucessivos cortes e modificações de diferentes órgãos, sobretudo dos Comissariados de Educação e de Saúde Pública. Finalmente liberado para exibição em 15 de março de 1927, foi retirado das salas poucas semanas depois por ser "um mau filme sem ponto de vista de classe [...] a prostituição tem sua origem na vida diária (violações etc.) [...] e a atmosfera (do filme) é a de um prostíbulo".[6]

No mesmo dia 15 de março de 1927, foi lançado em Moscou um dos mais significativos produtos cinematográficos da era NEP – *Um trio de pequeno-burgueses: amor a três* [*Triétia meschanskaia: Liubov vtriom*], ou *Cama e sofá*, como é mais conhecido no Ocidente, de Abram Room. A maior parte da ação se passa em torno de um casal em seu apartamento, onde a insatisfação da esposa encontra eco na chegada do hóspede inesperado, amigo do marido – um triângulo amoroso encenado com bom humor e sem falsos pudores, dirigido com precisão e estrelado por atores versáteis, Nikolai Batalov (*A mãe* e *Aelita*) e Vladímir Fóguel (o preferido de Bárnet e Pudóvkin, cometeria suicídio em 1929). Sutis ironias em relação

---

2 R. Conquest, *O grande terror: os expurgos de Stálin*, Rio de Janeiro: Expressão e Cultura, 1970.
3 J. Stálin, "The Fifteenth Congress of C.P.S.U.(B.)", s. p. Disponível em <www.marxists.org/reference/archive/stalin/works/1927/12/02.htm>. Acesso em jul 2019.
4 Idem.
5 I. Christie e R. Taylor, *The Film Factory: Russian and Soviet Cinema in Documents 1896-1939*, Londres: Routledge, 1994, p. 191.
6 B. Eisenschitz (org.), op. cit., p. 65-66.

ao mundo contemporâneo socialista – calendário com Stálin vira bolinha de papel, reuniões do Partido desconsideradas, ênfase em indivíduos pequeno-burgueses e ambíguos – estimulou reações exaltadas na imprensa militante, irritada pela ausência de proletários (permeando as críticas pairava um indisfarçável tom moralista). Ao fim, cansada do resiliente patriarcalismo dos parceiros, a personagem feminina recusa-se a fazer aborto (de quem seria o filho?) e abandona a ambos. Chklóvski escreveu o roteiro, aparentemente inspirado no triângulo entre Maiakóvski, Lília Brik e Óssip Brik. A ousadia comportamental de *Cama e sofá* criaria também problemas de distribuição nos EUA e na Europa.

Chklóvski foi um dos teóricos formalistas que contribuiu para a coletânea *A poética do cinema* [*Poétika kinó*], editada em 1927 por Boris Eikhenbaum em Leningrado, um marco nos estudos de cinema. O debate estético iria em pouco tempo ser contaminado pelas reverberações do XV Congresso do Partido – o *formalismo*, como disse Roman Jakobson, tornar-se-ia saco de pancadas dos ativistas intelectuais comprometidos com a política partidária. Ironicamente, foi Trótski, o maior inimigo do regime, um dos primeiros a criticar os formalistas, em artigo de 1924, quando afirmou ser "a escola formalista um idealismo abortivo aplicado aos problemas da arte".[7]

* * *

O ano de 1927 foi especial na União Soviética – uma década de Revolução. Ocasião para celebrar a nova era política, com o cinema como meio de comunicação de massa naturalmente ocupando lugar privilegiado. Serguei Eisenstein foi escolhido pelo Comitê Central para filmar o épico do evento (Kulechov almejava a comissão, mas foi preterido). Outros diretores também receberam apoio, em escala menor – Pudóvkin realizou *O fim de São Petersburgo* [*Koniets Sankt-Peterburga*], Bárnet, *Moscou em Outubro*, e Esfir Chub, *A queda da dinastia Románov*. O filme de Eisenstein, entretanto, custou vinte vezes mais do que o valor médio das produções soviéticas, e seu salário – 550 rublos por mês, mais 550 de compensações – excedia o montante pago a altos oficiais do governo (a Sovkino foi obrigada a obter autorização especial para contratar o diretor). Na indústria do cinema, apenas Pudóvkin chegava perto, seiscentos rublos, mas quem pagava era a Mejrabpom, que tinha sócios privados. Projeto colossal, mobilizador de um arsenal de recursos comparável a grandes produções hollywoodianas – Eisenstein colou artigos em seu diário sobre *Os dez mandamentos*, filme de Cecil B. De Mille de 1923, como referência – *Outubro* [*Oktiábr*] foi concebido para ser mais do que registro do momento fundador da nação, seria a consagração do materialismo dialético como redenção da humanidade. Lênin no lugar de Cristo.

Não era uma tarefa fácil. O roteiro, pensado nos moldes do heroísmo coletivo caro ao diretor, foi submetido a crivos condizentes com o novo cenário político. A escala da produção, inédita no cinema soviético, levou a inevitáveis dilatações de prazos e estouro do orçamento. Exibido integralmente em março de 1928, o filme impactou pelas imagens de movimentos de massa, que logo se tornariam icônicas e cujas fotos foram distribuídas por toda a URSS – e o resto do mundo – como se fossem (quase) reais. *Outubro*, não obstante, é sobretudo um trabalho de montagem intelectual, utilizando metáforas transparentes e obscuras, choques visuais entre estátuas monumentais e deslocamentos perceptivos desconcertantes: em um deles, o líder menchevique Kiérienski ascende ao trono do poder sendo comparado a um pavão mecânico. Rosalind Krauss, crítica de arte, viu neste corte uma alusão à pretensa Revolução de Fevereiro de 1917, por meio da remissão a um ultrapassado racionalismo, em outras palavras, a uma prática política hostil à mudança.[8] O pavão mecânico simuladamente desconstrói a vaidade inerente da solenidade estatutária, mas é em si mero artefato de reprodução previsível. Durante a montagem, Eisenstein, em seu diário, especulava como seria filmar *O capital*, de Marx: uma hipótese seria aproximar-se da linguagem que Joyce usou em *Ulysses*. Um artista de erudição renascentista em plena era soviética.

A recepção, exceto pelo ufanismo do *Pravda* e imprensa alinhada, foi relativamente fria – da viúva de Lênin, que não gostou da caracterização do marido, aos amigos do grupo LEF, que não pouparam críticas, Brik e Chklóvski, sobretudo. "Podem as consequências da Revolução ser comparadas a um lustre balançando?"[9] escreveu o primeiro, enquanto o segundo afirmou que Eisenstein não entendeu nem a Revolução nem a linguagem cinematográfica (cinquenta anos mais tarde expressaria arrependimento por esse comentário). O diretor, magoado, rompeu com o grupo. Mesmo a amiga Esfir Chub queixou-se da *encenação* dos eventos históricos, nas sequências de massa e nas cenas com personagens (Lênin, sobretudo), que distorceram os fatos. *Outubro* foi também o primeiro contato do

---

7 L. Trótski, *Literatura e revolução*, s. p. Disponível em <www.marxists.org/archive/trotsky/1924/lit_revo/ch05.htm>. Acesso em jul 2019.

8 R. Krauss, "Montage 'October': Dialetic of the Shot", *ArtForum*, jan 1973.

9 O. Bulgakowa, *Sergei Eisenstein. A Biography*, Berlim: Potemkin Press, 2002, p. 78.

diretor, a essa altura uma celebridade internacional, com os limites artísticos do regime – consta que o próprio Stálin visitou a sala de montagem para ordenar cortes das imagens de Trótski. A versão da visita, sem comprovação, foi divulgada por Grigóri Aleksándrov, corroteirista e principal assistente de Eisenstein na produção. De qualquer forma, Trótski foi eliminado do filme.

* * *

Outubro, produzido no início da transição centralizadora comandada por Stálin, irradiou (e continua a fazê-lo até hoje) uma aura mítica, negativa e positiva. No plano internacional, ou seja, para um público que o via como alteridade, surgiu como um *outro revolucionário* – acabou tornando-se símbolo-mártir de um projeto emancipador abortado pelo stalinismo, signo histórico do fechamento do regime soviético que viria a seguir. No entorno imediato à época do lançamento, foi acusado de vanguardismo formalista, servindo de pretexto para a radicalização daqueles que insistiam no cinema narrativo a um tempo compreensível para as massas e enaltecedor do papel histórico da classe trabalhadora. Um deles, o realizador e crítico Pavel Petrov-Bytov, escreveu um texto no começo de 1929 contra o cinema de Eisenstein (e também Pudóvkin, Dovjienko, Kózintsev e Tráuberg) com um título seco e direto: "Nós não temos cinema soviético." Para ele, os filmes desses autores traziam inovações formais, mas deviam ser estudados como "clássicos burgueses". Estavam longe, em suma, de cumprir a tarefa de elevar o nível cultural "dos 120 milhões de trabalhadores e camponeses". O cinema deveria integrar-se nos esforços de erradicar aspectos negativos da vida: "O chamado cinema soviético está cumprindo a tarefa? Sim, está, mas somente com 5% da capacidade..."[10]

Na conferência do partido para o cinema de 1928, o chefe do departamento *agitprop* do Comitê Central, Krinítski, havia elogiado a descrição da Revolução feita nos filmes, mas lamentou a falta de películas de valor sobre aspectos contemporâneos da vida soviética, como a "união entre trabalhadores e camponeses e a luta por formas coletivas da agricultura". O cinema, asseverou, "não devia sujeitar-se ao ritmo da audiência [...] deve liderar a audiência e apoiar o surgimento do novo homem".[11] Não era uma digressão casual: no xv Congresso foram tomadas decisões sobre a coletivização da agricultura e o controle de preços dos produtos agrícolas para financiar a aceleração da industrialização, acabando com a produção individual no campo avalizada pela NEP de Lênin. Os resultados, entretanto, levaram a uma grave crise agrária: forte repressão, crise da produção e abastecimento, fome e mortes. Sob o mote "intensificação da luta de classes", a meta era a extinção dos camponeses prósperos, os *kulaks*.

Malgrado constituir maioria absoluta da população, a classe camponesa permanecia relativamente ausente no cinema soviético. O melodrama *As mulheres de Riazan* [*Baby riazánskie*], de 1927, realizado pela atriz do cinema pré-revolucionário e primeira mulher diretora na Rússia tsarista, Olga Preobrajiénskaia (e codirigida por Ivan Pravov), é uma exceção – trágica história de uma jovem camponesa órfã cujo marido é convocado em 1914 para a guerra, recebe assédio do sogro que a engravida, para suicidar-se na volta do soldado anos mais tarde. Teve boa repercussão de público, apesar de críticas quanto à negatividade e irrealismo dos personagens. À linearidade ficcional de *As mulheres de Riazan* contrapõe-se a sofisticada linguagem sensual e extática de Eisenstein para celebrar a coletivização da agricultura, iniciado com o título *A linha geral*, em 1926, e finalizado como *O velho e o novo* [*Stári i nóvi*] (provável sugestão de Stálin), em 1929. A exemplo de *Outubro*, também sofreria com a pecha de formalista.

* * *

A migração rural, ascendente desde a industrialização do final do século XIX, intensificou-se com o plano quinquenal e a crise gerada pela coletivização – a emigrante feminina campo-cidade, tipificada em *A casa na rua Trubnaya* [*Dom na Trubnói*], produção de 1928 dirigida por Boris Bárnet, é uma das variantes do tema no cinema soviético. No imenso território da URSS, um sexto do mundo, como afirmava o filme de Vertov, as contradições desafiavam a lógica do materialismo histórico. Pudóvkin, em *Tempestade sobre a Ásia* (como o título ficou conhecido na Europa) ou no original *Descendente de Gengis Khan* [*Potomok Tchinguiskhana*], de 1928, levou a luta revolucionária aos confins da Rússia tsarista, na Mongólia, seguindo as peripécias de um descendente de Gengis Khan, imperador dos mongóis, convertido aos desígnios soviéticos (o roteiro é de Óssip Brik). O ucraniano Aleksandr Dovjienko, o último diretor a ingressar no círculo dos vanguardistas no cinema da URSS, é um caso especial: optou por um caminho poético, que visava à reconciliação histórica entre o passado pastoral

10 I. Christie e R. Taylor, op. cit., p. 259-260.

11 R. Taylor, *The Politics of the Soviet Cinema 1917-1929*, p. 108-109.

com contornos culturais específicos de seu país e as exigências de um presente revolucionário soviético pleno de demandas urgentes. Um esforço que partia necessariamente de uma juntura problemática, a própria origem do diretor. Seus filmes lograram um feito único, um verdadeiro paradoxo: absorvendo a energia liberadora da Revolução iniciada em 1917, foram pensados como exemplos da propaganda comunista e da centralidade da luta de classes na representação social; ao mesmo tempo, subterraneamente, funcionaram como um panfleto da espiritualidade panteísta da Ucrânia, com alusões perigosamente nacionalistas e por extensão antisstalinistas.

Zvenígora, de 1928, foi recebido por um entusiasmado Eisenstein como uma "profunda invenção nacional e poética",[12] opinião que não era consensual na crítica russa, começando pelo *Pravda* – na Ucrânia, exceto por aqueles que se batiam pelas narrativas lineares e fáceis, foi saudado como o "primeiro filme verdadeiramente ucraniano".[13] Produzido no estúdio ucraniano VUFKU, o filme mescla três tempos históricos, sem sinalizações lógicas de causa e efeito, desorientando o espectador, no limite da perplexidade. Na atualidade do tempo diegético, a revolução soviético-ucraniana do início do século XX, um avô camponês e seus dois netos buscam o tesouro perdido de Zvenígora, da época dos Citas, séculos X a XII. Um dos netos deixa-se seduzir pela promessa de fortuna fácil e emigra para a Europa a fim de levantar fundos: o outro recusa-se a colaborar, pois juntou-se às forças progressistas dos bolcheviques. Atravessam a narrativa episódios da Ucrânia medieval, séculos XVI e XVII, período em que a região desfrutou de autonomia em relação à Rússia, graças aos cossacos. A genealogia da revolução soviética passa pelo passado mítico, em duas etapas cronologicamente assimétricas, e no final a vitória da razão revolucionária é reassegurada: o neto nacionalista suicida-se, o avô é resgatado pelo neto militante e embarca em um trem rumo ao futuro.

Uma obra elíptica, ou eclética, como disse o próprio autor. Na autobiografia que escreveu em 1939, Dovjienko afirma ter sido obrigado a reescrever 90% do roteiro original, "cheio de diabólicos e flagrantes nacionalismos"[14] (a dupla de roteiristas foi assassinada pelo regime de Moscou, em épocas distintas, acusados de serem *inimigos do povo*). Embora seus nomes não constem dos créditos, uma versão sugerida por estudiosos é que Dovjienko não reescreveu o roteiro, mas assumiu a autoria – seu depoimento de 1939 é uma daquelas tentativas de salvação pessoal que só uma era paranoica como a stalinista pode explicar. *Zvenígora*, embora menos debatido e estudado do que *Arsenal* [Арсенал], que Dovjienko produziu logo em seguida e lançou no começo de 1929, cristalizou-se como uma obra singular na produção soviética: para Gilles Deleuze, Dovjienko (e *Zvenígora*, em particular) era portador de uma visão original da dialética em relação a Eisenstein e Pudóvkin – era um autor obcecado com a "trágica relação entre as partes, o conjunto e o todo". Sua maestria era "mergulhar o conjunto e as partes em um todo que dava a eles uma profundidade e uma extensão desproporcionais aos seus próprios limites".[15] Nessa incomensurabilidade do tempo, a ideologia soviética podia ser sutilmente subvertida e o passado remoto, surpreendentemente, reinstalado.

* * *

1928 foi o melhor ano da empresa estatal de cinema Sovkino, que produziu e distribuiu 109 filmes: seus ativos triplicaram de valor e, pela primeira vez, a renda proveniente dos filmes locais superou a dos importados. No XV Congresso do Partido, foi aprovada resolução determinando reinvestimento dos lucros em fábricas de filme virgem e equipamento. Em discurso à classe cinematográfica, em janeiro de 1928, o Comissário Anatóli Lunatchárski reiterou a função de produtores e diretores de combinar o interesse da audiência pelos filmes com consistência artística e ideológica, ressaltando, porém, que os filmes "devem estimular o apetite do público... agitação maçante é contra-agitação".[16] O chefe do departamento de roteiros do estúdio de Leningrado, Adrian Piotróvski, tinha uma visão similar – os problemas eventuais do cinema soviético eram consequência natural de uma "crise de crescimento". Piotróvski, que supervisionou várias produções de sucesso enquanto esteve no cargo, referiu-se ao artigo de Petrov-Bytov contra o cinema de vanguarda soviético como uma radicalização que levaria ao "mínimo denominador comum na cultura".[17] Para ele, poderia ser adotada uma posição gradualista para a regeneração do cinema soviético, através do trabalho conjunto de proletários e não proletários, com os segundos sendo encorajados a aprender dos primeiros.

No dia 11 de janeiro de 1929, o Partido Comunista, seguindo as recomendações da conferência sobre cinema do ano anterior, promulgou decreto sobre o "fortalecimento dos quadros cinematográficos". Para reforçar a conexão entre produtores

---

12 S. Eisenstein, *Notes of a Film Director*, Amsterdã: Freedonia Books, 2003, p. 142.

13 B. Nebesio, "Panfuturists and the Ukrainian Film Culture of the 1920s", *Kinokultura*, 2009. Disponível em <www.kinokultura.com/specials/9/nebesio.shtml>. Acesso em jul 2019.

14 *Journal of Ukrainia Studies*, vol. 19, nº 1, 1994, p. 19.

15 G. Deleuze, *Imagem-Movimento*, São Paulo: Editora 34, 2018, p. 47.

16 I. Christie e R. Taylor, op. cit., p. 100.

17 Ibid., p. 262.

e audiência, a meta era proletarizar o cinema soviético: as organizações do setor eram incentivadas a recrutar trabalhadores na *reserva proletária* da nação, e, no caso das escolas de cinema, foi fixada cota de 75% para alunos de origem proletária (camponeses e trabalhadores urbanos). Com essas medidas, era esperada a virtual eliminação entre os trabalhadores no cinema dos vícios pequeno-burgueses, considerados uma permanente ameaça de desvio ideológico, com potencial impacto social. A intensificação da luta de classes, afirmava o decreto, "não pode deixar de provocar entre os agrupamentos pequeno-burgueses o desejo de influenciar a alavanca mais importante para o melhoramento cultural e a educação das massas".[18] A tarefa do Partido, portanto, é fortalecer de todas as formas possíveis a orientação do trabalho das organizações cinematográficas e, assegurando a consistência ideológica da produção cinematográfica, lutar resolutamente contra as tentativas de adaptar o cinema soviético à ideologia das camadas não proletárias.[19]

O novo cenário afetaria também a Mejrabpom – em 1928 o capital privado da sociedade é definitivamente eliminado. Apesar das ressalvas constantes quanto à insuficiência ideológica dos filmes, seus principais diretores – Protazánov, Bárnet, Pudóvkin e também Kulechov – continuariam por mais alguns anos garantindo a qualidade da produção (a extinção final viria em 1936). Mesmo um filme como *Um homem com uma câmera de cinema*, finalizado em 1929 por Dziga Vertov, contou com apoio parcial da Mejrabpom. A gradual desaceleração da produtora, combinada à redução dos filmes importados, sinaliza um inevitável esvaziamento da diversidade da oferta cinematográfica, característica que iria se acentuar ao longo da década de 1930.

* * *

No lançamento do plano quinquenal, encruzilhada histórica no país dos soviéticos, *Um homem com uma câmera de cinema* representaria a passagem da vanguarda dos anos de 1920 ao populismo autoritário dos anos 1930, como sugere John MacKay:[20] um filme ao mesmo tempo enfaticamente construtivo como concepção estética e indiscutivelmente representativo do discurso oficial stalinista orientado para a produção. Ou seja, autônomo como produto artístico, e alinhado como produto cultural. Vertov, afastado da Sovkino por desavenças com Ilia Trainin em função do orçamento estourado – situação improvável para um realizador que militava contra cinema de ficção com atores – procurou no VUFKU ucraniano alternativa para os *kinóki* seguirem trabalhando. Negociou em

1928 um documentário de encomenda, *O décimo-primeiro ano* [*Odinnatsáti*], sobre construção de represa hidroelétrica na Ucrânia, para dispor de recursos e tempo suficientes e completar aquela que seria sua obra mais ambiciosa.

A ênfase construtiva aparece na justificativa da produção junto ao bureau de censura ucraniano – um filme educacional sobre *produção de filmes*, semelhante aos filmes que se faziam sobre os mais diversos bens econômicos, como têxteis, vidro e açúcar. Metalinguagem e objeto fílmico coincidem perfeitamente, configurando um manifesto *kinók* em ação. O Ministro da Educação ucraniano, salienta MacKay, chegou à conclusão (depois de esclarecimentos com Vertov) que o propósito do filme era "educar a percepção do espectador".[21] Uma educação que passava, como explicitados nos manifestos de Vertov, pela expansão da visão humana permitida pelo olho-mecânico da câmera, seja pelos ângulos e técnicas das tomadas, seja pela montagem do tempo e do espaço. A presença da câmera e do seu operador é interposta de modo a sugerir um papel subjacente à própria organização dos ciclos de vida, trabalho, lazer e produção. É como se o mundo à volta não tivesse outro desígnio que o de reproduzir-se, com a câmera sendo o objeto privilegiado que capta o instante mesmo da construção do tecido social e econômico.

Uma das inspirações de Vertov foi um artigo de jornalista do *Pravda*, Markus Tchárni, "Cartas de um turista". Um olhar afiado norteia a sucessão prazerosa dos deleites do personagem em seu feriado, testemunhando (e celebrando) o singelo desdobrar dos acontecimentos com uma veia poética que poderia ser, no imaginário vertoviano, no estilo de Walt Whitman. Desfilam em fluxo espaços abertos, florestas, estradas de ferro, locomotivas, multidões, carros e guardas de trânsito – mas também interiores, dançarinas, pessoas despertando, obrigações matinais e diurnas, fábricas e produção. A vida como ela é e as infinitas micromediações da existência. Em todos esses momentos, a câmara funciona como mediadora, relacionando a audiência, a representação cinematográfica e o mundo social em uma espiral utópica, anunciadora dos novos tempos socialistas. O talento de seus dois colaboradores mais próximos foi fundamental – a esposa Elizaveta Svílova, montadora, e o irmão, Mikhail Kaufman, fotógrafo (com Mikhail, que reivindicou créditos de coautoria, romperia logo depois de finalizar o filme).

---

18   Ibid., p. 262.
19   Ibid., p. 100.

20   J. MacKay, *Man with a Movie Camera* (Dziga Vertov, 1929).
21   J. MacKay, op. cit., p. 24.

* * *

O novo quadro político levou ao afastamento de Anatóli Lunatchárski em 1929, como seria previsível. Ao contrário de muitos bolcheviques de sua geração, morreu de causas naturais, em trânsito para a Espanha, onde assumiria como embaixador, em 1932. Em 1929, Trótski foi expulso do país, indo residir em Constantinopla, e Nikolai Bukhárin, um dos favoritos no Partido e de Lênin, foi excluído do Politburo pelo seu ex-aliado, Stálin. Trótski foi assassinado em 1940. Bukhárin – afinal executado em 1938 – havia se oposto a Stálin no caso Chakhty, em 1928, primeiro ensaio do regime de instaurar julgamentos falaciosos com consequências trágicas, que seriam frequentes na década de 1930. Na ocasião, 53 engenheiros foram acusados de sabotagem da produção de carvão em Chakhty a serviço do capital estrangeiro e com objetivo último de prejudicar a economia soviética. Somente quatro foram declarados inocentes, e onze foram condenados à morte, seis dos quais tiveram a pena comutada por conta da cooperação dos prisioneiros. Dezenas foram enviados aos campos de concentração.

O julgamento inscrevia-se na cartilha da *revolução cultural* stalinista: intensificação da luta de classes e eliminação de quadros antigos e não confiáveis, que iria se reproduzir em vários setores da vida soviética, inclusive no cinema. A formação de cientistas e engenheiros era, entretanto, uma prioridade, dado o relativo atraso da União Soviética em diversas áreas e a necessidade de acelerar o passo da história para se equiparar ao mundo capitalista. Na indústria cinematográfica, foi a introdução do som o aspecto tecnológico mais complexo e impactante: pelo realismo das narrativas que proporcionou, eclipsando a montagem intelectual tão cara a Eisenstein e típica do cinema silencioso; e pelo imperativo de investimento que impôs para fazer frente às exigências do público, obrigando ao Estado a custear a absorção de novas tecnologias e equipamentos.

A viagem de Eisenstein à Europa e Estados Unidos, iniciada no outono de 1928, foi programada com o objetivo de conhecer as novas técnicas cinematográficas, em especial as sonoras. O diretor acabaria retornando somente em 1932. Em agosto de 1928, Eisenstein, Aleksándrov e Pudóvkin publicaram um manifesto sobre o som no cinema, saudando a nova tecnologia, mas alertando para a exploração comercial da trilha sonora gravada de modo natural, mera sincronia de falas e ruídos com movimentos na tela. Se o principal (e único) método que levou o cinema à posição de grande influência era a montagem, afirmavam, "somente o uso contrapontístico do som *vis-à-vis* o fragmento visual da montagem poderá abrir novas possibilidades para o desenvolvimento e aperfeiçoamento da montagem".[22] O uso naturalista do som iria somente aumentar a inércia dos fragmentos da imagem: "isto é sem dúvida prejudicial à montagem que opera acima de tudo não com fragmentos, mas através da justaposição de fragmentos".[23] O cinema de montagem, o grande trunfo intelectual dos autores soviéticos, deparava-se com um inibidor inédito, o som – e a audiência não tardaria a adotar o cinema sonoro e seus efeitos realistas. Na URSS, a novidade também aplainou o terreno para a sedimentação do *realismo socialista*, vertente estética do stalinismo.

* * *

"O cinema é uma ilusão, mas dita suas leis para a vida":[24] trata-se de uma afirmação atribuída a Stálin, que teria sido proferida em 1924. A "mais importante das artes" leninista caminhava, na aurora da centralização stalinista, para tornar-se um projeto de identidade social coletiva, um "sonho coletivo do passado e presente", como sugere Oksana Bulgakowa.[25] As contingências econômicas tiveram seu papel: a restrição drástica de moedas estrangeiras na nova conjuntura limitou importações em geral na economia soviética, afetando a aquisição de novos filmes (a essa altura, majoritariamente americanos) e recursos de produção, equipamento e filme virgem. Em 1929 foram exibidas, na URSS, 1968 produções estrangeiras; em 1930, 42; em 1931, cinco; e em 1932 e 33, nenhuma. Fábricas tiveram de ser ampliadas ou construídas ao mesmo tempo em que eram absorvidas novas tecnologias de exibição. Na década de 1930, o público russo (e de outras nacionalidades) teria de se conformar com o produto cinematográfico soviético, econômica e ideologicamente.

Um filme como *A nova Babilônia* [*Nóvi Babilon*], lançado em 1929, dirigido pela dupla Kózintsev e Tráuberg, é um dos que sinaliza os limites da transição em curso – estética, pela ousadia formal de tratar experimentalmente um tema de relevância histórica no imaginário socialista, a Comuna de 1971 em Paris; e técnica, por ter sido a primeira produção com trilha musical exclusiva, explorando variações orquestrais e motivos fotográficos, composta por Dmítri

---

22 I. Christie e R. Taylor, op. cit., p. 234.
23 Idem.
24 O. Bulgakowa, *The Russian Cinematic Culture*, Center for Democratic Culture at Digital Scholarship@UNLV, 2012, p. 2. Disponível em <https://digitalscholarship.unlv.edu/russian_culture/22/>. Acesso em jul 2019.
25 Ibid., p. 19.

Chostakóvitch (à época com 23 anos e pianista de sessões de cinema). Utilizando expressionismo nas imagens e gestos, contraponto sarcástico entre burgueses e *communards*, o roteiro se apoia no amor impossível de um soldado e uma vendedora do *New Babylon*, loja de departamentos na capital francesa. O lançamento acabou ocorrendo sem a execução musical – cerca de 20% da metragem original foi cortada: as citações na trilha, da *Marseillaise* ao *music hall*, junto com interpolações assimétricas de som e imagem, revelaram-se intragáveis para olhos e ouvidos do Partido, e banidas (Chostakóvitch guardou uma versão anotada da composição, descoberta após a sua morte, em 1975).

Também produzido no estúdio de Leningrado e lançado em 1929, *Fragmentos de um Império* [*Oblómok imperii*], de Frídrikh Ermler, recapitula a revolução bolchevique a partir de um personagem que perde a memória na Primeira Guerra e a recupera dez anos depois em pleno socialismo em construção. O filme é bipartido: a primeira metade é o trauma da guerra, a amnésia e a indiferenciação de objetos e pessoas na Rússia tsarista. Uma sucessão de acasos de sons e fragmentos reativa a percepção do sargento, que retoma a identidade de si, mas imerso no novo mundo. As conexões entre presente e passado são elaboradas em planos curtos, como se fossem resíduos de lembranças inconscientes. Na segunda metade, o tratamento realista característico de Ermler assume um tom cômico, pontuado pela esposa que reaparece casada com um *apparátchik* promotor de códigos de comportamento da vida moderna, mas ele mesmo um retrógrado patriarca no lar. O que seria um filme de propaganda do regime – novas relações de trabalho e vida doméstica – transcende para um realismo crítico e agudo das heranças do passado tsarista e as mazelas contemporâneas. Eisenstein e Kózintsev elogiaram o filme, mas a recepção oficial foi fria e desabonadora – Ermler terminou se decepcionando e suspendeu as atividades cinematográficas até 1932.

* * *

A historiadora Sheila Fitzpatrick[26] nota que os líderes soviéticos, passados dez anos da tomada do poder, ainda se viam a si mesmos como revolucionários e se comportavam como tal – a "construção do socialismo" era a principal missão, de interesse precípuo da população independente de eventuais resistências, como no caso da coletivização da agricultura, imposta à força. Tais resistências eram explicadas como resultado do atraso das massas. O atraso estava por toda a parte: religião, superstição, comércio em pequena escala e agricultura tradicional dos camponeses. A tarefa do comunismo era transformar a Rússia atrasada em um gigante socialista, urbanizado, industrializado com tecnologia moderna e massa de trabalhadores educada. A premissa para esse estado de coisas era, segundo Fitzpatrick, o "conhecimento esotérico" que estava de posse do Partido, o monopólio da interpretação da teoria do desenvolvimento histórico de Marx. Para ser comunista, o pré-requisito era conhecer o materialismo histórico preconizado por Marx (e inspirado em Hegel). Se alguém ou uma classe se opunha à condução da história exercida pelo Partido, cujo motor era a luta de classes, a consequência poderia ser seu aniquilamento, como foi o caso dos *kulaks*.

A Ucrânia foi duramente atingida pela coletivização da agricultura, na mesma época em que *Terra*, terceiro longa-metragem da trilogia de Dovjienko, estava sendo finalizado, em 1930. A violência contra os *kulaks* foi tanta que se instalou uma revolta espontânea em território ucraniano, obrigando o governo a uma breve suspensão das medidas, o que, ironicamente, foi suficiente para que o filme fosse exibido nas cidades. *Terra* [*Zemliá*] reinstala o conflito da coletivização entre camadas geracionais de *kulaks*, articulando os procedimentos poéticos que Dovjienko desenvolvera nos trabalhos anteriores com o propósito de captar a transformação mental daquele momento histórico. A ambiguidade (deliberada) do resultado final foi saudada no seu país natal, mas a recepção crítica dos porta-vozes do Partido em Moscou foi áspera: o ucraniano Demian Bedny, poeta e satirista oficial (próximo de Stálin) escreveu uma semana antes do lançamento no *Izviéstia*, em versos, que o filme era "contrarrevolucionário e derrotista". Em sua autobiografia, Dovjienko narra encontro com Bedny poucos dias depois da publicação, na cerimônia de cremação de Maiakóvski – a atmosfera pesada pelo suicídio do poeta materializou-se quando o realizador encarou seu crítico-algoz e pensou: "Morra! Mas ele era imune. Saímos do crematório vivos e ilesos."[27]

Hoje existem pelo menos seis versões diferentes de *Terra*, resultado das mutilações sofridas ao longo da tumultuada recepção da obra. A dialética de Dovjienko era particular: nas imagens em que os personagens dirigem o olhar à audiência, com o objetivo de implicá-la em sua luta e sublinhar a unidade da família e da classe social, a fonte de inspiração foram os ícones ortodoxos, figuras sacras pintadas sobre madeira com um fundo sem perspectiva – só que, em lugar da figura sacra, surge um rosto potencialmente revolucionário. A *aura* religiosa foi adaptada

---

[26] S. Fitzpatrick. *A Revolução Russa*, São Paulo: Todavia, 2017, p. 18-25.

[27] *Journal of Ukrainia Studies*, Vol. 19, n° 1, 1994, p. 21.

ao materialismo prevalecente na visão estético-ideológica do Partido. E não apenas nos retratos em primeiro plano dos heróis, vilões e vítimas do processo histórico, mas também de objetos e da natureza. Circundados por um halo produzido por um sutil fora de foco, as imagens em primeiro plano – rostos, flores, objetos mecânicos – adquirem uma *significação corpórea* que despertam uma sensação de toque no espectador. Uma combinação, por certo, que provoca forte efeito de estranhamento: cinema-poesia, que se articula com a premência do momento histórico da revolução socialista para produzir uma consciência da transição e superação históricas, sustentando ao mesmo tempo uma subjetividade fecunda e original.

* * *

As porções férteis das terras soviéticas, como era o caso da Ucrânia, eram prioridade para as políticas ligadas à coletivização da agricultura. O resultado final foi dramático: deportação em massa de centenas de milhares de *kulaks* para a Sibéria; fome motivada pela queda abrupta da produção agrícola em função do intervencionismo; juntamente com as execuções dos fazendeiros rebeldes, esses desdobramentos teriam levado à morte, em toda a URSS, de 4 a 5 milhões de pessoas. O gerenciamento de uma tal política em um país extenso e complexo era uma tarefa árdua. No topo da hierarquia, o próprio Stálin emitia sinais contraditórios, como no artigo que publicou no *Pravda*, em março de 1930, alertando para os excessos cometidos ao longo do processo (o título é por si só revelador, "Vertigem do sucesso" ["Golovokrujiénit ot uspiékhov"]). Para o líder, em fevereiro daquele ano, metade das propriedades rurais de toda a União Soviética tinham sido coletivizadas, mas o sucesso veio com um lado sórdido – uma *intoxicação* nos agentes causada pelo sucesso da implementação:

> *a imprensa deveria denunciar esses sentimentos antileninistas [...] que só surgiram porque alguns dos nossos camaradas ficaram tontos com o sucesso e por um momento perderam a clareza do raciocínio e a sobriedade da visão.*[28]

No terreno, a situação era outra: estima-se que, apenas entre fevereiro e maio de 1930, 560 mil pessoas (115 mil famílias) foram presas, expropriadas e deportadas, sobretudo das regiões mais ricas.

No campo cinematográfico, os últimos anos da revolução cultural também foram críticos. A diminuição de novos filmes lançados era um sinal de que o controle na aprovação dos roteiros havia se tornado mais rigoroso e lento, consequência da radicalização política e centralização administrativa. A Associação de Cinematografia Revolucionária (ARK) foi substituída pela Associação dos Trabalhadores da Cinematografia Revolucionária (ARRK, sigla para *Assotsiátsia rievoliutsiónnoi rabótnikov kinematógrafii*), com o objetivo de acelerar a proletarização do setor e adotar linha sistemática de expurgos e autocrítica. A pressão pela renovação de lideranças e estratégias avolumou-se. Em fevereiro de 1930, foi estabelecida a Soiuzkino, que absorveu a extinta Sovkino agrupando os diversos setores da indústria: técnicos, financeiros e ideológicos – quase um Ministério. Indicado para ser a autoridade máxima do novo órgão em dezembro de 1930, Boris Chumiátski iria exercer papel fundamental nos rumos do cinema soviético até sua prisão e execução, em 1938, na turbulência dos expurgos stalinistas.

Chumiátski era um antigo quadro bolchevique, no Partido desde a revolução de 1905. A partir de 1920, ocupou cargos no extremo Oriente da URSS e adjacências, de representante soviético no Irã a membro do Comitê Central do Partido na Sibéria. Escolhido por Stálin, não tinha nada em sua folha de serviços que o ligasse aos assuntos de cinema. Era, contudo, um administrador enérgico e culto (como revela sua correspondência com Kózintsev), inteiramente devotado à revolução comunista. A transição para o cinema sonoro foi seu primeiro desafio: a primeira produção utilizando a nova tecnologia, *O plano para as grandes obras* [*Plan vielíki rabot*], documentário compilatório de imagens do plano quinquenal, havia sido lançado em março de 1930. Dirigido por Abram Room, foi definido por Vertov como uma colagem de cenas do seu *O décimo-primeiro ano*, fragmentos cortados em um estúdio à prova de ruídos com trilha de sons artificiais de brinquedos.

* * *

A crítica foi feita quando Vertov trabalhava na edição do seu primeiro projeto sonoro – *Entusiasmo: sinfonia de Donbass* [*Entuziazm: Sinfónia Danbassa*], lançado em 1931 – com a esposa e montadora Elizaveta Svílova, sobre os avanços do plano quinquenal no Donbas, região mineradora e industrial no leste da Ucrânia. Fazendo uso dos recursos de linguagem para romper com a linearidade da simples documentação dos acontecimentos, o filme acumula ruídos e música expressivos

---

28 J. Stálin, "Dizzy with Success", s. p. Disponível em <www.marxists.org/reference/archive/stalin/works/1930/03/02.htm>. Acesso em jul 2019.

construindo uma "ágora sensória", nas palavras de John MacKay, onde os sistemas perceptivos dos diferentes segmentos da sociedade soviética podem conviver em uma "existência coletiva".[29] O som acrescenta um relevo às imagens desvelando uma concretude inesperada, fazendo com que o mundo dos *outros*, em especial o do proletariado, seja gradualmente assimilado no imaginário dos cidadãos soviéticos. Acusado de falta de objetividade e clareza de propósitos, sobretudo ao não explicitar lógica e consistentemente o papel do Partido no desenvolvimento da região, *Entusiasmo* gerou mais perplexidades do que adesões. MacKay cita um depoimento dissonante de um engenheiro ferroviário, que atestou a origem dos sons locais e ruidosos como evidência do valor e da pertinência do filme.

Dmítri Chostakóvitch assina parte da trilha de *Entusiasmo*, explorando tonalidades que agregam dimensões inusitadas ao registro visual, e também é o compositor de *Só*, da dupla Leonid Tráuberg e Grigóri Kózintsev, de 1931. Originalmente planejado como silencioso, acabou incorporando a música (pontuada de sarcasmos) de Chostakóvitch, acrescida de diálogos gravados posteriormente e efeitos como sons de tuba remetendo a ruídos de avião. Em pleno idílio amoroso, uma professora recém-graduada é convocada para ensinar no longínquo Cazaquistão – uma verdadeira missão civilizatória. Desprendimento pessoal, educação como prioridade socialista e eliminação dos *kulaks* cazaques são os atributos que cercam a história, baseada em fatos reais e filmada *in loco*. Presa entre artimanhas dos *kulaks* e um incapaz representante do Partido, a heroína se perde em uma tempestade de neve – e, depois de recuperada e seriamente combalida, é salva por um avião designado para resgate. A despeito de ter sido apreciado pela audiência, a atmosfera sombria do drama na periferia provocou críticas e o filme acabou sendo retirado de circulação, em meados da década de 1930, quando o realismo socialista começava a se impor.

Tal como no resto do mundo, a introdução do som no cinema soviético incorporou uma dimensão realista nas narrativas, reduzindo gestos e expressões que excediam no período silencioso. Na URSS, os experimentos da montagem intelectual ficaram inevitavelmente prejudicados, situação que se agravava com a reverberação política do stalinismo. Dois cientistas, Chórin e Táguer, já haviam desenvolvido um sistema de som a pedido do governo, atento à ampliação da audiência cinematográfica com a nova tecnologia (*Entusiasmo* utilizou o sistema de Chorin). O sucesso nas bilheterias de *O caminho da vida* [*Ptiovka jízn*], também de 1931, foi o aceno definitivo para um novo cenário comercial: dirigido por Nikolai Ekk, narra o drama das crianças que perderam suas famílias na esteira da Guerra Civil e passaram a vaguear cometendo furtos à margem das grandes cidades – os bolcheviques estimavam 7 milhões de menores nessa situação. Produzido pela Mejrabpom, trouxe inovações na montagem sonora para além de diálogos e trilha musical, incorporando ruídos de relevo dramático na trama, como na desmontagem dos trilhos que levaram ao assassinato do líder do grupo de ex-marginais recuperados, Mustafá. O filme é dedicado a Félix Dzerjínski, fundador da TcheKa e principal autoridade em assuntos de segurança da URSS, falecido (de morte natural) em 1926.

Dzerjínski havia criado um setor específico para lidar com crianças abandonadas na TcheKa, incluindo repressão e reformatórios. *O caminho da vida* procura ilustrar, com forte tratamento dramático (pré-realismo socialista), as oportunidades da nova república para reintegrar os transgressores juvenis no sistema de trabalho produtivo. O principal ator infantil (e não profissional), Yvan Kyrlya, era da etnia Mari, proveniente de território no centro da Rússia europeia. Tornou-se a seguir ator e poeta laureado, escrevendo na sua língua original. Foi preso nos expurgos de 1937, acusado de contraespionagem, condenado a dez anos de reclusão. Morreu em 1943 em um campo de concentração nos Urais. O filme acabou sendo duramente criticado por apresentar a delinquência juvenil sem perspectiva de classe e desconectado das raízes capitalistas do problema.

* * *

Dos 96 filmes produzidos na URSS em 1931, onze eram sonoros: em 1932, 78 produções e dezoito sonoros; e, em 1933, 29 e treze. O número de projetores sonoros e salas de cinema adequadas era, até 1936, abaixo do necessário, sobretudo nas pequenas cidades do interior. Ainda em 1940 alguns filmes eram produzidos em versão falada e silenciosa.

Um exemplo de adaptação aos novos tempos – e também de aguda percepção da mudança – é o experiente Protazánov. Em 1930 dirige uma sátira antirreligiosa com linguagem ousada, *A festa de São Jorge* [*Prázdnik sviátigo Iórguena*]. Ígor Ilínski é cúmplice de um golpe em plena celebração do santo, quando o padre local se aproveitou da comoção popular e financiou um filme de propaganda para atrair os fiéis – e com isso acumular fundos indevidos. A metalinguagem

29 J. MacKay, *Disorganized Noise: Enthusiasm and the Ear of the Collective*, p. 4.

flui comandada pelo carisma de Ilínski: filme-fábula e filme-crítica, *A festa de São Jorge* sintoniza o viés materialista do regime com a tradição religiosa popular, uma síntese improvável.

Tommy, de 1931, primeira experiência sonora de Protazánov, foi inspirada no livro de Vsiévolod Ivánov publicado em 1922 sobre um soldado britânico capturado pelos bolcheviques durante a Guerra Civil – e que acaba aderindo ao credo comunista. A prosa de Ivánov desse período, experimental como de muitos outros, foi definida pelo seu estilo cinemático, elíptico, com uso de imagens e canções factualmente reproduzidas, um material bruto que se insere na narrativa. Protazánov utilizou-se não apenas do prestígio da obra, mas também do seu tratamento original, para desenvolver uma nova sintaxe entre imagem e som.[30] Rodado em cenários externos no inverno, com ênfase na percepção – olhos e ouvidos – do soldado capturado, *Tommy* assinalou, para a indústria cinematográfica, uma referência moderna no que se refere ao uso do som.

Viktor Chklóvski, depois de ter repudiado publicamente suas posições *formalistas* diante dos novos tempos, foi o responsável pelo roteiro de *A casa dos mortos*, lançado em 1932 e dirigido por Vassíli Fiódorov – outra experiência de uso da nova tecnologia sonora. Baseado no livro de Dostoiévski, opção arriscada pelo viés negativo dos ideólogos soviéticos em relação ao escritor, o filme utiliza monólogo interior do personagem central, que atravessa a narrativa alternando com o som diegético das cenas. A ideia foi enfatizar os efeitos da repressão tsarista na maturação de Dostoiévski, procurando induzir, de forma simplista, que as posições conservadoras e religiosas que veio a adotar posteriormente teriam sido fruto dessa conjuntura opressiva. A produção estendeu-se por dois anos, realizador e roteirista se desentenderam, os críticos reagiram negativamente, mas a obra – valorizada pelas soluções formais do uso do som – antecipou alegoricamente o que poderiam esperar os realizadores com a consolidação do stalinismo e o respectivo exercício de poder sobre as artes.

* * *

Em 31 de dezembro de 1931, por ordem do Comissariado do Povo para os Transportes, foram dadas as instruções de funcionamento do *Cine-trem*, um "estúdio sobre rodas, completamente equipado para a produção de filmes."[31] O autor da ideia e principal encarregado era Aleksandr Medviédkin, ex-oficial do setor de propaganda do Exército Vermelho. Não se tratava do *agitprop* dos anos da

Guerra Civil: o antecessor eram os trens blindados, de alto valor estratégico para operações militares. Em janeiro de 1932 o trem partia para a primeira viagem: um *coletivo de românticos* foi formado com o objetivo de escrever, debater, filmar, revelar, montar e exibir nas comunidades visitadas películas curtas sobre temas do cotidiano, desde canteiros de obras industriais do plano quinquenal até fatos e mazelas ligados a burocracia, nepotismo, *kulaks* e proletários – uma verdadeira dissecação da vida diária. Eram três vagões: o primeiro, com o suficiente para manter por meses 32 pessoas; o segundo, com uma sala de projeção, armário para equipamentos e instalação para produzir desenhos animados; e o terceiro com laboratório e copiadora.

Os filmes eram produzidos após interação com o público, que se tornava coautor e partícipe da obra. Medviédkin escreveu roteiros (inclusive comédias ligadas ao entorno por onde passava o trem) e coordenou a realização de 72 filmes no ano em que trafegou por milhares de quilômetros no vasto território soviético (o *Cine-trem* viajou por mais cinco anos). O projeto remetia aos anos de empolgação revolucionária, e foi concebido e realizado em um tempo de centralização e terror.

---

30   I. Christie, "Protazanov: A Timely Case for Treatment", *Kinokultura*, nº 9, jul 2015.

31   B. Eisenschitz, op. cit., 2002, p. 70-71.

CENTRALIZAÇÃO E TERROR

Em 1935, Aleksei Stakhánov – operário de uma mina de carvão em Donets (Ucrânia) – conseguiu extrair 102 toneladas de carvão, superando quatorze vezes os padrões de extração, ou seja, sua cota diária. O feito catapultou Stakhánov ao estrelato socialista: foi recebido por Stálin, recebeu medalhas e se tornou deputado no Soviete Supremo.[1] Foi também capa do *Time* e consagrou o *stakhanovismo* como método de trabalho que combinava dedicação total e competição por resultados, uma versão socialista do taylorismo. O movimento cresceu e gerou conferências – na primeira delas Stálin compareceu e reassegurou o país que "a vida dos operários estava se tornando mais feliz e melhor".[2] Em março de 1938, Stakhánov publicou artigo na revista *Arte do cinema* com um título provocador: "Minha sugestão para o cinema soviético".[3] Ao assinalar que a demanda por arte e cultura estava aumentando entre os operários, propunha que os espetáculos culturais exibidos nas grandes capitais, de Beethoven a Shakespeare, fossem filmados e levados às salas de cinema no interior do país.

A sugestão foi aceita, e um novo gênero cinematográfico – performance filmada – foi adotado. O consumo de clássicos pré-revolucionários do repertório mundial é uma das características do ambiente pluralístico que a ensaísta Máia Turóvskaia identifica na sombria década de 1930, auge do clima persecutório promovido por Stálin e o grupo à sua volta.[4] Desde que encenadas sem novidades futuristas ou

---

1 N.E.: Trata-se da mais alta instância do poder Legislativo da URSS entre 1936 e 1988.
2 J. Stálin, "Speech at the First All-Union Conference of Stakhanovites", s. p. Disponível em <www.marxists.org/reference/archive/stalin/works/1935/11/17.htm>. Acesso em jul 2019.
3 I. Christie e R. Taylor, op. cit., p. 389.
4 M. Turóvskaia, "The 1930s and 1940s: Cinema in Context", in: *Stalinism and Soviet Cinema*, R. Taylor e D. Spring (orgs.), Londres: Routledge, 2013, p. 34-54.

experimentos de linguagem, como se fazia nos anos de 1920, obras do panteão ocidental como *Otelo* eram não somente permitidas como estimuladas. Não obstante, o acesso a produções mais caras era seletivo e filtrado pela verticalizada hierarquia soviética (os *stakhanovistas*, operários campeões, integravam o grupo dos privilegiados). A proposta de Stakhánov visava a corrigir esse desvio e ampliar para as massas o prazer de compartilhar o aprimoramento que a cultura proporcionava, afinal, ir ao cinema continuava sendo a alternativa mais barata quando se tratava de espetáculos. Também nas bibliotecas os clássicos da literatura mundial estavam disponíveis, não apenas das edições pré-Revolução, mas também da coleção patrocinada por Górki, iniciada logo depois de Outubro de 1917.

As migrações do campo para a cidade nesses novos tempos do plano quinquenal, forçadas ou não, junto com a expropriação das classes abastadas e a implementação das residências comunais, contribuíram para a difusão de novas formas de lazer comunitário – música clássica e popular, acordeão e dança, como sugere Turóvskaia. À luz das dificuldades inerentes para aquisição de bens de consumo, usufruir da cultura comunal acabou se tornando excelente opção para a classe média que se afirmava no horizonte socialista. Em paralelo a essa heterogeneidade espontânea, o Partido buscava formular uma política voltada à produção cultural, por definição autárquica e dirigida, cujo objetivo seria fornecer os parâmetros para o estabelecimento do *homem soviético*, materialização da utopia comunista em escala humana. A senha para a produção nessa nova era – *realismo socialista* – foi referendada em 1934, no I Congresso de Escritores Soviéticos, presidido por Andrei Jdánov e Górki.

* * *

Vsevolod Pudóvkin fez o papel principal de *O cadáver vivo*, em 1929, com direção de Fedor Ozep, baseado no texto de Tolstói. Foi uma ocasião para experimentar, como ator, suas teorias inspiradas em Kulechov e Meyerhold sobre os estados psíquicos-físicos que os atores deveriam atingir na interpretação, *acentuando os gestos para incorporar o entendimento e a percepção da estrutura do filme plano a plano*. O filme era uma coprodução entra a Mejrabpom e a Prometheus, empresa ligada ao proletariado alemão que se encarregava de distribuir os filmes soviéticos na Europa. Na fase final das filmagens, Ozep decidiu ficar na Alemanha e não retornar ao país natal.

Em 1931 foram inauguradas na URSS duas fábricas de película virgem: em Moscou começou a funcionar o estúdio Mosfilm. Em termos de infraestrutura, os efeitos do plano quinquenal se faziam sentir, mas a diminuição do número de produções indicava dificuldades crescentes na aprovação e execução dos projetos, resultado da intensificação dos controles ideológicos (em 1930 foram 126 produções; em 1931, 96; e em 1932, 74). Pudóvkin experimentou os dissabores da transição nas filmagens de *Um caso simples* [*Prostói slutchai*], produção iniciada em 1929, mas finalizada somente em 1932. Um veterano da Guerra Civil retorna depois de anos ausente e reencontra esposa e filho, envolvendo-se em um caso fora do casamento. Atormentado entre o ímpeto dos anos revolucionários e a tentação da vida acomodada no pós-guerra, o herói resolve o conflito engajando-se no esforço pelo progresso da nação. Idealizada como uma ambiciosa combinação de som e imagem, terminou, por problemas técnicos, sem banda sonora – o último filme silencioso do diretor.

O cinema de montagem vivia seus últimos estertores. O uso de elipses e dos *closes* temporais – procedimento inovador que procurava fixar a atenção do espectador acelerando ou desacelerando o movimento – provoca momentos de lirismo que suspendem a narrativa e sugerem uma ausência de relações de causa e efeito que conduzem a história. Não faltaram críticas de formalismo, acusação que naquele contexto poderia assumir graves contornos políticos. Além das imagens em detalhe de elementos da natureza, cenas rápidas e assimétricas de situações urbanas, paradas do Exército Vermelho e clipes de guerra contribuem para uma sensação de estranhamento, que impactam eventual propósito de propaganda que pudesse estar presente na concepção original do filme. As imagens de sítios de construção sinalizam o impacto das políticas do plano quinquenal e procuram exaltar o progresso material da União Soviética, mas também remetem a um estado interno de transitoriedade dos personagens. *Um caso simples* revelou-se um registro ambíguo, feito por artistas virtuosos, incerto como o herói-veterano.

* * *

No próximo projeto, *O desertor* [*Dieziertir*], Pudóvkin fez a autocrítica, em 1933: desta vez o herói, embora atormentado, faz a confissão de seus erros. Um operário alemão da indústria naval em Hamburgo é instruído pelos comandos em Moscou a organizar uma greve geral, mas hesita, inseguro. Mesmo assim, como delegado do Partido, é enviado à URSS, onde ingressa no sistema socialista de produção – logo acaba fazendo *mea culpa* pública pela hesitação em Hamburgo, por ter ficado em casa no momento em que seus companheiros eram atacados.

Confessa, para perplexidade da audiência, que acreditou na propaganda social-democrata sobre a fraqueza do seu movimento. Slavoj Žižek comparou a sequência da confissão, que mescla aplausos e gargalhadas inusitadas, a Joseph K. diante da Corte no *Castelo* de Kafka, com risos e palmas nos momentos mais inapropriados e inesperados.[5] Para o autor esloveno, a cena antecipa a fantasia dos tribunais stalinistas, quando o acusado confessa seus crimes sem remorso ou vontade própria, sobretudo sem aparentar tortura ou pressão psicológica (o desapreço de Stálin e do Partido pelos sociais-democratas alemães, entretanto, não era fantasioso). Um ano antes, em 1932, o Comitê Central do Partido manifestara o desejo de reorganizar e dinamizar a produção literária, propondo a dissolução de todas as correntes artísticas que não ostentassem o engajamento no projeto socialista. O que valia para a literatura, a linguagem artística de *status* mais elevado na tradição russa, valeria também para o cinema.

No discurso de abertura do Congresso de Escritores Soviéticos, em 1934, Jdánov revelou os procedimentos adequados para a produção politicamente correta. O que podem escrever os autores burgueses, disse, "que sonhos, que fonte de inspiração, se os trabalhadores dos países capitalistas estão inseguros diante do futuro?" As características dessa decadente cultura são "as orgias do misticismo e superstição, e a paixão pela pornografia". A literatura tenta, de forma vã, esconder essa decadência, insistindo "que nada aconteceu e que tudo está bem no reino da Dinamarca". Segundo Jdánov, o camarada Stálin descreveu os escritores soviéticos "como engenheiros da alma humana". Isso significaria que o dever dos artistas era o conhecimento da vida e a capacidade de descrevê-la verdadeiramente em obras de arte, "não de forma escolástica ou simplesmente como realidade objetiva, mas a realidade no seu desenvolvimento revolucionário". O dever dos escritores implicava também na remodelação ideológica e educação dos trabalhadores no espírito do socialismo. Tal método nas *"belles lettres* e crítica literária é o que chamamos de realismo socialista".[6]

A materialização desse conjunto impreciso de ideias na indústria cinematográfica iria provocar efeitos profundos. Enquanto doutrina estética, serviu para legitimar um conjunto de controles que iria atingir praticamente toda a cadeia de produção do cinema, do pré-projeto à exibição. O labirinto de responsabilidades para aprovação de projetos ia desde a análise dos roteiros por comissões nos estúdios até as altas esferas do Partido, inclusive o próprio Stálin. A capacidade de negociação exigida a realizadores e roteiristas nessas sucessivas camadas de decisão era tarefa cada vez mais complexa. Mesmo para filmes em cartaz o risco de veto persistia, como ocorreu com *Minha pátria* [*Moiá rodna*], de Aleksandr Zarkhi e Ióssif Kheifits, lançado em 1933. Ambientada em região fronteiriça com a Manchúria, a história mescla heróis masculinos convencionais com situações atípicas – uma prostituta tenta seduzir um soldado chinês, que reage com atitudes ligeiramente femininas, estranhas ao código de representação vigente no cinema da URSS. Diálogos em chinês sem subtítulos acrescentam mais opacidade à narrativa, que gerou comentário de Stálin: "Este filme não é para o público soviético."[7] No dia 3 de abril de 1933, o *Pravda* publicou lacônico anúncio comunicando que a exibição de *Minha pátria* estava suspensa. É considerado o primeiro filme proibido diretamente por Stálin.

* * *

Dos 308 filmes produzidos na União Soviética entre 1933 e 1940, 54 eram destinados ao público infantil, 61 versavam sobre o período da Revolução e da Guerra Civil (configurando o gênero *eastern* em referência ao *western* norte-americano), 85 lidavam com assuntos contemporâneos e o restante tratava de temas pré-revolucionários, adaptando tradicionais apelos patrióticos e heróis do passado aos novos tempos marxista-leninistas.[8] Entre os contemporâneos, doze tinham como pano de fundo fábricas e proletariado, número pequeno considerando-se a ênfase industrialista nos discursos oficiais, e dezessete se passavam nas fazendas coletivas, em geral comédias musicais – em contraste com o que acontecia no terreno da coletivização agrícola. Kenez contabiliza ainda 52 produções, dentre as 85 contemporâneas, em que o herói desmascara inimigos ocultos que tinham cometido atos criminosos e sabotagens contra o Estado, mesmo que esses inimigos fossem amigos ou familiares próximos, como esposa ou pai. O cinema (e também a literatura, já que alguns dos filmes eram adaptações literárias) reverberava a paranoia que contaminava o ambiente político, que atingiu o ponto máximo nos julgamentos falaciosos na segunda metade da década.

---

5 S. Žižek, *The Universal Exception*, Londres: Bloomsbury Publishing, 2014, p. 148-149.
6 A. Zdhanov, "Soviet Literature: The Richest in Ideas, the Most Advanced Literature". Disponível em <www.marxists.org/subject/art/lit_crit/sovietwritercongress/zdhanov.htm>. Acesso em jul 2019.

7 "My Motherland" ["Moiá ródina"]. Disponível em <www.rusfilm.pitt.edu/2006/mother.htm>. Acesso em jul 2019.
8 P. Kenez, "Soviet Cinema in the Age of Stalin", in *Stalinism and Soviet Cinema*, p. 54-69.

Depois de três anos parado, em 1932 Fridrikh Ermler dirigiu, em parceria com Serguei Iutkiévitch (do grupo FEKS), a produção que inaugura o realismo socialista no cinema: *Contraplano* [*Vstriétchni*]. Rivalidades e luta de classes ameaçavam o funcionamento de uma fábrica de turbinas em Leningrado, conflito que o centralismo soviético temia e ao mesmo tempo parecia desejar, a fim de exercer punição exemplar. O engenheiro traidor explica à sua mãe: "Estão nos eliminando como classe. Se não produzirmos eletricidade, não haverá comunismo." Seu crime é saber que o projeto tem defeitos e não os corrigir a tempo. Em contraponto ao herói negativo, o experiente operário (herói positivado) propõe aumento das cotas de produção e se depara com a sabotagem de classe – o ator é o veterano Vladímir Gárdin, diretor da era pré-revolucionária. A música de Chostakóvitch contribuiu para o sucesso do filme, o único oficialmente designado para celebrar os quinze anos da revolução bolchevique. Serguei Kírov, popular líder do Partido em Leningrado e entusiasta de obras hidroelétricas, interessou-se pela produção, deu conselhos e ajuda material. Kírov seria assassinado em 1934, provavelmente a mando de Stálin, marcando o início da escalada persecutória do regime e a intensificação dos expurgos.

Por razões ideológicas, mas também pela dificuldade de obtenção de divisas estrangeiras, a demanda pelo cinema como diversão e escapismo no ambiente pluralístico descrito por Turóvskaia persistia, ainda mais com a redução drástica dos filmes importados depois da revolução cultural stalinista.[9] "Uma combinação de excelente entretenimento com a inevitável propaganda":[10] assim se referia o *New York Times* a *Arredores* [*Okráina*], de Boris Bárnet, de 1933, quando da exibição do filme naquela cidade, no mesmo ano. Na Rússia tsarista de 1914, em um remoto vilarejo, operários de uma pequena fábrica de calçados iniciam a greve, mas são reprimidos pelos cossacos: segue-se a guerra e a invasão alemã. O patriotismo une as classes, o inimigo é vencido, mas uma jovem local se apaixona pelo prisioneiro de guerra inimigo. Cenas de guerra alternam-se com incidentes caseiros, lembrando, como salienta Jay Leyda, aspectos característicos de Tchékhov: "As ocultas e reprimidas emoções dos personagens, as pausas e suspeitas, a circunstância e a atmosfera dos acontecimentos, tudo contribui para construir um profundo ritmo interno em *Arredores*."[11] Uma tragicomédia, amável e amarga, divertida e violenta – ao final, rendições e encontros pacíficos selam a concórdia entre os soldados, e todos marcham para a cidade. Planos líricos da natureza assinalam a Revolução de 1917. Ainda em 1934, é lançada a primeira comédia musical soviética: *Acordeão* [*Garmon*], dirigida pelo ucraniano Ígor Sávtchenko. Produzida pela Mejrabpom, diálogos rimados como poesia, traz um heroi-acordeonista que também é operário-padrão da fazenda coletiva onde se passa a história. Eleito secretário da Komssomol (organização juvenil do Partido Comunista, contração de *Kommunisticheskiy Soyuz Molodiozhi*), enterra o instrumento para exercer o ofício com responsabilidade: jovens *kulak* entram em cena com um cancioneiro desafiador, desestabilizando a harmonia. Recuperado o acordeão, a ordem é restaurada e o acordeonista reconquista a confiança do grupo e de sua eleita. Um realismo socialista sob medida para entretenimento, obteve resposta da audiência, mas a crítica rejeitou.

* * *

Uma das orientações emanadas da conferência do Partido de 1928 para a indústria cinematográfica era a elaboração de *planos temáticos* que enquadrassem as produções em contornos ideológicos estabelecidos, ao mesmo tempo em que permitissem exercício do planejamento centralizado do setor, a exemplo do que ocorria na economia. O Comitê Central e outras entidades próximas ao poder, como organizações sindicais e proletárias, encaminhavam recomendações aos órgãos de cinema de temas para serem explorados. Ao longo da década de 1930 o sistema enrijeceu-se e passou a ser um efetivo meio de ampliação da influência ideológica e organizacional do Partido – a partir de 1931 foram realizadas conferências temáticas anuais sobre o plano de produção a ser adotado pelos estúdios. Lideranças sêniores do Partido, roteiristas, diretores e administradores examinavam roteiros que poderiam resultar em filmes e gêneros cinematográficos aos quais caberiam estímulos e financiamento. Até 1941, eram duas as premissas básicas adotadas na elaboração do planejamento temático: filmes que tratassem das origens e existência do regime soviético, com a devida interpretação bolchevique da história, e filmes que legitimassem políticas e ações contemporâneas do governo.[12]

Lev Kulechov tomou para si a tarefa de explicitar dúvidas em relação ao papel reservado aos artistas no novo contexto. Seu *O grande consolador* [*Vielíki utechítel*], de 1933, tem como eixo narrativo um escritor preso e atormentado com a brutalidade à sua volta – o *status* de artista lhe garante privilégios, e o sentimento de

---

9   M. Turóvskaia, op. cit.
10 "A Russian War Picture", *New York Times*, 25 set 1933.
11 N. Lebedev, apud J. Leyda, op. cit., 1965, p. 363.

12 J. Miller, *Soviet Cinema: Politics and Persuasion under Stalin*, Londres: I.B. Tauris, 2010, p. 91-98.

culpa é exorcizado pelas fantasias que incute nos companheiros de prisão, onde o bem sempre triunfa sobre o mal. O filme foi rodado em apenas quatorze dias, pela primeira vez integralmente com película virgem soviética, e montado em duas semanas. A história se passa em uma penitenciária americana, em 1899, mesclando a biografia do escritor O. Henry, popular à época na URSS, escrita por outro prisioneiro, com duas ficções do autor. O personagem-escritor-consolador tem um caráter fluido e hesitante: sua relação com os demais presos denota uma covardia artística, oscilando entre otimismo ingênuo e medo interior. *O grande consolador*, recusando uma leitura estável ao espectador, desnuda premonitoriamente o espírito do realismo socialista que seria formalizado logo a seguir por Jdánov e Górki. A crítica insistiu nos "erros formalistas" de Kulechov, incapaz de outras leituras, e o filme acabou sendo banido após encontro do diretor com Stálin.

Também não seria fácil a adaptação aos novos tempos para outro realizador da vanguarda dos anos 1920, Dziga Vertov. Em junho de 1932, o *kinók* iniciou a produção daquele que seria o último filme onde exerceu relativo controle artístico, *Três canções sobre Lênin* [*Tri piésni o Liénine*], produzido pela Mejrabpom. Tributo em escala icônica ao líder revolucionário, foi a oportunidade para o diretor experimentar suas propostas construtivistas de linguagem com o ambiente político gerado pelo plano quinquenal e a coletivização agrícola, em particular com os parâmetros mitigados do realismo socialista. Cada uma das três seções do filme é baseada em canções do folclore popular leninista extraídas de diferentes quadrantes do país, da periferia muçulmana da URSS (retratada com viés iluminista e civilizatório, a partir *dos véus que cegam as mulheres*) à exaltação dos meios de produção e agricultura coletivizada, signos do stalinismo, inclusive os imensos canais construídos, como se sabe, na base do trabalho forçado. Como destaque técnico, esta foi a primeira produção soviética a utilizar som direto em entrevistas. A canção do meio é um réquiem para Lênin, feita a partir de material de arquivo. Concluída em 1934, a produção obteve repercussão positiva dos próceres do Partido, assim como no Festival de Veneza daquele ano (ao qual o realizador foi impedido de comparecer). Vertov ganhou a medalha da Estrela Vermelha em 1935, pela sua obra e *Três canções sobre Lênin* em particular.

Lênin era uma presença garantidora e consensual, sobretudo em um período delicado como aquele. Em 1934, o filme foi retirado de cartaz, reeditado e exibido em 1938, com acréscimo de discurso de Stálin sobre o líder. Finalmente, uma nova versão foi montada em 1970, entre outros pela mulher de Vertov, desta vez com a supressão de imagens de Stálin, especialmente da famosa foto junto com

Lênin nos seus últimos dias de vida. Foi o trabalho de Vertov mais bem recebido e laureado em vida.

* * *

Serguei Eisenstein voltou à União Soviética em 9 de maio de 1932, depois de quase três anos entre Europa, Estados Unidos e México. Conheceu e tornou-se amigo de diversas personalidades do cinema e do mundo cultural, de James Joyce a Walt Disney, deu conferências nas principais capitais, e idealizou um sem número de projetos. *Viva o México!* se destaca, ápice de uma tumultuada aventura envolvendo o escritor Upton Sinclair, a Paramount e uma plêiade de mexicanos, talvez a produção inacabada mais famosa da história do cinema. Sua prolongada ausência foi sentida em Moscou: em novembro de 1931, Stálin enviou carta a Sinclair sugerindo que Eisenstein estava sendo considerado pelos pares como "um desertor que rompeu com seu próprio país".[13] Eisenstein assistiu ao material filmado pela última vez em abril, quando estava em Nova York em trânsito para a Europa. Nessa altura o rompimento com Sinclair já era evidente. Desembarcou na estação Belorúski, na capital soviética, onde o aguardavam sua mãe, Boris Chumiátski, amigos próximos e fotógrafos. Nunca mais viajaria ao exterior.

A princípio, Eisenstein deu palestras sobre indústria cinematográfica americana, o teatro mexicano e impressões de viagem. Em outubro de 1932, foi apontado chefe do departamento de direção da VGIK, a escola de cinema. O país tinha mudado nos anos em que passou fora, perseguições e detenções em nome do combate à sabotagem e traição começavam a avolumar-se. No cinema, Chumiátski consolidou seu poder com a criação de um órgão diretamente ligado ao Conselho de Comissários do Povo, o Diretório Principal da Indústria Cinematográfica e Fotográfica (GUFK, sigla para *Glávnoe upravliénie kinofotopromychlennosti*, substituto da Soiuzkino). Apesar do prestígio, o setor ainda apresentava problemas estruturais: o planejamento temático anual não produzia os resultados esperados, a produção de equipamentos e insumos locais avançava lentamente, e a produção declinava. O número de salas de cinema, entretanto, aumentava – eram cerca de 17 mil em 1927, 31 mil em 1937. Foram 42 títulos por semana em 1927 (dos quais 31 estrangeiros) e apenas onze em 1937, todos soviéticos,[14] o

---

13 O. Bulgakowa, *Sergei Eisenstein. A Biography*, Berlim: Potemkin Press, 2002, p. 137.

14 M. Turóvskaia, op. cit., p. 42.

que sinaliza uma ideologização forçada da programação. A transição para o som também não era fácil: em outubro de 1930 a Soiuzkino encomendou mil projetores sonoros, dos quais apenas um foi entregue em 1931, em virtude de atrasos e limitações orçamentárias. A dificuldade impactava na produção, obrigando a uma convivência entre filmes sonoros e silenciosos. Em uma cena de *O círculo do poder* [*Blíjni krug*], realizado por Andrei Kontchalóvski em 1994, Stálin discute detalhes sobre a qualidade dos projetores soviéticos, na sala de exibição do Kremlin. O interlocutor é seu projecionista, personagem real que Kontchalóvsky conheceu e que exerceu a função entre 1939 e 1953, ano da morte do líder.

A trajetória de Chumiátski tem um papel fundamental para a compreensão do cinema na década de 1930 na URSS.[15] Foi ele quem exerceu o controle centralizador característico dos planos quinquenais no âmbito da atividade cinematográfica. Sua aderência ao sistema chegou a um fim trágico quando foi preso em janeiro de 1938, acusado de traição e conspiração para assassinar Stálin. Foi executado em julho daquele ano, juntamente com assistentes e colaboradores. A conspiração previa, segundo a acusação, o uso do retificador de mercúrio utilizado na cabine de projeção como veneno para matar Stálin. A burocracia do GUFK foi uma das várias a ser atingida pela onda de expurgos entre 1937 e 1938 – no circuito militar, por exemplo, a proporção de execuções foi bem mais elevada. A desconfiança contra Chumiátski cresceu a partir de sua viagem à Europa e aos Estados Unidos em 1935, quando visitou estúdios e confraternizou com celebridades, sobretudo em Hollywood, acompanhado de Ermler e do diretor da área de fotografia da VGIK, Vladímir Nilsen, amigo de Eisenstein. Chumiátski voltou à URSS obcecado em criar uma Hollywood soviética na ensolarada Crimeia, com uma engrenagem industrial moldada em cima do modelo californiano – dez estúdios funcionando simultaneamente, destaque para roteiristas e produtores, além da diminuição dos poderes conferidos aos diretores na confecção dos filmes. A ideia era lançar pelo menos trezentas produções por ano, talvez mais, quinhentas ou oitocentas. Porém, custos altos e conflito de prioridades orçamentárias na tumultuada década – uma guerra se avizinhava – inviabilizaram financeiramente o projeto.

* * *

Antes de sair de cena, Chumiátski publicou vários artigos e dois livros para defender suas concepções. Em 1936 lançou *Cinematografia de milhões: uma experiência de análise* [*Kinematográfia milliónov: ópita análiza*], onde escreveu:

> O líder do nosso Partido e do nosso país, o líder da revolução mundial, Camarada Stálin, dedica grande atenção para as artes e encontra tempo para assistir nossos melhores filmes, para corrigir seus erros, para falar com nossos mestres e indicar a direção que cada um deles deve tomar.[16]

A riqueza teórica das observações de Ióssif Stálin era uma arma crítica para o desenvolvimento do cinema e das artes, enfatizou. Uma das trincheiras do livro era a defesa de filmes com *enredo*, com narrativas desenvolvidas de maneira clara e compreensível para o espectador – distanciando-se explicitamente do cinema de montagem intelectual da vanguarda soviética (Kulechov foi o principal alvo da crítica). "A excessiva valorização da montagem representa o primado da forma sobre o conteúdo, o isolamento da estética da política"[17], afirmou. Em 1937 a produção de *O prado de Bejin* [*Bejin lug*], de Eisenstein, foi interrompida em função dessa visão – e também pelos gastos excessivos e doença do diretor.[18] Em relação aos filmes a serem produzidos, Chumiátski preconizou: "Precisamos de gêneros cinematográficos incutidos de otimismo, emoções mobilizadoras, alegrias, *joie-de-vivre* e riso."[19] Seriam três os gêneros em que a produção deveria concentrar-se: dramas (com destaque para históricos e guerra civil), comédia (a classe vitoriosa quer rir com alegria) e, surpreendentemente, contos de fadas, desde que inspirados na ciência e imbuídos de ideias progressistas.[20]

Em 21 de novembro de 1934, o *Pravda* publicou pela primeira vez um editorial inteiramente dedicado ao cinema soviético, intitulado *Todo o país está assistindo Tchapaiev*. Tratava-se do filme dirigido por Serguei Vassíliev e Guéorgui Vassíliev (que assinavam como Irmãos Vassíliev, mas não tinham relações de parentesco), finalizado em 1934 e exibido com enorme sucesso. O editorial foi hiperbólico:

> *Tchapaiev* foi reproduzido em centenas de cópias para projeção sonora. Versões silenciosas também serão feitas, assim o filme será exibido em todos os rincões do nosso imenso país, em cidades e vilarejos, fazendas coletivas e assentamentos, em quartéis, clubes e praças.[21]

---

15 I. Christie e R. Taylor, op. cit., p. 193.
16 R. Taylor, "Boris Shumyatsky and Soviet Cinema in the 30s", in I. Christie e R. Taylor (orgs.), op. cit., p. 201.
17 Ibid., p. 201.
18 J. Leyda, op. cit., p. 455.
19 I. Christie e R. Taylor, op. cit., p. 367.
20 R. Taylor, op. cit., p. 208.
21 I. Christie e R. Taylor, op. cit., p. 334.

A euforia contagiou o Partido, de Stálin a Chumátski, passando pela imprensa, clubes e associações. Uma nova era se abria para o cinema soviético, inspirada nos preceitos do realismo socialista, capaz, portanto, de servir tanto ao entretenimento como à educação política das massas. Em 1935, realizou-se a primeira edição do Festival de Cinema de Moscou, com *Tchapaiev* como o grande vencedor, juntamente com *Os camponeses* [*Kriestiane*], de Ermler, e *A juventude de Maksim* [*Iúnost Maksima*], de Kózintsev e Tráuberg (o segundo prêmio foi para um filme de René Clair e o terceiro para Walt Disney pela sua contribuição para o cinema de animação).

Serguei e Gueórgui Vassíliev começaram no cinema após a Guerra Civil e os anos de terror, trabalhando na reedição de películas de Fritz Lang e D. W. Griffith, entre outros, para adaptá-las aos ditames da propaganda soviética. Em 1924 acompanharam curso dado por Eisenstein na escola estatal de cinema e teatro, mais tarde conhecida por VGIK. Realizaram dois longas-metragens antes de *Tchapaiev* – o primeiro, *Bela adormecida* [*Spiáschaia krassávitsa*], combinava cenas de balé com acontecimentos da Revolução de Outubro e da Guerra. *Tchapaiev* narra a fase final da vida de Vassíli Ivánoviych Tchapaiev, comandante não comissionado do Exército Vermelho, de origem camponesa humilde, celebrado pelo carisma e feitos heroicos na guerra contra os Brancos. O filme alterna planos gerais de pradarias e combates com cenas dos personagens principais – além de Tchapaiev, um comissário político do Partido, um adjunto leal e seu par amoroso, combatente encarregada da metralhadora. O círculo de situações dramáticas que estrutura a narrativa – tragédia e comédia, compromissos ideológicos reafirmados, difíceis decisões estratégicas, humor sarcástico do comandante sugerindo uma leve autonomia, e até insinuações eróticas entre personagens secundários – concorre em última análise para a positivação do herói principal, produzindo uma mescla de forte apelo popular. O protagonista *Tchapaiev* e o trio à sua volta tornaram-se item recorrente de anedotas no folclore soviético. O fim trágico do comandante, após ataque surpresa das forças brancas, corrobora a alma trágica russa: ferido, desaparece no rio Ural. Seu corpo nunca foi recuperado. Em cinco anos, *Tchapaiev* foi assistido por cerca de 50 milhões de pessoas.

* * *

Quando da estreia do filme, Pudóvkin escreveu artigo celebrando *A juventude de Maksim* e *Tchapaiev*, resultado "da política firme e sensata do Partido que guiou o trabalho e educação dos diretores de cinema". Segundo ele, graças à participação de membros do Comitê Central e Komssomol, "que analisaram e selecionaram roteiros, visionaram e sugeriram correções nos filmes, os diretores aprimoraram o sentido criativo, e os resultados falavam por si mesmos". O texto terminava com uma advertência à classe cinematográfica:

> *Se quisermos encontrar um lugar para a alegria da consciência da vida em nosso país, um orgulho em nossas vitórias comuns, uma clara e alegre fé em um futuro seguro, teremos de inventar um novo vocabulário. O vocabulário antigo não sustentará o nosso progresso.*[22]

Grigóri Aleksándrov permaneceu na América após o retorno de Eisenstein e Tissé, com o objetivo de conhecer as produções de musicais em Hollywood. Na volta, experimentou a técnica assimilada em *Os rapazes felizes* [*Viessiólye rebiata*], concluído em 1934, inaugurando o modelo soviético de entretenimento musical revestido de assertivas promocionais da felicidade em tempos de ditadura do proletariado. Longos planos-sequências imersivos, esmero na engenharia do som e vigor nas canções populares permeiam o filme, que começa com uma animação que remete diretamente aos três ícones da comédia norte-americana: Chaplin, Harold Lloyd e Buster Keaton. O texto, não obstante, esclarece de saída: "Este não é um filme com Chaplin, Lloyd e Keaton".[23] A ironia atravessa toda a narrativa: animais domésticos (vacas, porcos, carneiros, bodes) invadem mansões burguesas em festa e se fartam com comidas e bebidas do coquetel, terminando nas camas dos proprietários; e substituições involuntárias, em que o personagem masculino principal, músico e pastor dos animais, se faz passar por um maestro italiano e acaba juntando-se a uma vibrante orquestra jazzística (o ator é Leonid Utiósov, cantor e *band leader* de sucesso). Completa o quadro a atriz-cantora de enorme popularidade, Liubov Orlova, esposa de Aleksándrov, camponesa emigrante do campo para a cidade (atrás do músico), que termina participando do espantoso espetáculo final da banda, em Odessa. Alegria, farsa e música ininterruptos, realismo socialista elevado à máxima potência do espetáculo ilusório e artificial.

O jazz, naturalmente, tinha adversários no Partido, não apenas pelo *americanismo* do estilo, mas também pela gestualidade obscena que estimulava nos

---

22   I. Christie e R. Taylor, op. cit., p. 338-339.
23   Texto extraído da cartela inicial do filme.

ouvintes (esse tipo de crítica moralista não era exclusividade da URSS). A autorização final para as filmagens de *Os rapazes felizes* atravessou caminhos tortuosos: a Comissão de Cinema do Comitê Central, criada em 1933 para supervisionar filmes, do roteiro ao produto final, resolveu exercer o poder censório e taxou a produção de "contrarrevolucionária, sem valor e falsa",[24] exigindo cortes de sequências inteiras para liberar a película ao circuito exibidor. Chumiátski, que integrava a Comissão, escreveu a Stálin solicitando intervenção superior, no que foi atendido (o líder apreciava Aleksándrov e a atriz Liubov Orlova). Stálin terminou dissolvendo a Comissão no final de 1934, provavelmente porque o nível relativamente alto de seus membros criava constrangimentos ao seu próprio poder de veto (as demais instâncias censórias, de nível hierárquico inferior, seguiam funcionando). Durante a produção, porém, ambos os roteiristas, Nikolai Erdman e Vladimir Mass, foram presos no *set* de filmagem e condenados a três anos de exílio na Sibéria, acusados de "disseminação de literatura anti-soviética e fábulas eróticas"[25] (ambos lograram retomar suas carreiras depois da temporada siberiana). O fotógrafo de *Os rapazes felizes*, Vladímir Nilsen, responsável também pelas imagens dos dois filmes subsequentes de Aleksándrov, *Circo [Tsirk]* e *Volga-Volga*, não teve a mesma sorte: terminou sendo preso em fins de 1937, acusado de espionagem, e executado em 1938.

* * *

Para Boris Chumiátski, o humor de *Os rapazes felizes* era limpo e fresco, desprovido da amargura e ressentimento característicos do humor dos escritores da era czarista, como Gógol e Tchékhov. Reagindo às críticas feitas no congresso de escritores – o filme de Aleksándrov foi considerado a "apoteose da vulgaridade" – escreveu que "nem a Revolução nem a defesa da pátria do socialismo são uma tragédia para o proletariado. Nós sempre fomos e seguiremos indo para as batalhas cantando e rindo".[26] Para corroborar a afirmação, destacou também no seu livro *Cinematografia de milhões* o longa-metragem de Aleksandr Medviédkin, *A felicidade [Stchástie]*, completado em 1935. Combinando burlesco, sátira, tragédia e uma dose surpreendente de delírio surrealista, *A felicidade* recupera comédia pastelão e crítica social – Eisenstein dizia que em Chaplin a *gag* era individualista, e em Medviédkin, socialista – para produzir um estranhamento narrativo imprevisível e contundente. Uma das obras mais originais do cinema soviético, concebida no período mais ortodoxo da história política do país, o filme de Medviédkin descreve a existência de um camponês espremido pela cupidez dos *kulaks*, intransigência da esposa e injustiças sociais: no meio do caminho resolve suicidar-se e é proibido de completar o ato. Soldados mascarados, junto com freiras portando hábitos transparentes e seios à vista, recolhem as últimas economias do pobre herói. Tudo se passa como um teatro de marionetes, sem profundidade de campo – com objetos, humanos e animais imbuídos de uma pulsão vital e frenética.

A recepção, a despeito da nota de Chumiátski, foi ambígua e fria – faltava positividade ao herói, sobretudo no período pós-Revolução, prejudicando a circulação da obra. Lançado pouco depois de *Os rapazes felizes*, era inevitável a comparação com o clima celebratório da vida no campo exibida no filme de Aleksándrov – além de Eisenstein, Tissé e Dovjienko foram dos poucos a elogiar o filme. Medviédkin faria em 1936 uma comédia mais contida sobre fazendas coletivas, *A operária-milagre* [*Tchudienitsa*], e em 1938 uma parábola futurista e utópica sobre a capital, *A nova Moscou* [*Nóvaia Moskvá*], recebidos também sem entusiasmo (*A nova Moscou* foi banido).

O contraponto mais agudo de *A felicidade*, entretanto, foi com a produção dirigida por Ermler, *Os camponeses*, lançada também em 1935. Ambientado em uma fazenda coletiva de criação de porcos, o filme articula a pauta política da demonização dos *kulaks* com o tratamento realista e poético do diretor. O personagem-traidor, *kulak* infiltrado na fazenda, adquire uma aura trágica que transcende o entorno imediato ao assassinar a esposa entusiasta do comunismo: nos seus braços, ela se enternece falando do futuro do filho na utopia socialista; ele se irrita, mata-a e forja um suicídio. O representante do Partido desvenda a trama, em meio a imagens contemplativas de beleza natural e intensidade emocional, insinuando suspensões da narrativa que amenizam a aspereza da luta de classes subjacente à história. O filme era um dos favoritos de Andrei Tarkóvski.

Enquanto finalizava a produção, Ermler foi uma das 61 personalidades do cinema soviético a assinar carta aberta a Stálin, por ocasião de seu aniversário, em dezembro de 1934. "Nós sabemos que o melhor que dispomos – a força da convicção, a força ideológica dos nossos filmes – é o resultado da orientação direta do Partido", afirmava a carta. De Eisenstein a Tchiaureli, de Vertov a Gárdin, de Protazánov a Dovjienko, de Kózintsev & Tráuberg a Nilsen – todos os destacados diretores e fotógrafos de cinema endossaram o ato de obediência e reverência pública. A carta conclui com um panegírico exaltado:

---

24   J. Miller, op. cit., p. 62.
25   Ibid., p. 73-74.

26   R. Taylor, op. cit., p. 210.

> *Trabalhamos com métodos e caminhos diferentes, em diferentes gêneros, mas somos todos inspirados com um desejo geral de melhor expressar as ideias da melhor parte da humanidade, as ideias de Marx e Lênin, e as ideias do brilhante Líder do mais revolucionário e excepcional Partido: Ióssif Stálin. Neste aniversário expressamos nossa admiração e nossa afeição.[27]*

* * *

Com a revolução cultural stalinista, falar do passado recente soviético passou a ser um gesto arriscado. Kózintsev e Tráuberg, a dupla de Leningrado das experimentações do FEKS, optou por um tratamento despido de situações excepcionais e espetaculares para descrever a vida do jovem operário Maksim, um herói absolutamente comum. *A juventude de Maksim*, lançado poucos meses depois de *Tchapaiev*, em 1935, acompanha o crescimento e a conscientização política de um personagem fictício, inspirado na tradição dos protagonistas ingênuos e inquietos, divertidos mesmo nas situações sérias. Para selecionar os atores, a dupla escolheu episódios que não seriam utilizados na versão final: no filme, Maksim muitas vezes desaparece de cena, desestimulando idealizações artificiais. A música-tema foi escolhida a partir de material recolhido dos tocadores de acordeão dos bairros populares de São Petersburgo – a ação começa em 1910, quando Maksim e seus amigos ajudam a professora Natacha, que ensinava também a operários ligados a atividades ilegais, a esconder-se da polícia. Confrontações com autoridades liberam doses de humor, até que o melhor amigo de Maksim morre e seu funeral transforma-se em uma imensa manifestação política. O herói é preso, etapa fundamental de sua conversão em comunista.

Duas sequências, em 1937 e 1939, iriam configurar a trilogia de Maksim, uma linha do tempo singular no cinema soviético, pensada e realizada nos períodos mais sombrios da ditadura stalinista do proletariado, sempre com sucesso de público. *O retorno de Maksim* [*Vozvrochiénie Maksima*], de 1937, mostra o herói ainda jovem e ingênuo, agora um revolucionário clandestino lidando com seus inimigos, mencheviques e dissidentes. Em 1936, Kámenev, Zinóviev e mais quatorze bolcheviques históricos foram julgados e fuzilados, depois de longos processos de tortura e confissões fictícias: esse período crítico da cronologia soviética, que duraria até 1938, ficou conhecido como o *Grande Expurgo*. Na terceira parte da trilogia, *O lado de Vyborg* [*Vybórskaia staraná*], de 1939, o cenário ainda é a zona pobre de São Petersburgo, agora Leningrado – Maksim tornou-se um sóbrio

Comissário, com ligeiros toques de humor. Na sequência final, encara burocratas vacilantes, de sobrenomes estrangeiros, e não hesita ele mesmo em lançar acusações de conluios com espiões ingleses e capitalistas japoneses. No limiar do conflito global, a luta de classes passava para o segundo plano e o crivo persecutório voltava-se contra o inimigo estrangeiro infiltrado nas famílias e corporações.

Em 11 de janeiro de 1935, realizou-se, no Teatro Bolchói, a primeira cerimônia de premiação do cinema soviético da era Chumiátski – segundo Jay Leyda, um evento sem nada a dever ao Oscar norte-americano. O *Pravda* e a imprensa oficial publicaram telegramas de saudações a Stálin e cumprimentos do líder à classe cinematográfica. O estúdio de Leningrado (Lenfilm) recebeu o principal prêmio, pela *distinção ideológica, artística e técnica* dos filmes que produziu. Chumiátski, Ermler, Pudóvkin, os Irmãos Vassíliev, Dovjienko, Kózintsev e Tráuberg vieram a seguir, com condecorações elevadas. Além de Vertov, Aleksándrov e mais três produtores foram agraciados com a medalha Estrela Vermelha. Burocratas do GUFK também foram homenageados. No quarto nível de honrarias, *Trabalhador Distinguido da URSS*, Eisenstein e uma dezena de personalidades, entre elas Protazánov, foram contemplados. Na rigidez da hierarquia protocolar das distinções, cada indicação sinalizava o relativo prestígio político dos laureados. O destaque da série, sem dúvida, foi a baixa atribuição a Serguei Eisenstein, o nome mais conhecido do cinema soviético.

Dois dias antes da premiação ocorreu no mesmo local a *Conferência das Associações de Trabalhadores Criativos do Cinema Soviético*, onde as críticas a representantes da velha guarda, como Eisenstein, Kulechov, Pudóvkin, Vertov e Dovjienko, foram a tônica. Eisenstein fez um longo discurso no início dos trabalhos sobre a teoria que estava empenhado em formular, cujos fundamentos estéticos foram construídos a partir de estudos de antropologia cultural e psicologia especulativa. Não mencionou a experiência mexicana e tampouco explicou porque não fazia um filme na URSS há seis anos.

* * *

Aleksandr Dovjienko foi um dos diretores que mais recorreu a Stálin para contornar as pressões que sofria. Sua primeira produção sonora, *Ivan*, de 1932, havia sido duramente criticada, inclusive pelo Comissário da Educação do Partido na Ucrânia, que taxou o filme de *fascista*. O personagem-título sai do campo para

---

27   I. Christie e R. Taylor, op. cit., p. 335.

tornar-se operário na construção de uma hidroelétrica, onde morre em um acidente. Seu aprendizado técnico e conscientização política desdobram-se simultaneamente sob o pano de fundo do plano quinquenal. Sentindo-se isolado, Dovjienko escreveu a Stálin "com grande emoção, solicitando proteção e ajuda para desenvolvimento criativo", como testemunhou em sua autobiografia, escrita em 1939. O gesto vingou: "Estou profundamente convencido que o Camarada Stálin salvou minha vida",[28] afirmou em seguida. Pouco depois, quando preparava a produção de *Aerogrado* [*Aerograd*], finalizado em 1935, escreveu novamente pedindo para ler o roteiro pessoalmente ao líder, no que foi atendido. A história se passa nos confins da Sibéria e acompanha a tensão entre soviéticos e guerrilheiros japoneses em torno da construção de um posto avançado, de valor estratégico, no contexto do conflito que se anunciava entre os dois países. Como um *mestre gentil*, Stálin introduziu Dovjienko aos camaradas que o acompanhavam (Kírov, Vorochílov e Mólotov), compartilhou a leitura e desejou sucesso ao autor, que anotou: "com sua solicitude paternal,"

> *o Camarada Stálin tirou um fardo de muitos anos dos meus ombros, quando eu me sentia criativamente e, portanto, politicamente, inferior, um sentimento que me foi incutido ao longo do tempo pelo ambiente que me cercava.*[29]

Foram quatro encontros com Stálin, "que fortaleceram o espírito e multiplicaram a faculdade criativa"[30] de Dovjienko, segundo seu depoimento. O principal conselho foi sobre a realização de um filme no estilo de *Tchapaiev*, focando no herói revolucionário ucraniano Mykola Shchors, morto em 1919, aos 24 anos. O diretor angustiou-se durante anos com o temor de que Stálin não aprovaria seu tratamento do nacionalismo ucraniano, dada as suscetibilidades do tema em Moscou. Stálin, em uma das entrevistas, tranquilizou-o:

> *Quando falei com você pela última vez sobre Shchors, eu estava apenas dando um conselho. Mas nem minhas palavras nem artigos em jornais obrigam você a qualquer coisa. Você é um homem livre. Se quiser fazer outra coisa, não fique constrangido.*[31]

Um dos personagens, o comandante do Exército Vermelho ucraniano Ivan Duboy, amigo de Dovjienko e companheiro de Shchors, foi preso e executado em julho de 1938, provocando ataque nas coronárias do diretor que o deixaram acamado por três meses. "Eu não podia suportar a ideia quando fiquei doente de que não seria capaz de terminar o filme: felizmente isto não aconteceu",[32] anotou na autobiografia. Depois de modificações no roteiro e alterações no *casting* – o principal ator foi trocado após meses de filmagens – Shchors foi completado em 1939, no clima da guerra que se aproximava, e recebeu o Prêmio Stálin em 1941.

Já Ivan Píriev foi talvez o realizador mais identificado com as práticas stalinistas na produção cinematográfica. Originário de uma família de pequenos fazendeiros na Sibéria, lutou na guerra e ingressou no Exército Vermelho na sequência. Participou de produções teatrais com Eisenstein e Meyerhold e começou a dirigir no final de década de 1920. Antes de notabilizar-se pelas comédias musicais dos anos 1930 e 1940, realizou em 1936 um drama carregado de conspirações, *O cartão do Partido* [*Pártini biliet*]. Um operário que esconde sua origem *kulak* convence uma companheira de fábrica a se casar com ele: diligente, é alçado à posição de liderança, mas quando rouba o cartão da esposa seu verdadeiro objetivo, espionagem e sabotagem, é revelado, sendo ao final denunciado pela esposa. A trama é conduzida de forma pedagógica, sublinhando a espontaneidade da operária em se deixar levar pelos sentimentos afetivos e a respectiva consequência desastrosa dessa postura, afinal redimida. À época, a imprensa reiterava seguidos alertas quanto ao perigo que representava a perda do cartão (o assassino de Kírov utilizou cartão roubado para entrar na sede do Partido em Leningrado). Por alguma razão, o estúdio Mosfilm julgou que o filme era "falso e distorcia a realidade soviética". Stálin não apenas aprovou sua distribuição, como também sugeriu mudança do título, sem dúvida mais explícito e direto (antes chamava-se *Anka*, o nome da heroína). Píriev julgava que sua produção cumpria a função social de estimular vigilância permanente aos cidadãos soviéticos, na sociedade e no interior das famílias. Dois meses antes do lançamento de *O cartão do Partido*, em maio de 1936, Stálin tinha escrito a carta secreta detalhando o que seriam as atividades dos *inimigos do povo*, dando início ao *Grande Terror* de 1937-1938, em que mais de um milhão e meio de pessoas foram detidas e quase 700 mil executadas.[33]

* * *

28 *Journal of Ukrainia Studies*, vol. 19, n° 1, 1994, p. 24-25.
29 Idem.
30 Idem.
31 I. Christie e R. Taylor, op. cit., p. 383-384.

32 *Journal of Ukrainia Studies*, vol. 19, n° 1, 1994, p. 26.
33 D. Priestland, *The Red Flag: A History of Communism*, Nova York: Groove Press, 2009.

Abram Room chocou-se frontalmente com o *realismo socialista* no cinema. Em 1932 foi obrigado a interromper as filmagens de *Uma vez no verão* [*Odnájdy liétom*] por conflito com o estúdio Mosfilm, em razão de "indisciplina e desorganização". Foi realocado no estúdio em Kiev, Ukrainfilm, onde juntou-se ao escritor e roteirista Iuri Oliecha para a produção de *Um jovem estrito* [*Strógui iúnocha*], finalizado em 1936, cuja narrativa parte de um triângulo amoroso – marido rico e médico prestigiado, esposa jovem e atraente, amante jovem e atlético – para descrever o que seria a moral comunista subjacente da nova era. O enredo era em si arriscado, dadas as premissas moralistas vigentes, e o desenvolvimento da trama obscuro, não apenas para o público carente de obras *simples e claras*, como idealizava o regime, mas também para o espectador exigente. Ambivalente nas situações e comportamentos, característica dos textos de Oliecha – malgrado a correção ideológica na superfície das ações – a película provoca, ao longo da trama, um efeito perturbador insinuante. Logo no início a protagonista surge tomando banho nua no lago em frente à mansão do médico, filmada à distância, mas visível. Aparentando controle emocional e procurando ostentar atributos de herói positivo pelas performances atléticas, o jovem amante exibe um narcisismo recorrente, insinuando falta de vontade e fraqueza para qualquer tipo de ação política. Eventualmente uma frase de Stálin sobre o bolchevismo ou uma asserção abstrata sobre a luta de classes é interposta no diálogo. Imagens virtuosas completam a sofisticação do projeto.

O filme foi censurado logo depois de finalizado, acusado de forjar "mistura de sentenças pretensiosas" para veicular um "novo código moral e refletir sobre a igualdade" dos novos tempos comunistas, aportando "influências estrangeiras à arte soviética". Outro aspecto criticado foi a "sugestão de que o medo da morte é intrínseco às sociedades capitalista e comunista".[34] A alienação do personagem central em relação à realidade soviética e o desvio formalista do realismo socialista sintetizaram a censura final da obra, que só veio a ser exibida na década de 1960. Mesmo o prudente e parcimonioso Jay Leyda comentou que, embora tivesse simpatia pelo realizador, "por uma vez a punição estava adequada ao crime".[35] O diretor-adjunto do estúdio foi demitido, e produtores tiveram que se submeter a processos disciplinares. Iuri Oliecha, escritor de prestígio, aprofundou o ocaso a que fora relegado. Room se resignou e voltou a dirigir com a eclosão da guerra, agora de forma disciplinada, estendendo a carreira até o início da década de 1970.

Em 1933 foram produzidos na URSS apenas 29 filmes; em 1934, foram sessenta; em 1935, 46; e em 1936, cinquenta. Não eram os trezentos prometidos por

Chumiátski, mas era o número possível dada a complexidade política das aprovações, dos roteiros e do orçamento. Não faltavam críticas de ineficiência produtiva: inevitavelmente, o princípio da qualidade em detrimento da quantidade era invocado nas discussões, sobretudo no Partido (o próprio Stálin seria um defensor da ideia de produzir menos filmes, mas com mais chances de sucesso). Na esfera institucional, a política cultural stalinista consolidava-se: a partir de 1936, títulos de *Artista do Povo da* URSS – e correlatos regionais, como *Artista do Povo* da RSS da Ucrânia, da Rússia, Geórgia etc., com benefícios inferiores – começaram a ser concedidos à classe artística, inclusive no cinema. Ser agraciado com um título desses significava acesso a privilégios em habitação, saúde e alimentação (em alguns casos, até uma *datcha*)[36]. Entre outros, Aleksándrov, que ganhou inúmeros títulos e medalhas, recebeu a honraria em 1948, junto com Pudóvkin; Kulechov, o título referente à Rússia, em 1969; Room, também o da Rússia, em 1965. Eisenstein, entretanto, recebeu apenas a medalha de *Artista Meritório* da Rússia, em 1935, assim como Bárnet e Protazánov, com direito a privilégios reduzidos.

Vertov nunca recebeu nenhum desses títulos, apesar de ter realizado em 1937 *Canção de ninar* [*Kolybiélnaia*], documentário sobre mulheres e maternidade, que terminou – em razão de alterações impostas durante as filmagens – como um panegírico a Stálin, apresentado como o protetor paternal da nação. O próprio Secretário-geral do Partido não teria apreciado o resultado, e o filme foi retirado de cartaz poucos dias depois da estreia.

* * *

O realismo socialista levou também a um empobrecimento de cenários e composições visuais, pela utilização prioritária de estúdio ou, quando em cenas exteriores, pela rigidez e previsibilidade das soluções. O espaço cinematográfico, objeto das experimentações do cinema de montagem da década anterior, estava limitado e contido no novo momento. Umas das exceções é o filme de Boris Bárnet, *À beira do mar azul* [*U sámago sínego mórie*], rodado em 1936 no mar Cáspio em uma pequena fazenda coletiva de criação de peixes, no Azerbaijão soviético. Dois marinheiros egressos de um naufrágio chegam à praia e

---

34 B. Eisenschitz, op. cit., 2002, p. 83-84.
35 J. Leyda, op. cit., p. 422.
36 N.E.: Casa de veraneio típica da Rússia.

imediatamente se apaixonam pela presidente do *kolkhoz* (acrônimo de *kollektívnoe khoziáistvo*, uma unidade de produção coletiva ou um tipo de propriedade rural coletiva soviética) – a luz é aberta, solar, e os corpos em permanente estado de euforia. Situações cômicas da rivalidade entre os dois protagonistas são pontuadas por instantes de melancolia: a heroína tem um noivo lutando na guerra, frustrando-os. Não há nada que remeta aos dispositivos narrativos do realismo socialista, pelo contrário, do filme emana uma atmosfera de celebração de novos encontros e contatos, sem temores persecutórios. Foi um dos últimos filmes produzidos pela Mejrabpom, que seria liquidada em 1936 (um de seus antigos diretores, Boris Bábitski, que havia se transferido para a Mosfilm, foi preso e executado em 1938). *À beira do mar azul* foi criticado e retirado de distribuição alguns meses depois do lançamento. Bárnet ficou três anos sem dirigir, voltando a fazê-lo com a guerra.

Em 1936 Chumiátski publicou artigo na revista *Arte do cinema* quando abordou a espinhosa questão entre roteiros de qualidade e a obrigação de cumprir o planejamento de produções – uma contradição que se acirrava na URSS stalinista, com o cinema como veículo privilegiado de entretenimento das massas demandando mais filmes para ocupar a tela, e a necessidade de bons roteiristas, que sofriam com o cerceamento ideológico.[37] O exercício do controle, que atrasava o cronograma de produção dos estúdios, acarretava desperdício de recursos, outro problema a atormentar o dirigente. Em 1936, dúzias de roteiros foram descartados, afirmou Chumiátski, que insistia na qualidade como instância dominante do cinema soviético: 1937 seria a celebração de vinte anos da Revolução de Outubro, a pressão aumentava. Para ele, o melhor filme daquele período era *Circo*, lançado em 1936, uma comédia excêntrica e original de Aleksándrov, com sua esposa (Liubov Orlova) no papel principal. No ambiente circense, uma cantora-trapezista americana pouco a pouco deixa-se convencer da superioridade socialista em relação à vida, sobretudo quando seu mentor alemão ameaça chantageá-la revelando que ela tinha um filho negro. A conversão se completa com a aparição de um bem-humorado companheiro de circo, que adota a criança, ratificando a diversidade étnica, e canta com a nova parceira a "Canção sobre a pátria" ["Piésnia o ródine"], que se tornaria nos anos subsequentes a principal peça patriótica no repertório soviético. O escritor Isaac Bábel colaborou no roteiro. *Circo* atraiu mais de um milhão de espectadores nos primeiros quinze dias de exibição.

As ineficiências do sistema de produção, entretanto, não se restringiam ao excesso de controles ou a rigidez do planejamento socialista. Muitas vezes, na complexa rede burocrática soviética, rivalidades pessoais e competição predatória podiam impactar as produções. Por alguma razão, Chumiátski não apreciava os projetos de Ivan Píriev, tendo engavetado seu *A noiva rica* [*Bogátaia nevestá*], comédia musical festejando a coletivização agrícola, totalmente conforme aos parâmetros estéticos do realismo socialista. O diretor recorreu a Stálin, que mais uma vez intercedeu a favor da liberação – quando *A noiva rica* entrou em cartaz, no início de 1938, ocorreu a prisão de Chumiátski, celebrada em Moscou por diretores e roteiristas.[38] O desgaste com a classe era evidente: a produção mais problemática que marcou sua gestão foi sem dúvida *O prado de Bejin*, de Eisenstein, que começou em 1935 e foi interrompida um ano mais tarde pela recusa da Mosfilm em aceitar o material filmado, por "individualismo estilístico e experimentalismo" em sua concepção. Inspirado em um conto de Turguêniev e adaptado à história real do informante adolescente Pável Morozov – que denunciou o pai por atividades contra a coletivização agrária e foi assassinado por parentes – o filme pretendia funcionar como reconciliação de Eisenstein com o sistema de produção soviético, após vários anos sem filmar. Segundo Chumiátski, "os personagens não tinham nada a ver com a realidade no campo soviético: em vez de trabalhadores das fazendas coletivas, vemos tipos bíblicos e mitológicos".[39] Mais um ano de filmagens, a custos altos e pontuado por doença do diretor, o material é novamente recusado, a produção definitivamente suspensa e os originais destruídos. Após a autocrítica pública sobre seus erros e desvios, e com Chumiátski preso, Eisenstein inicia a produção de *Aleksandr Niévski*, em 1938, com o devido aval de Stálin.

* * *

A celebração dos vinte anos da revolução soviética funcionou como acelerador de produções no campo cinematográfico, graças à interferência do líder. Era preciso um filme para exibir em outubro de 1937, mais tardar no começo de novembro. Mikhail Romm era o único diretor disponível na Mosfilm naquele momento: estreou em 1934, adaptando o livro homônimo de Maupassant, *Bola de sebo* [*Boule de suif*] – sutil ironia sobre burgueses fugindo da ocupação alemã em 1870, acompanhados por uma prostituta, tema sempre difícil na URSS (recomendado por Górki, Stálin assistiu

---

37   I. Christie e R. Taylor, op. cit., p. 373-376.
38   N. Laurent, *L'Oeil du Kremlin: cinema et censure en URSS sous Staline*, p. 55.

39   I. Christie e R. Taylor, op. cit., p. 379.

e apreciou). Em seguida dirigiu *O treze* [*Trinádtsat*], lançado em maio de 1937: soldados soviéticos lutando contra invasores islâmicos em zonas fronteiriças, história inspirada em *A patrulha perdida*, de John Ford. Filmar o patrono da Revolução afigurava-se como oportunidade especial. O título do projeto era *Lênin em Outubro* [*Liénin v Oktiábrie*]: dadas as suscetibilidades em jogo, entretanto, ninguém seria capaz de prever prazo para finalização do filme. Como se comportaria o personagem Lênin e seu coadjuvante, Stálin? Quais os acontecimentos a serem destacados? Tal como ocorreu na mesma época com a historiografia oficial do Partido, reescrita sob escrutínio direto de Stálin, o roteiro teria que ser validado na mais alta esfera. Seu autor foi Aleksei Kápler, por quem a filha de Stálin, Svetlana, apaixonou-se em 1942, quando tinha 16 anos (em 1943, Kápler seria preso por esse motivo).

No texto, Trótski, Kámenev e Zinóviev são descartados pela oposição traiçoeira que exibiram nos momentos decisivos: o papel de Stálin preenche todas as demandas de Lênin por conselhos claros e firmes. Ele é o mais leal e próximo colaborador do líder revolucionário, que passa a maior parte do filme escondendo-se da polícia. O único coadjuvante mais íntimo é o guarda-costas pessoal, o operário Vassíli (personagem ficcional: o verdadeiro guarda-costas, Eino Rakhia, tinha caído em desgraça). Ao longo do filme, Lênin sugere uma certa ingenuidade e pureza de sentimentos, sobretudo no trato com tipos populares. Stálin, embora aparecendo pouco, parece controlar dos bastidores todo os desdobramentos políticos e militares. Sua imagem, escorada no mito da revolução bolchevique, ascendeu de vez no lugar especial de culto para os vivos. Romm logrou filmar e montar essa delicada narrativa em três meses, projetando a primeira cópia no Krêmlin em 3 de novembro de 1937: três dias depois, sessão de gala no Teatro Bolchói. Foram distribuídas 955 cópias de *Lênin em Outubro*, recorde nacional, garantindo milhões de espectadores.[40] Após a morte de Stálin, em 1953, todas as cenas em que aparecia foram deletadas, seja por retoques nas imagens ou *rear projection*.

Depois dessa estreia, o personagem Stálin iria se tornar uma assídua presença nas telas, sempre afável e solícito, guiando a compreensão dos humildes e comandando sábia e calmamente as guerras revolucionárias. Em 1938 participa de *O homem com a arma* [*Tcheloviek s rujiom*], de Serguei Iutkiévitch, cujo roteiro foi objeto de revisões que depuraram uma imagem natural de Stálin: passos lentos, cachimbo na boca, sorriso acolhedor, modesto e dono da atenção de Lênin. Mikheil Gelovani foi o ator escolhido, georgiano como Stálin e, portanto, com acento característico (Stálin teria preferido outro ator nativo em russo). A história segue um camponês convertido em soldado que vem a Petrogrado entregar uma carta a Lênin. A aprovação final foi de Stálin, depois de longos atrasos: Chumiátski, que em março de 1937 foi o instigador da inserção do personagem no roteiro, foi executado em julho de 1938 e não pôde conferir o produto final, lançado em novembro daquele ano com grande sucesso. Naquele ano Bukhárin e mais dezoito importantes quadros sofreriam o mesmo destino. Stálin também aparece em *O lado de Vyborg*, de 1939, da dupla Kózintsev e Tráuberg, onde corrige Lênin na elaboração do decreto dos direitos dos trabalhadores.

O grande amanhecer [*Vielíkoe zárievo*], de 1938, do também georgiano Mikhail Tchiaureli, foi um passo ainda mais ousado: o interlocutor da produção era Lavriénti Béria, recém-chegado em Moscou, da Geórgia. Trazido por Stálin para assumir em 1938 o NKVD (sigla para *Naródni komissariat vnútrienikh diel*, o Comissariado do Povo para Assuntos Internos), o Ministério do Interior da URSS, que controlava a antiga TcheKa, substituiu Nikolai Iejov, o principal responsável pelos expurgos, preso e executado meses depois, em 1940. A confecção do roteiro foi igualmente tortuosa, refeito integralmente três vezes pela mediação de Béria, ansioso para agradar o conterrâneo. Gelovani representa Stálin como arquiteto do golpe de Outubro de 1917, praticamente no mesmo nível de Lênin. Ou ainda: boa parte do filme retrata o período de 1917 em que Lênin esteve foragido, quando Stálin tomou as iniciativas, segundo o filme. *O grande amanhecer* é considerado o marco zero do culto à personalidade de Stálin: foi visto por 15 milhões de espectadores até abril de 1939. Seu lançamento nos cinemas coincidiu com a difusão do livro *O curto caminho*, versão da história do Partido Comunista da União Soviética editada pelo próprio Stálin (alguns dos historiadores que o auxiliaram foram detidos ao longo do processo, que começou em 1935).

A reescritura dos acontecimentos que levaram à ascensão dos bolcheviques nesses quatro filmes obrigou os burocratas do GUFK a um cuidadoso exercício para evitar superposições, evitando que momentos seminais de 1917 pudessem ser confundidos. Por exemplo, em *Lênin em Outubro*, o revolucionário dá ao seu guarda-costas o rascunho do famoso artigo que sairia no *Pravda*, para que Stálin publique; no filme de Tchiaureli, Stálin lê o artigo na editoria do jornal; e, em *O homem com a arma*, soldados leem o artigo nas trincheiras. As ações de Lênin são filtradas por Stálin, que assume protagonismo crescente na condução do processo. *Lênin em 1918* [*Liénin v 1918 goda*], dirigido por Romm em 1939, narra os meses de agosto e setembro, quando os Brancos iniciaram ofensiva pelo sul e

---

40   O. Bulgakowa, op. cit., 2012, p. 12.

Fanni Kaplan, militante do Partido Socialista Revolucionário, tentou assassinar Lênin. Não apenas as grandes vitórias são creditadas a Stálin (e não a Trótski, comandante do Exército Vermelho), como Bukhárin é apresentado como o cérebro por trás do atentado. Agonizando no leito após receber o tiro, Lênin murmura: é este o fim? se assim for, chamem Stálin. Com o roteiro aprovado pessoalmente pelo Secretário-geral do Partido, diretor e roteirista receberam o Prêmio Stálin em 1941, a exemplo dos demais autores citados. Em apenas uma semana em Moscou e Leningrado, *Lênin em 1918* foi assistido por um milhão de pessoas, configurando uma adesão espontânea a tal ponto que a atriz que desempenhou Fanni Kaplan teve de ser escoltada quando saía nas ruas, por temor de ataques. Vinte anos mais tarde, por ocasião de novo lançamento do filme, Romm refez diversas cenas eliminando o protagonismo de Stálin.[41]

* * *

Os arquivos pessoais dos líderes comunistas, que vieram à tona depois da queda do Partido do poder, são extremamente sortidos. Bilhetes para secretárias, anotações em livros e documentos, no caso do cinema, os roteiros submetidos à aprovação fazem parte desse acervo. Stálin, que tinha o hábito de usar lápis vermelho para expressar suas opiniões, indicou a Chumiátski que o roteiro de *O grande cidadão*, projeto desenvolvido por Ermler, deveria ser refeito para refletir um conteúdo mais contemporâneo, basicamente o que havia sido revelado pelo julgamento recém-concluído de Radek e Piatákov, acusados de conspirar com Trótski para derrubar o governo soviético.[42] O julgamento ocorreu em janeiro de 1937, época que Stálin leu o roteiro, e terminou com a execução de diversos ex--líderes bolcheviques. *O grande cidadão*, realizado em duas partes, a primeira em 1937 e a segunda em 1939, com mais de cinco horas de duração, é em si um documento político desse período conturbado: na primeira parte, Maksim, o personagem de Tráuberg e Kózintsev, entra em cena para defender a linha ideológica do Partido face aos traidores; a segunda é construída em cima da confrontação ideológica entre o grande cidadão Chakhov – personagem ficcional inspirado em Kírov, o líder assassinado em 1934 – e contrarrevolucionários trotskistas, que planejam sua eliminação. As falas dos atores, que incluem trechos de *Os demônios*, de Dostoiévski, reproduzem pela intensidade o momento persecutório da URSS stalinista: planos-sequências e profundidade de campo – a exemplo do que André Bazin identificou em *Cidadão Kane*, de Orson Welles, de 1941 – utilizados sobretudo na segunda parte, localizam a consciência do espectador soviético no campo político, processo inverso ao operado pelo filme de Welles em relação ao espectador liberal norte-americano.[43]

Durante a década de 1930, o projeto da Hollywood soviética de Chumiátski terminou não vingando, mas a ideia de estimular filmes de entretenimento com as devidas correções soviéticas era cara à maioria do Partido, começando por Stálin. Alguns sucessos hollywoodianos ascenderam ao rol dos favoritos: a mitologia stalinista afirma terem sido 25 sessões no Kremlin para *Com os braços abertos*, drama de 1938 com Spencer Tracy no papel de um padre gerente de reformatório para jovens delinquentes no Nebraska, inspirado em personagem real (quando ganhou o Oscar, o emocionado Tracy fez questão de entregar a estatueta ao verdadeiro Padre Flanagan, conforme estratégia de marketing definida pela MGM). No plano doméstico, o preferido foi *Volga-Volga*, comédia musical de Aleksándrov lançada em 1938, que captou o humor do líder e da população: a estrela Liubov Orlova (esposa do diretor) e o popular Ígor Ilínski percorrem o rio Volga em direção a Moscou para uma Olimpíada Musical, trajeto pontuado de canções e situações burlescas, em atmosfera contagiante de felicidade. Dirigido por Vladímir Petrov, *Pedro, o Grande* foi lançado em duas partes, em 1937 e 1938: nesse filme, a história é vista como produto da liderança patriótica dos grandes heróis, em vez da visão marxista que privilegiava a luta de classes como motor histórico. Da luta contra os suecos à fundação de São Petersburgo, da organização do exército à modernização do país, e mesmo da perseguição à execução do próprio filho, a figura canônica do tsar se estabelece como mediador universal – ou seja, um ilustre antecessor de Stálin.

A escalada das tensões aumentava, nas fronteiras leste (japoneses) e oeste (alemães) da União Soviética. Ivan Píriev, em *Tratoristas* [*Traktoristy*], lançado em 1939, realizou uma comédia musical ambientada na euforia da coletivização agrícola e conectada com o esforço de guerra: três egressos do exército estacionado na Manchúria – de nacionalidades distintas, georgiano, russo e ucraniano – retornam à pátria para reintegrar-se na dinâmica socialista da produção. Uma tratorista de fibra stakhanovista – vivida na tela por Marina Ladynina, esposa de Píriev, popular como a rival Orlova – acaba deixando-se atrair por um dos soldados, ele também um recordista de produção, que trazia a técnica de dirigir

41 Ibid., p. 23.
42 P. Kenez, op. cit., p. 65.
43 B. Eisenschitz, op. cit., 2002, p. 92.

tanques para aplicar aos tratores. À época, os militares ainda se recuperavam dos expurgos sofridos no período crítico do final da década de 1930. O marechal Mikhail Tukhatchevski, promovido por Lênin a Comandante da Frente Sul durante a Guerra Civil com apenas 26 anos e autoridade maior do Exército Vermelho, foi executado em 1937 acusado de conspirar com os nazistas. O marechal era um homem culto e tinha amigos comuns com Eisenstein, com quem se encontrou diversas vezes. Serguei estava em situação financeira precária, depois de ter sido afastado da VGIK e sofrer com o isolamento imposto por Chumiátski.

* * *

Em meio ao clima de terror, surge a possibilidade de redenção para Eisenstein: filmar as façanhas de *Aleksandr Niévski*, o Príncipe russo que derrotou os Cavaleiros Teutônicos em 1242, cuja ressonância com a atualidade da ameaça nazista era evidente. O roteiro começou a ser escrito em 1937 com o escritor Pavlenko, conhecido pela proximidade com o regime e por ser um dos algozes que contribuiu para a prisão e morte do poeta Óssip Mandelstam. O texto foi aprovado por Stálin em novembro daquele ano, com corte da passagem final do envenenamento do Príncipe – "o roteiro termina aqui... um príncipe bom como esse não pode morrer!"[44] – escreveu o líder no pé da página. Publicado na imprensa, despertou críticas de historiadores, irrelevantes diante da sanção oficial. As filmagens começaram em junho de 1938 e terminaram em tempo recorde, para os padrões de Eisenstein e pela escala da produção – batalhas com centenas de figurantes, cenários de neve em pleno verão – com o fiel Tissé na fotografia, Serguei Prokófiev na música e o ator Nikolai Tcherkássov no papel principal (esse último imposto pelo estúdio, sob orientação de Stálin). Sem dúvida o mais linear dos filmes do diretor, *Aleksandr Niévski* estreou em dezembro e foi sucesso de público e crítica, doméstica e internacionalmente. Serguei Eisenstein recuperou seu prestígio, escreveu textos elogiando *Lênin em 1918* e *O grande amanhecer*, além prestar o devido reconhecimento a Stálin. Foi elogiado no XVIII Congresso do Partido em 1939 e nomeado diretor artístico da Mosfilm em 1940.

O Congresso ratificou as realizações do socialismo e lançou as bases para o terceiro plano quinquenal, sugerindo que a era do terror tinha sido superada. Isaac Bábel (colaborador de Eisenstein em *O prado de Bejin*) e Meyerhold (mentor teatral do diretor) foram dos últimos intelectuais a serem presos, o primeiro morto no Gulag e o segundo executado na prisão. Em 23 de agosto de 1939, foi assinado o Pacto Mólotov-Ribbentrop, selando surpreendentemente a não agressão entre a URSS e a Alemanha nazista e estabelecendo secretamente esferas de influência entre os dois países, permitindo, em última análise, a invasão alemã na Polônia. Em dezembro daquele ano, Eisenstein recebe uma inesperada oferta: dirigir a montagem operística de *A Valquíria*, de Wagner. A estreia ocorreu um ano depois. Em entrevista à Radio Moscou, declarou (em alemão fluente) que "o pacto havia estabelecido uma sólida fundação para intercâmbio cultural entre dois grandes povos".[45]

---

44   O. Bulgakowa, op. cit., p. 192.
45   Ibid., p. 205.

CINEMA EM VIAS DE GUERRA

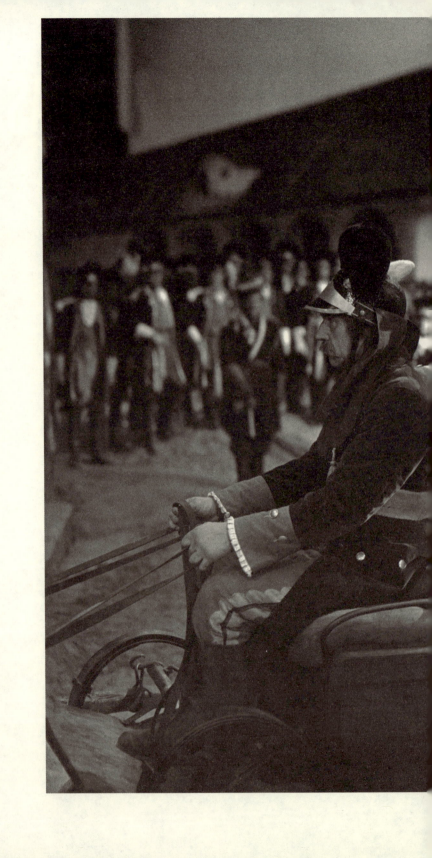

Suvorov, dir. Vsiévolod Pudóvkin, 1941

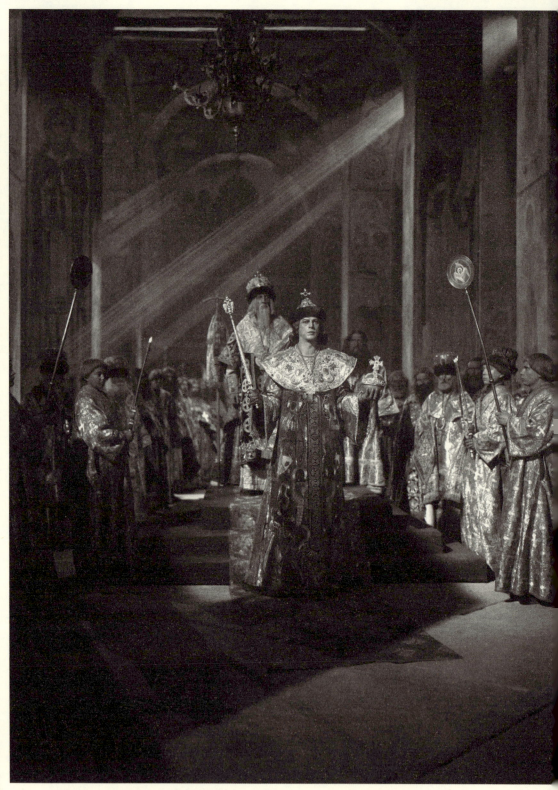

Ivan, o Terrível, parte 1, dir. Serguei Eisenstein, 1944

Ivan, o Terrível, parte 2, dir. Serguei Eisenstein, 1945

Às seis da tarde, depois da guerra, dir. Ivan Píriev, 1944

A questão russa, dir. Mikhail Romm, 1948

Mitchúrin, dir. Aleksandr Dovjienko, 1948

A balada da Sibéria, dir. Ivan Píriev, 1948

Encontro no Elba, dir. Grigóri Aleksándrov, 1949

A batalha de Stalingrado, dir. Vladímir Petrov, 1949

A queda de Berlim, dir. Mikhail Tchiaureli, 1949

A conspiração do condenado, dir. Mikhail Kalatózov, 1950

Os cossacos de Kuban, dir. Ivan Píriev, 1950

O inesquecível ano de 1919, dir. Mikhail Tchiaureli, 1951

O retorno de Vassíli Bortnikov, dir. Vsiévolod Pudóvkin, 1953

GUERRA PATRIÓTICA

Os editores das obras completas de Stálin, publicadas logo após a sua morte, encontraram apenas três textos do líder datados de 1940, todos eles versando sobre roteiros para cinema.[1] As obras compreendem dezesseis volumes cobrindo diferentes períodos de tempo. O volume quatorze vai até março de 1939; o décimo quinto começa em julho de 1941. Esse período, praticamente coincidente com a vigência do Pacto Mólotov-Ribbentrop, é o único lapso da série. Por alguma razão, os textos sobre roteiros não foram incluídos na edição final – é inusitado que um governante como Stálin tenha tido tempo de escrevê-los, o que indica sua obsessão pelo controle das produções. As obras incluem discursos, telegramas, artigos, ordens do dia e relatórios para o Comitê Central.

Maksim Górki foi, sem dúvida, o homem de letras mais influente na União Soviética durante a ascensão do bolchevismo e sedimentação do stalinismo, com intervalos em função de problemas com a saúde, quando residiu na Itália. Amigo próximo de Lênin, foi cultivado por Stálin como mediador para assuntos com escritores: protegeu muitos, mas também se calou diante de perseguições e mortes. Emprestou seu prestígio para a legitimação do realismo socialista, em 1934. Faleceu em 1936 e foi enterrado com honras oficiais, com Stálin e Mólotov ladeando o caixão. Dois anos depois, Trótski escreveu no *New York Times* afirmando que a morte do escritor teria sido por envenenamento.

Talvez esse conjunto de circunstâncias tenha contribuído para que *A infância de Górki* [*Diétstvo Górkogo*], dirigido por Mark Donskói em 1938, pudesse abstrair as exigências estéticas do realismo socialista e produzir uma linguagem

---

[1] B. Eisenschitz, op. cit., 2002, p. 200.

que antecipa o neorrealismo italiano do pós-guerra – despida de personagens positivados, propagandas pedagógicas e limitações moralistas. Baseado na autobiografia de Górki, reproduz o ambiente claustrofóbico do avô tirano e pequeno burguês, proprietário de um pequeno ateliê de tingimento de tecidos. Personagens dotados de humanidade espontânea – sem o artificialismo dominante na maioria das produções da época – atravessam a história, balizando a formação do jovem Górki, como a avó generosa e o tio excluído. Paisagens do rio Volga, filmadas como extensões mentais do personagem, agregam uma perspectiva romântica de mudanças no cenário opressivo do mundo tsarista. Na cidade, um parque de diversões com múltiplas figuras – amigos, mendigos, comerciantes, palhaços, gangues – aguçam os conflitos e instalam diferenças, funcionando como painel social para o futuro autor.

Oriundo de uma modesta família judaica de Odessa, estudante de direito e psiquiatria – e tendo passado dez meses prisioneiro dos Brancos durante a guerra civil – Donskói conheceu o escritor nos seus últimos anos e recebeu o aval para dirigir o filme. Motivado pelo sucesso de *A infância de Górki*, a produtora Soiuzdetfilm (transliteração do acrônimo russo para Estúdio Soviético para filmes Infantis e Juvenis) – criada em 1936 após a liquidação do Mejrabpom – lançou mais dois filmes sobre a vida de Górki, *Meu aprendizado* [*V liudiákh*], em 1939, e *Minhas universidades* [*Moí univiersitiety*], em 1940, ambos realizados por Donskói, e passou a se chamar *Estúdio Górki*. Criado com propósitos didáticos e culturais, mas sem abdicar do entretenimento, produziu adaptações de Julio Verne e Robert Louis Stevenson, além de clássicos do folclore russo, com sucesso de público.

* * *

A importância dos filmes infantis na sociedade soviética era um corolário da prioridade conferida à educação e à formação do homem soviético para o futuro. Em consequência, o crivo sobre os fundamentos ideológicos das produções poderia ser tão ou mais rigoroso do que aquele conferido ao cinema adulto. Margarita Bárskaia, atriz, roteirista e realizadora, foi casada com o diretor Piotr Tchardynin antes de especializar-se nos trabalhos visando ao público infantil. Em 1935, após apelar para Stálin, fundou em Moscou um laboratório de cinema para crianças. Seu segundo filme como diretora, *Sapato rasgado* [*Rványe bachmaki*], exibido em 1933, foi produzido pela Mejrabpom e bem recebido pelo público: ambientado na Alemanha nazista, descreve os sofrimentos dos filhos de operários alemães. Em 1937, realizou seu terceiro filme, *Pai e filho* [*Otiets e cyn*], sobre um gerente de uma grande fábrica que prioriza o trabalho e não consegue dar suficiente atenção ao filho. Em reunião no Partido, reconhece seu erro e faz a autocrítica. O filho, entretanto, já havia se juntado a más companhias e participado de tentativa de roubo à nova escola que estava sendo construída. No final, a polícia prende a gangue e o filho admite os erros, reconciliando-se com o pai. O filme foi considerado pela imprensa como calunioso em relação à realidade soviética: eram dois personagens inaceitáveis para o sistema, criança infeliz e pai preguiçoso, que além de gerente era herói de guerra. Um crítico chamou *Pai e filho* de fascista. A distribuição foi interditada e Bárskaia presa, vindo a falecer no campo de prisioneiros, em 1938. Tinha 35 anos.

Boris Chumiátski, que foi preso pouco depois de Bárskaia, tinha considerado *Pai e filho* como "não ruim de todo", segundo um dos críticos. Seu sucessor no comando do cinema soviético, Semion Dukelski, era funcionário da polícia secreta, NKVD: ignorante em tudo o que se referia a cinema, técnica ou artisticamente, ficou pouco mais de um ano no cargo, sendo substituído por Ivan Bolchakov, o mais longevo de todos, que permaneceu até a morte de Stálin, em 1953. De temperamento avesso a conflitos abertos, ligado a Mólotov, foi capaz de manobrar e sobreviver na tortuosa burocracia da URSS. Não tinha antecedentes na área de cinema, mas contava com suficiente experiência nos temas sensíveis para o Partido. Em suas memórias, Nikita Khruschov revela as agruras por que passava Bolchakov para traduzir filmes sem subtítulos nas sessões do Kremlin, já que não tinha domínio de línguas estrangeiras[2] – memorizava o conteúdo das histórias que seus assistentes extraíam e traduzia como podia. Stálin se afeiçoou ao estilo submisso e prestativo do novo representante, e confirmou-o em 1939 no Comitê de Estado dos Assuntos Cinematográficos, órgão que substituiu o GUFK em 1938. Durante a guerra, Bolchakov coordenou a transferência de estúdios e técnicos para o Cazaquistão e outros territórios ao leste. Em 1946, foi promovido a Ministro de Assuntos Cinematográficos, cargo criado especificamente para ele.

Em paralelo à sua ascensão, fortalecia-se nos estamentos burocráticos ligados ao Comitê Central a *Direção de Agitprop*, encarregada de vigilância ideológica, sobretudo da produção cultural. O conflito com a área de cinema não demorou muito: o estopim foi o filme *A lei da vida* [*Zakon jízni*], dirigido pela dupla Stólper

---

2   N. Khruschov, *Memoirs of Nikita Khrushchev*, Pensilvânia: Penn State Press, 2006, p. 115-116.

e Ivánov, em cartaz nas salas a partir de 7 de agosto de 1940, depois de ter sido aprovado pelo Comitê presidido por Bolchakov e obtido autorização do Vice-Presidente do Conselho de Comissários do Povo, Andrei Vychínski (conhecido por ter atuado como principal acusador durante os expurgos de 1936 a 1938). O enredo acompanha quatro jovens estudantes de medicina, duas mulheres e dois homens, militantes na Komssomol. Na festa de fim de ano, um dos personagens masculinos invoca Marx para defender o amor livre e os prazeres do álcool: termina a noite levando para casa a preferida de seu companheiro, um tímido e leal amigo. Na manhã seguinte o estudante é desmoralizado pelos colegas e removido de seu cargo na Komssomol, substituído pelo amigo. No dia 16 de agosto, o *Pravda* publicou um devastador artigo contra o filme, taxado de *mentiroso* e *corruptor* da juventude soviética. No dia seguinte, *A lei da vida* foi retirado de cartaz.

* * *

O foco prioritário da crítica caiu sobre o roteirista, um escritor de relativo prestígio, Avdeenko, que pouco antes fora beneficiado com um apartamento, medida de boas relações com o regime. O próprio Stálin costumava referir-se aos diretores como simples executores de histórias escritas, direcionando a responsabilidade final para os roteiristas. Os graves erros cometidos – a criação de situações e comportamentos que frontalmente desafiavam a consistência da formação da juventude soviética – levaram, segundo o *Pravda*, à atmosfera *caluniosa* que caracterizava o filme. Poucos dias após o anúncio da interdição, avaliações desfavoráveis a produções em curso se avolumaram e foram feitas fiscalizações intempestivas nos estúdios por toda a URSS, a fim de rever roteiros tidos como suspeitos. No dia 9 de setembro, realizou-se reunião com a presença de Stálin e mais 22 pessoas: os diretores do filme, o roteirista Avdeenko, escritores e dirigentes como Jdánov e Bolchakov.[3] Graças ao estenograma conservado do encontro, é possível conhecer em detalhes o teor das alocuções. Jdánov e depois Stálin se revezaram nas admoestações ao roteirista, acusado de negar aos "bons a força de caráter adequada":[4] acuado, Avdeenko não consegue se defender. Ao final, é taxado de "analfabeto" por Stálin. O evento serviu como lançamento da *campanha ideológica de 1940*, como afirmavam as notas oficiais veiculadas na imprensa, destinada a depurar os *inimigos do povo* no cinema e na literatura. O resultado, entretanto, ficou aquém: apenas uma dezena de filmes interditados e algumas produções suspensas, mas nenhuma reforma burocrática ou legal que afetasse diretamente a atividade artística. A guerra que se aproximava desviou as atenções. Avdeenko não sofreu coação física pelo roteiro que escreveu e participou do conflito como soldado na infantaria. Retomou a atividade de roteirista no pós-guerra, adaptando obras de Simonov, um dos autores mais alinhados com o Partido. Bolchakov saiu ileso do episódio.

Dois filmes lançados em 1939 podem servir de exemplo de correção ideológica, em contraponto ao texto de Avdeenko: *O professor* [*Utchítiel*], de Serguei Guerássimov, e *Membro do governo* [*Tchlien Provítielstva*], Aleksandr Zarkhi e Ióssif Kheifits. Nesse último, o membro em tela é uma camponesa de um *kolkhoz* que ascende aos altos escalões do governo, combinando graça feminina com ar maternal, determinação política com calor humano (sem sentimentalismo). A atriz Vera Mariétskaia foi a responsável pela personificação da heroína, inteiramente alheia à realidade do que se passava nas fazendas coletivas, mas convencida do papel de agente modernizadora preconizado pelo Estado soviético. O filme de Guerássimov, por sua vez, acompanha a volta do professor ao vilarejo natal nos Urais para criar um novo colégio. O personagem funciona como *alter ego* do diretor, que se vê como esclarecedor, no sentido filosófico, das inquietações e dúvidas da audiência face aos novos tempos comunistas. O roteiro original ganhou concurso e foi objeto de intenso debate entre críticos e educadores, resultando em uma equilibrada mescla, para os padrões do realismo socialista, de crítica construtiva e herói positivado. Guerassímov, que começou como ator na FEKS de Kózintsev e Tráuberg, ganhou seu primeiro prêmio Stálin com *O professor*. Logo em seguida, filmou *Mascarada* [*Macarad*], com Tamara Makarova no papel de musa no atormentado triângulo amoroso da peça de Liérmontov, contemporâneo de Púchkin e o principal poeta do romantismo russo. Dessa vez, pouca ou nenhuma relação com o realismo socialista: a qualidade da realização e os cenários da nobreza tsarista do século XIX remetem aos filmes de Protazánov da era pré-revolucionária. O extemporâneo *Mascarada* foi lançado em 1941.

A vigência do Pacto Mólotov-Ribbentrop interrompeu a produção de filmes históricos julgados ofensivos à Alemanha, assim como a distribuição de títulos como *Aleksandr Niévski*. Um dos que escapou dessa categorização e acertou com a rápida evolução dos acontecimentos foi *Mínin e Pojárski*, codirigido por Pudóvkin e Mikhail Doller em 1939, baseado no livro de Chklóvski, *Russos no*

---

3 N. Laurent, *L'Oeil du Kremlin: cinema et censure en URSS sous Staline*, Paris: Privat, 2000, p. 76-77.

4 Idem.

começo do século XVII. O inimigo nessa quadra da história eram os poloneses que invadiram a Rússia em 1611, derrotados pelo príncipe Dmítri Pojárski e pelo açougueiro Kuzma Mínin em uma oportuna aliança de classe com objetivos nacionalistas. Em setembro de 1939, poucos dias após a invasão alemã na Polônia, o Exército Vermelho ocupou a região oriental polonesa que abrigava 13,5 milhões de habitantes, conforme acertado em cláusulas secretas no Pacto. O regime de terror imposto à população levou à morte de pelo menos 150 mil pessoas: um dos eventos mais trágicos do período é o massacre de Katyn, quando 22 mil militares e oficiais de inteligência poloneses foram assassinados pela polícia secreta soviética, entre abril e maio de 1940. A dupla Pudóvkin e Doller lançou em 1941 outra produção histórica, *Suvorov*, inspirado nas proezas militares do generalíssimo Suvorov, ligado à tsarina Catarina e vencedor de inúmeras batalhas, inclusive do exército de Napoleão na Itália.

Mesmo com a escalada de tensões internacionais, a produção cinematográfica na URSS manteve-se estável: quarenta filmes em 1937, 44 em 1938, 57 em 1939, e 46 em 1940. Não obstante, as dificuldades para aprovação de projetos perduravam, limitando o número de filmes finalizados. A expectativa dos realizadores era de que o envolvimento do país em um conflito global pudesse atenuar barreiras ideológicas e injetar estímulo na produção, pelo efeito mobilizador que o cinema poderia proporcionar. A participação soviética na guerra civil espanhola havia sido objeto do documentário de Esfir Chub, *Espanha*, de 1939. Um ensaio do uso do cinema como agente de sensibilização ocorreu durante a guerra russo-finlandesa, de fins de 1939 a março de 1940. A guerra teve resultados decepcionantes para os soviéticos, que esperavam conquistar a Finlândia e tiveram que se contentar com uma pequena porção de território junto ao lago Ladoga, perto de Leningrado. Duas produções que tiveram a guerra com os finlandeses como pano de fundo foram concebidas e realizadas na esteira do conflito: *Na retaguarda do inimigo*, de Evguéni Shneider [*V tylu vraga*], e *A menina de Leningrado* [*Frontóvye podrúgui*], de Viktor Eisymont, ambas lançadas em 1941.

* * *

Em 22 de junho de 1941 a Alemanha rompeu o pacto e invadiu a URSS. Stálin parecia não acreditar que os nazistas abririam uma nova frente com tal amplitude. Sua reação inicial beirou o colapso nervoso: passou três dias isolado na *datcha* e só falou pelo rádio no dia 3 de julho, conclamando a nação para a *guerra patriótica* contra o invasor. Os objetivos de Hitler eram assegurar abastecimento de petróleo e produtos agrícolas, usar o povo eslavo como mão de obra escrava, aproveitar o imenso território russo com a intenção de assentar alemães e deportar judeus para os confins da Sibéria. O avanço inicial foi rápido: em poucos meses praticamente toda a Ucrânia e países bálticos foram conquistados, com pesadas perdas do lado soviético, inclusive da população civil. Logo as baixas nas forças invasoras também cresceriam, sobretudo com a chegada do inverno. Em novembro de 1941, com o exército inimigo aproximando-se de Moscou, o governo pôs em marcha o plano de evacuação dos estúdios. Mosfilm e Lenfilm, os dois principais, foram fundidos e realocados em Alma-Ata, no Cazaquistão – trezentas pessoas, entre atores, diretores e técnicos foram transferidos. Ermler, Eisenstein, Kózintsev, Tráuberg, Irmãos Vassíliev, Aleksándrov, Pudóvkin, Píriev, Raizman e Bárnet estavam na relação. Pequenos grupos foram deslocados para Tbilisi, na Geórgia, e Tashkent, no Uzbesquistão. O estúdio Górki foi instalado no Tajiquistão, e o de Kiev, da Ucrânia, evacuado para o Turcomenistão. A escola estatal de cinema, VGIK, também foi para o Cazaquistão. Todo o material cinematográfico possível de ser transportado foi despachado para essas cidades, geralmente em locais sem infraestrutura adequada. Entre 1942 e 1944, 80% dos filmes soviéticos foram produzidos em Alma-Ata.

De início, foi conferida prioridade à produção de cinejornais, com a mobilização de milhares de operadores em todo o país. O número de filmes lançados declinou: em 1942 foram apenas 33 títulos, quase a metade dos 64 de 1941. O primeiro cinejornal com a URSS no conflito foi exibido no dia 25 de junho, três dias depois da invasão alemã. A diretiva do Partido era exibir nova edição de atualidades a cada três dias, a fim de manter a audiência conectada com o desenrolar do conflito (ou da narrativa que se queria veicular sobre o conflito). Eventualmente, o próprio Stálin visionava o material antes da distribuição. Ainda no primeiro ano da campanha, enquanto os estúdios se organizavam, foram produzidas doze séries de coleções cinematográficas de combates, compostas de curtas documentais e ficção, ou mesmo uma mistura dos dois estilos. Limitados pela escassez de negativos, mas motivados pela resposta rápida do público, sobretudo no interior do país, alguns dos melhores diretores – Bárnet, Iutkiévitch, Tráuberg, Aleksándrov, Kózintsev, Pudóvkin, Donskói – produziram comédias e dramas, com atores e imagens de cinejornal, mesclando situações e veiculando propaganda bolchevique como se estivessem na Guerra Civil nos anos pós-Revolução de 1917, época dos filmes *agitprop*. Dadas as dificuldades, muitos projetos não foram filmados, alguns ficaram inacabados ou se perderam nos bombardeios.[5] O personagem Maksim, extraído da trilogia de Tráuberg e Kózintsev, introduziu as primeiras séries. Um dos mais celebrados, dirigido por Pudóvkin, narra a história de uma camponesa que convida oficiais alemães para comer em sua casa, ingerindo ela mesma o alimento envenenado para dissipar suspeitas (e morrendo, como os demais). Kózintsev, em parceria com Lev Arnshtam, realizou um curta farsesco com apenas uma imagem: Napoleão telegrafando a Hitler e prevenindo: "Eu tentei, e não recomendo" (em 1943, Vladímir Petrov realizou *Kutúzov*, sobre a vida do marechal que derrotou Napoleão).

Entre 1941 e 1945 foram produzidos 34 documentários de longa-metragem e 67 de curta-metragem com imagens dos cinejornais, todos com larga recepção: destacou-se nesse contexto o cinegrafista e realizador Roman Karmen, que havia registrado a guerra civil da Espanha. Dirigido por Iliá Kopálin e Leonid Varlámov, *A derrota das tropas alemãs perto de Moscou* [Razgrom niemiétski voisk pod Moskvói] foi rodado entre outubro de 1941 e janeiro de 1942, documentando a contraofensiva soviética que conseguiu repelir o exército nazista nas portas de Moscou. Uma versão sem as cenas da vida soviética antes da invasão foi exibida com sucesso nos Estados Unidos, onde ganhou o Oscar de melhor documentário. Dziga Vertov realizou, em 1942, logo após a chegada em Alma-Ata, um documentário com sequências dramatizadas de personagens cazaques, dentro do esforço de guerra, *A ti, front!* [Tiebié, front!]: a heroína, que trabalha em uma mina, ouve pelo alto-falante os feitos heróicos de seu prometido. Vertov já havia dirigido dois cinejornais de guerra: *Sangue por sangue, morte por morte*; e *Na linha do fogo – cameraman de cinejornal*, ambos de 1941. Logo sua saúde piorou e ele sofreu um colapso nervoso na capital cazaque. Entre 1941 e 1943, seus pais e parentes próximos foram assassinados pelos nazistas em Bialystok, situada na Polônia, próxima à fronteira com a Bielorrússia, junto com boa parte da comunidade judaica. Vertov e irmãos tentaram em vão obter informações sobre o paradeiro da família – somente em 1960 chegou a confirmação das mortes (Vertov faleceu em 1954). Estima-se que um milhão de judeus tenham perdido a vida entre 1939 e os primeiros meses da ofensiva alemã na União Soviética, de fome nos campos de concentração ou abatidos a tiro.

* * *

Talvez um dos episódios mais patéticos da Segunda Guerra seja o bloqueio à cidade de Leningrado. De setembro de 1941 a janeiro de 1944, foram cerca 870 dias de cerco quase integral, que levou à morte mais de um milhão de pessoas, um terço da população. A maioria morreu de frio, fome e doenças, como tifo, escarlatina e icterícia; muitos pereceram nos bombardeios. A expectativa de Hitler era asfixiar e liquidar a cidade com um mínimo de perdas para as forças de seu país. O rigoroso racionamento de alimentos, sobretudo no primeiro inverno do cerco, levou muitos a morrer por insuficiência cardíaca devido a fraquezas musculares, caminhando na rua em busca de alimentos. Serguei Guerassímov e a esposa resolveram permanecer na cidade, junto com o roteirista Mikhail Bleiman e o diretor Mikhail Kalatózov, além de técnicos e operadores de câmera. Bleiman começou a escrever o roteiro de *Os invencíveis* [*Niepobiédimie*] no começo do cerco. O estúdio Lenfilm percebeu o potencial de propaganda, e priorizou a produção. O enredo gira em torno da produção de um novo tanque militar, na periferia da cidade: ataques aéreos, bondes congelados nos trilhos, cenas da linha de produção fabril entraram no filme, que foi finalizado no Cazaquistão e lançado em 1942. No fim, o novo tanque é testado com sucesso diante dos *Panzers* alemães. Adaptada aos novos parâmetros do governo, a versão final evitou imagens de sofrimento e mortes em massa, veiculando uma atmosfera bastante atenuada em comparação ao que foi o drama do bloqueio. Por outro lado, restaram quatro horas de imagens de cinejornal captadas por cinegrafistas que também permaneceram na cidade, muitas delas chocantes e de alta intensidade, utilizadas em diversos documentários, sobretudo após a queda do comunismo.

A importância da Guerra Patriótica como alicerce do regime começou a ser propalada logo no início do conflito, e transformou-se em verdadeiro culto nos anos seguintes. Os principais mitos eram o heroísmo dos cidadãos e o autossacrifício. Nos anos de guerra funcionou como aglutinador nacional ante o perigo externo, com o cinema desempenhando papel de ponta: no pós-guerra, transformou-se em vetor ideológico de sustentação do Partido. Quando chegou esse momento, logo após a capitulação germânica, o primeiro plano da construção mitológica coube ao personagem Stálin. Antes, eram os representantes do povo: filmado em 1941 e nas salas a partir de abril de 1942, *Máchenka*, de Iúli Raizman, desenvolve uma personagem feminina ingênua na vida afetiva e zelosa no trabalho, devotada a uma paixão juvenil, mas suficientemente firme para suportar a ausência de reciprocidade. Funcionária do correio, Máchenka encanta-se com um chofer de táxi: ele, entretanto, deixa-se seduzir por uma atraente amiga dela. Vem

---

5   N. Laurent, op. cit., p. 105.

a guerra com os finlandeses e ambos partem para o *front*, ela como enfermeira e ele como soldado. O conflito com a Finlândia já tinha terminado, mas o que importava era enfatizar a dedicação de Máchenka, diligente e corajosa. Um encontro casual no fim do filme sinaliza a possibilidade de vida em comum no futuro.

Produzido e exibido antes da invasão alemã em 1941, *Encontraram-se em Moscou* [*Svinarka i pastukh*], de Ivan Píriev – comédia romântica pontuada de números musicais – foi desenhada para celebrar a agricultura coletivizada como motor do progresso e agente de casamentos. A heroína, interpretada pela caucasiana Marina Ladynina, dedica-se à suinocultura e o herói, cossaco da república do Daguestão no sul do país, é um pastor de ovelhas e exímio cavaleiro. Ambos viajam a Moscou para participar da exibição nacional de agricultura, instalada no majestoso Parque de Exposições da Economia Nacional, recém-inaugurado. Nenhum sinal da guerra que se avizinhava. A produção de Romm, *Sonho* [*Metchtá*], foi finalizada em 21 de junho de 1941, um dia antes da invasão: ambientada em uma cidade na parte ocidental da Polônia, que passaria para o domínio da União Soviética no fim do filme, a narrativa flui entre personagens existencialmente oprimidos convivendo em uma pensão – segundo Romm, "um estudo de destinos humanos influenciado por Tolstói e Balzac".[6] Quem rompe o círculo, com humor e tenacidade, é a camponesa recém-migrada do campo. Uma semana depois de encerradas as filmagens, as forças nazistas ocuparam a região.

Em 1942, Píriev dirige *Nós voltaremos* [*Sekrietar paikoma*], drama de guerra sobre a luta de resistentes civis liderados por um secretário local do Partido, em território controlado pelos invasores. Um agente infiltrado alemão é descoberto pela operadora de rádio (Marina Ladynina), que passa a enviar informações falsas, resultando em uma emboscada fatal para os nazistas. O ano de 1942 foi fundamental para a estratégia de contenção posta em prática pelos soviéticos, com o recuo do exército e a intensificação das ações de sabotagem em território inimigo. A implementação dessa estratégia era implacável: na batalha de Moscou, cerca de 8 mil cidadãos foram executados por covardia, por se recusarem a cooperar. Além do terror diário perpetrado pelos nazistas, a população no interior estava à mercê dos bolcheviques da resistência civil, que tinham autonomia conferida por Stálin para execuções e pilhagens. Nas repúblicas soviéticas, como a Ucrânia, guerrilheiros nacionalistas também atuavam, eventualmente contra os próprios russos. Os soldados regulares do Exército Vermelho que desertassem, por seu turno, tornavam-se alvos dos destacamentos especiais da polícia secreta, NKVD. Estima-se que dezenas de milhares de soldados tenham morrido durante todo o conflito, abatidos por esses destacamentos. Apenas um relatório da NKVD registra, no período crítico entre junho e outubro de 1941, mais de 10 mil execuções de desertores.

* * *

O filme canônico da representação do esforço de resistência nos primeiros meses do conflito é *Ela defende a Pátria* [*Oná zaschischaet Ródinu*], lançado em 1943 e dirigido por Fridrikh Ermler. A situação tranquila nos dias que antecedem a guerra torna-se uma terrível tragédia, pelo assassinato em massa de famílias inocentes por nazistas sádicos: mulheres sobreviventes, que podem ser mãe, esposa ou amante, tomam a si a vingança, proporcionalmente cruel.[7] A heroína no filme de Ermler é uma jovem mãe sorridente e zelosa: torna-se líder comunitária, organizando a evacuação da sua aldeia. Tudo muda quando encontra o cadáver do marido, morto no *front*, em um comboio de feridos. Em seguida um soldado alemão arranca o filho dos seus braços, atira na cabeça do menino e o joga na estrada, para um tanque passar por cima do corpo. De esposa alegre e jovial ao estado catatônico que fica após presenciar a morte do filho, ela emerge como uma brutal combatente que aniquila adversários com machados e picaretas, comanda sabotadores e mantém o ânimo guerreiro em alta voltagem. A atriz é Vera Mariétskaia, que consegue escapar do estereótipo das heroínas do realismo socialista e imprimir tonalidades realistas à personagem, imersa em um conflito desesperador, mas sempre focada. Ao longo do filme, personagens secundários emitem juízos derrotistas até que um deles desabafa: "Basta deste paraíso vermelho (comunista) apodrecido!", sendo imediatamente executado pela comandante. No final, ela reencontra o soldado que matou o filho e se vinga no mesmo diapasão, fazendo um tanque passar sobre seu corpo.

No fim da primavera de 1942, as forças alemãs lançaram forte ataque a Stalingrado (atual Volgogrado), dando início a uma das mais sangrentas e ferozes batalhas da história militar, encerrada somente em fevereiro de 1943. O evento representou uma virada fundamental da Segunda Guerra, sinalizando a possibilidade da derrota alemã e a potência da ofensiva soviética. Nas artes da URSS e no cinema

---

6 M. Romm apud D. Young, "Variety", *Dreams Review*, 28 ago 2000.

7 D. Youngblood, "A War Remembered: Soviet Films of the Great Patriotic War", *The American Historical Review*, vol. 106, n° 3, jun 2001, p. 841-42.

em particular, 1943 representa também o recrudescimento do controle ideológico da produção cultural, sintoma da maior segurança do Estado quanto ao futuro do regime. Disputas burocráticas voltaram a opor a direção de propaganda ao comitê cinematográfico, contribuindo para a redução do número de filmes produzidos, que foi de apenas 23 títulos naquele ano. Fraturas que ficaram soterradas nos primeiros meses da guerra em função da necessidade imperativa de união para enfrentar o invasor, como a delicada questão das nacionalidades, vieram à tona com vigor redobrado. Um dos roteiros submetidos por Bolchakov ao Comitê Central em agosto de 1943 era o projeto de documentário *Ucrânia em chamas*, escrito por Aleksandr Dovjienko, cuja apresentação indicava: "Epopeia cinematográfica consagrada ao sofrimento da Ucrânia sob a opressão nazista e à luta do povo ucraniano pela honra e liberdade do povo soviético." O texto de Dovjienko descreve a tragédia diária de uma família *kolkhoz* durante a ocupação alemã, enquanto a resistência lutava contra o invasor e o Exército Vermelho era incapaz de conter o avanço alemão. No final de novembro, o Comitê Central decidiu vetar o roteiro e a produção do filme.

Em seus diários, Dovjienko revelou que Bolchakov lhe informou que o roteiro não tinha agradado a Stálin. Poucos meses mais tarde, Khruschov, então responsável pelo Partido Comunista na Ucrânia, foi um dos signatários de resolução condenando o diretor por "graves erros políticos", excluindo-o dos comitês de que fazia parte, do jornal *Ukraína* e do cargo de diretor artístico do estúdio de Kiev. Dovjienko foi acusado de "nacionalismo estreito e medíocre", implicando que somente os ucranianos lutavam contra os alemães – e, por conseguinte, estimulando sentimentos patrióticos na Ucrânia.[8] A decisão de vetar *Ucrânia em chamas* veio logo depois da exibição em outubro de 1943, com boa recepção na imprensa, de *A batalha pela nossa Ucrânia Soviética* [*Bitva zá nachu soviétskuiu Ucraínu*], com roteiro e supervisão artística de Dovjienko – realizado com base em material de cinejornal, inclusive de origem alemã, capturado pelos soviéticos. Malgrado a frustração, o diretor assinaria em 1945 a direção do documentário *Vitória na margem direita da Ucrânia* [*Pobieda na pravobieriéjnoi Ukraíne*], em coautoria com Iúlia Solntseva e narração do próprio Dovjienko, também feito com imagens captadas por cinegrafistas de atualidades. *A batalha pela nossa Ucrânia soviética* foi exibido nos Estados Unidos em 1944, com o título que seria do documentário vetado, *Ukraine in Flames*. Um crítico do *New York Times* notou que, embora as cenas de batalhas tivessem uma "semelhança aflitiva" com as tomadas habituais dos cinejornais, "são os rostos dos civis, velhos e jovens, gravados com tristeza, desafio e coragem, que fazem de *Ucrânia em chamas* um documento vital".[9]

* * *

A temporada em Alma-Ata proporcionou relativa liberdade à realização de projetos que seriam inviáveis em Moscou ou Leningrado. O novo quadro da guerra começou, entretanto, a impactar: dois filmes produzidos em 1942 passaram pelo crivo do plano temático, foram finalizados, mas terminaram sendo banidos para exibição em virtude da linguagem ousada que utilizaram. O primeiro, *O jovem Fritz* [*Iúni Fritz*], assinado pela dupla Kózintsev e Tráuberg – embora tenha sido dirigido somente pelo primeiro – tem pouco mais de 25 minutos. Baseado na obra do escritor de temas infantis, Samuil Marshak, narra, em tom de sátira, a ascensão do jovem Fritz, de criança mimada a adolescente convertido ao fascismo, e finalmente soldado nazista. Tomadas frontais e um estilo *vaudeville* de representação ironizam as etapas do processo, com efeitos expressionistas – miniaturização de Fritz adulto para as sequências infantis – realçando o humor sarcástico do texto. Já Pudóvkin – que foi ator no filme de Kózintsev – adaptou juntamente com Iuri Tarich o texto de Bertold Brecht, *Medo e miséria no Terceiro Reich*, renomeado como *Os assassinos estão chegando* [*Ubítsy vykhodiat na dorógu*]. O resultado, fiel ao espírito do original, foi uma devassa dos fundamentos do totalitarismo de tal maneira que qualquer intenção de enaltecer a mobilização e a união nacional contra o invasor alemão ficou em segundo plano, decepcionando os que esperavam mais um libelo patriótico no estilo das biografias históricas realizadas pelo diretor. Tal como *O jovem Fritz*, foi interditado.

Serguei Eisenstein também se beneficiou da relativa distensão dos anos iniciais da guerra. Imerso em crise pessoal e criativa, conforme registrado em seus diários,[10] o mais reputado realizador da era soviética sentia-se incapaz de concluir um projeto original – os filmes que completou, a partir de *O encouraçado Potemkin*, foram todos encomendados. Não era um caso único entre os pares, dada a natureza do regime, mas espírito inquieto e sensível, sofria com recusas obscuras e repentinas. Em 1940 trabalhou na adaptação de uma peça de teatro sobre antissemitismo, que causou sensação quando encenada em 1913. No dia 11 de janeiro de 1941, Jdánov telefonou para dizer que o projeto não interessava mais. Poucos dias depois, o mesmo Jdánov propôs a realização de um filme sobre *Ivan, o*

---

8 N. Laurent, op. cit., p. 119-120.

9 Resenha do filme *Ukraine in Flames*, *The New York Times*, 3 abr 1944.

10 L. Kozlov, "The artist and the shadow of Ivan", in R. Taylor e D. Spring (orgs.), *Stalinism and Soviet Cinema*, Londres: Routledge, 2011, p. 109.

Terrível [*Ivan, Grózni*], assegurando ao realizador que seriam fornecidas condições de trabalho especialmente favoráveis. Não havia dúvidas de que, dentre os heróis da historiografia russa, o tsar Ivan era o mais próximo da imagem que Stálin tinha de si mesmo e que gostaria de projetar para seus contemporâneos. Na vertente de obras biográficas que impregnou o cinema soviético na segunda metade da década de 1930, receber o encargo de retratar o grande autocrata e unificador de todas as Rússias, cruel e determinado, mito e história – era mais que uma encomenda, era uma honraria especial. Eisenstein tinha uma forte lembrança infantil do tsar, a exemplo de boa parte da população. A oportunidade de dramatizar um personagem de contornos shakespearianos – entranhado de medos e anseios, crueldade e culpa, impulsos fratricidas e arrependimentos compulsivos – tomou-o de imediato. Aceitou a oferta, e lançou-se ao trabalho.

Sua primeira demanda foi escrever o roteiro sem parcerias impostas, como tinha sido com *Aleksandr Niévski*. A invasão alemã e a transferência para o Cazaquistão, além de suas atividades à época, ensino e direção artística do Mosfilm, pesaram sobre o andamento do trabalho. O nervo central, entretanto, era o dilema de harmonizar a contradição entre o artista e aquele que comissionou a obra – em última análise, como aplacar a consciência de fazer um filme que remetia, mesmo que indiretamente, a Stálin. Dividir em partes – a primeira como uma apologia para o herói, mostrando a crueldade justificada pelo fim maior da unificação; e a segunda, com a visão crítica do transbordamento da violência, puro excesso despótico – afigurou-se como uma solução pragmática (o projeto inicial seria em uma obra única, sem divisões). O desafio era visceral: amigos à sua volta sofriam e morriam sob os expurgos stalinistas. Nos diários, Eisenstein menciona que recebeu da filha adotiva de Meyerhold o pedido de cuidar dos arquivos pessoais do antigo mentor (Meyerhold foi fuzilado em fevereiro de 1940). O pedido foi feito em julho de 1941. O roteiro, em duas partes, foi aprovado em maio de 1942 – Bolchakov telegrafou para Alma-Ata confirmando que a "concepção histórica do *script* estava basicamente correta". Confiante, Eisenstein publicou naquele mês um artigo sobre sua concepção do herói. Segundo ele, no século XVI absolutismo e autocracia foram necessários e tinham conteúdo progressista, mas no século XX a afirmativa não valia mais. Para mostrar Ivan na plenitude de suas atividades é preciso batalhas e sangue: "Não se trata de isentar o tsar, mas de explicá-lo." Aludindo à guerra contra Hitler, menciona a luta contra o obscurantismo pela afirmação da "livre escolha democrática".[11] A ausência de reações contra o artigo, publicado em Moscou, reassegurou-o: Eisenstein deixou-se contagiar pela distensão interna na URSS durante a primeira fase da Guerra Patriótica, quando os alemães tinham a iniciativa (o breve período é referido pelos historiadores como *desestalinização espontânea*).

A vitória em Stalingrado iria alterar essa atmosfera. Em 22 de abril de 1943, começaram as filmagens de *Ivan, o Terrível*, em Alma-Ata. No outono, um enigmático e angustiado Eisenstein registra nova depressão em seus diários. Uma hipótese para essa reação inesperada seria o bilhete de Stálin a Bolchakov, datado de setembro de 1943, em que o líder, comentando o roteiro, asseverou: "O camarada Eisenstein estava à altura da tarefa."[12] Tanto o tsar quanto sua força especial, os *oprítchniki* – encarregados de eliminar e torturar inimigos internos – "não ficaram mal"[13] no roteiro. É provável que o diretor tenha tomado conhecimento desse aval em plena produção, em um filme em que a ambição estética atingiu um dos mais elevados níveis de realização cinematográfica. A necessidade de contornar o impasse que o afligia – como satisfazer não apenas o público exigente, mas o espectador mais rigoroso de toda a União Soviética, Stálin – levou-o a refazer trechos da segunda parte do filme durante as filmagens, assumindo riscos ao enfatizar o legado trágico de Ivan (ambas as partes foram filmadas ao mesmo tempo). A diferença de tratamento alarmou os amigos que assistiram o resultado, mas Eisenstein não se abalou. Em dezembro de 1944, de volta a Moscou, completou a primeira parte de *Ivan, o Terrível*. No último momento, a pedido dos burocratas da área de cinema, eliminou o prólogo sobre a infância do tsar: o filme começa com sua coroação. Na mesma sequência, cínicos embaixadores europeus preveem a incapacidade de Ivan de aglutinar poder e unificar a Rússia. Ouviram-se queixas durante a projeção para o comitê de assuntos cinematográficos: "O personagem não despertava simpatia espontânea."[14] Logo uma crítica positiva no *Pravda* e uma sessão no Krêmlin, no dia 25 de dezembro de 1944, sinalizaram a aprovação final da obra, lançada em janeiro de 1945.

No verão de 1945, logo depois do fim da guerra, Eisenstein escreveu elogioso artigo sobre *A mocidade de Lincoln*, dirigido por John Ford em 1939, enaltecendo também a figura histórica do Presidente norte-americano. Em janeiro de 1946, a primeira parte de *Ivan, o Terrível* foi agraciada com o prêmio Stálin, possivelmente por insistência do próprio Secretário-geral. Mikhail Romm registrou a estupefação dos pares quando assistiram à segunda parte do filme, finalizado

---

11 L. Kozlov, op. cit., p. 118.
12 Idem.
13 Idem.
14 L. Kozlov, op. cit., p. 124.

poucos dias depois do anúncio do prêmio: ninguém teve coragem de falar diretamente sobre as alusões explícitas não apenas a Stálin, mas também a Biéria e à polícia secreta: "Nós sentimos que ele sabia o que estava fazendo e tinha decidido ir até o fim."[15] A sessão no Krêmlin, em março, foi um desastre – Biéria disse que as cenas coloridas da dança dos *oprítchniki* lembravam um *shabat de feiticeiras*, enquanto Stálin viu rastros da *Ku Klux Khan* ("Isto não é um filme, é um pesadelo.")[16] Eisenstein soube da reação da alta cúpula com aparente tranquilidade, recuperando-se no hospital de um grave enfarto que sofrera em fevereiro, durante o banquete do Prêmio Stálin. Em setembro daquele ano o Comitê Central baniu o filme, citando a referência à *Ku Klux Khan* e atacando a "ignorância" do diretor, que descreveu Ivan – "personagem de força interior e caráter" – como Hamlet, "fraco e covarde".[17]

Recobrado, Eisenstein conseguiu ser recebido por Stálin, na companhia do principal ator, Nikolai Tcherkássov, em fevereiro de 1947. O objetivo era penitenciar-se dos erros e solicitar a possibilidade de corrigi-los em nova montagem. A insatisfação de Stálin com os argumentos do diretor só foi superada graças à habilidade de Tcherkássov, que circundou o constrangimento do encontro – ao final, foi dada a permissão para a remontagem (no dia seguinte Tcherkássov foi brindado com o título de *Artista do povo da* URSS). Eisenstein disse a amigos que ele e Stálin "não tinham gostado um do outro", e que não iria trabalhar novamente no filme. Faleceu em fevereiro de 1948. A segunda parte de *Ivan, o Terrível* só foi liberada cinco anos após a morte de Stálin.

No começo de 1944, Bolchakov começou a planejar o retorno dos estúdios às respectivas cidades de origem. A penúria de materiais e filme virgem foi agravada pelos custos de reconstrução, sobretudo em Leningrado e na Ucrânia. Tal estado não inibiu projetos de reformas institucionais, entre elas a criação de um Conselho Artístico no âmbito do Comitê Cinematográfico, que funcionaria como órgão auxiliar para controle de filmes e projetos. De um total de 29 membros, nove eram realizadores – entre outros Aleksándrov, Eisenstein, Pudóvkin, Romm, Tchiaureli, Guerassímov e Píriev. Habitual vítima de sanções, Chostakóvitch também foi convocado – sua Oitava Sinfonia, estreada em 1943 quando o Exército Vermelho já liderava as ações, fora taxada de sombria e antissoviética. Segundo Jay Leyda, o Conselho seria uma verdadeira "corte suprema do cinema".[18] com reduzido poder decisório, sua atuação resultou ambígua, com poucos vetos e frequentes desacordos entre os membros.[19] Eisenstein, por exemplo, raramente interveio, como o fez, com empenho, para defender um filme de Bárnet, *O velho cavaleiro* [*Stári naiézdniki*], finalizado em 1940 (e liberado somente em 1959). Alguns dos conselheiros mal compareciam às reuniões, como Chostakóvitch e Tchiaureli. Um dos mais assíduos, Píriev, insistia para que os faltosos fossem advertidos. No pós-guerra, o Conselho seria superado pelo endurecimento do regime e nova campanha ideológica.

A ofensiva soviética após a vitória em Stalingrado iria influenciar o tom triunfalista que o cinema soviético assumiu no pós-guerra, o qual prevaleceu até a morte de Stálin. Durante o conflito, o drama e o heroísmo da população tinham proeminência. *O arco-íris* [*Ráduga*], de Donskói, filmado em 1943 e lançado em 1944, foi bem recebido por público e crítica, e estava sintonizado com o clima de resistência que caracterizou os anos iniciais da guerra. Passado em um vilarejo ucraniano sob um inverno rigoroso e a ocupação alemã, o filme descreve métodos nazistas para quebrar a moral da população – entre outros, assassinato de criança recém-nascida na presença da mãe, ela egressa da resistência por conta da gravidez. Em outra cena, uma das famílias enterra o filho abatido a tiros no interior da própria casa, para enganar os invasores. Após a libertação, os alemães sobreviventes não são executados sumariamente – instala-se uma *corte do povo* para condená-los. Apenas a amante do comandante nazista é executada em sua cama, pelo marido que retornava com os libertadores. *O arco-íris* foi recomendado ao presidente Roosevelt pelo embaixador americano em Moscou logo em seguida à estreia. Em março, o mandatário telegrafou de volta afirmando que o filme era tão "bela e dramaticamente interpretado que requeria pouca tradução". Em carta ao diretor, Roosevelt disse também que os "soviéticos estavam lutando não apenas pelas mães e crianças russas, mas também pelas mães e crianças americanas".[20]

Em sua próxima produção, lançada em outubro de 1945, Donskói voltou ao ambiente de ocupação alemã, mas foi mais ousado: incluiu judeus dentre os oprimidos. Praticamente invisíveis nos filmes feitos durante a guerra na URSS, os judeus não só aparecem em *Os invencíveis*, como também são vítimas de assassinato em massa, nas ravinas de Babi Yar, perto de Kiev. Foi a primeira vez que imagens de um *holocausto a bala* perpetrado por nazistas foi visto no cinema soviético e mundial. No local, ocorreu em setembro de 1941 um massacre que

---

15   Ibid., p. 126.
16   Ibid., p. 127.
17   Idem.
18   J. Leyda, op. cit., p. 489.
19   N. Laurent, op. cit., p. 55.

20   O. Gershenson, *A Queen Honored, a King and a Jester Premiered*, 13 jul 2011. Disponível em <https://forward.com/culture/139740/a-queen-honored-a-king-and-a-jester-premiered/>. Acesso em jul 2019.

aniquilou cerca de 33 mil judeus: estima-se que, durante a ocupação, entre 100 e 150 mil pessoas – não apenas judeus, mas também ciganos, comunistas, prisioneiros de guerra e nacionalistas ucranianos – tenha perecido em Babi Yar. No filme, Donskói chegou a utilizar seu filho como extra durante o massacre. A história acompanha uma família soviética às voltas com a pressão dos alemães para reabertura de uma fábrica de munições. A perseguição aos judeus faz parte de uma trama secundária, mas é fundamental para assinalar a generosidade da família, que esconde e salva a neta de um médico judeu. Seguem-se as sequências do massacre, filmadas em um estilo quase documental – câmera na mão e cortes abruptos. Donskói, que falava ídiche, adotava uma linha dogmática em relação às políticas emanadas do Partido, que lhe valeram, a despeito do temperamento excêntrico, relativa estabilidade profissional. Dada a delicadeza do tema, coube a Stálin dar a aprovação final a *Os invencíveis*. No final da guerra, a União Soviética adotara política pró-sionista, com o objetivo de enfraquecer os ingleses no Oriente Médio e apoiar um Estado que poderia alinhar-se ao socialismo (foi o segundo país a reconhecer Israel, atrás dos EUA, em 1948). Tal política mudou drasticamente pouco tempo depois do reconhecimento de Israel.

Em janeiro de 1943, o Exército Vermelho conseguiu furar o bloqueio de Leningrado, assegurando um estreito e vital corredor de transporte de suprimentos à população – o cerco só foi integralmente levantado um ano depois. Ainda em 1943, Viktor Eisymont iniciou as filmagens de *Era uma vez uma menina* [*Jilá bylá diévotchka*], lançado em dezembro de 1944, com a cidade liberada e a guerra caminhando para o fim. Duas crianças, de 5 e 9 anos, de temperamentos opostos – a primeira mais infantil e lúdica, e a segunda mais séria e dramática – atravessam as penúrias do cerco, perda da mãe e bombardeios, terminando com a menor sendo ferida. Filme de crianças com patologia para adultos, *Era uma vez uma menina* estabeleceu um padrão para ficções sobre o cerco de Leningrado, contrapondo a ingenuidade das crianças com o horror do episódio, alternando pequenas alegrias com o sofrimento maior. Com lacunas, não obstante: a dureza do que efetivamente se passou, sobretudo em relação ao abastecimento, seria dificilmente representável em um produto cultural feito para entretenimento, ainda mais na proximidade temporal do fato. O impacto da fome foi de tal forma dramático que o recurso ao canibalismo se tornou uma opção, mesmo entre entes queridos da mesma família.

Na URSS, foram 25 filmes produzidos em 1944, e dezenove em 1945. No filme de Eisymont, o pai da menina reencontra a filha no hospital ao voltar dos combates. Em *Zóia*, lançado em novembro de 1944 e dirigido por Lev Arnshtam, a heroína é uma adolescente exemplar, militante do Komssomol: a narrativa acompanha meticulosamente seu crescimento, perda do pai e afeto da mãe, escola e atração pelo sexo oposto, tudo dentro de códigos restritos de moralidade. O projeto educativo soviético executado impecavelmente em sua formação. Nos últimos minutos, o mundo vira ao avesso: a guerra irrompe com violência, e Zóia torna-se uma guerrilheira destemida. A história real ocorreu em 1941, quando os alemães se aproximavam de Moscou. Zóia tinha apenas 18 anos, e atuava por detrás das linhas inimigas: foi presa, torturada e enforcada, recebendo postumamente o título de Heroína da União Soviética. A bravura das mulheres também podia ser anônima. *Pessoa nº 217* [*Tcheloviek nº 217*], dirigido por Romm em 1944 e nos cinemas no começo de 1945, é duro e áspero: uma jovem russa prisioneira é adotada como escrava por uma família alemã. À sua volta, outros prisioneiros também sofrem abusos. Ambos, *Zóia* e *Pessoa nº 217*, foram exibidos no Festival de Cannes, em setembro de 1946. Boris Bárnet lançou, em maio de 1945, sua versão sobre o martírio feminino durante a guerra: *Uma vez, à noite* [*Odnájdy nótchiu*], em que uma jovem é obrigada a trabalhar como empregada doméstica para oficiais nazistas. Dois pilotos soviéticos, abatidos, procuram refúgio e se escondem em ruínas próximas, orientados pela moça. Descoberta, ela mal teve tempo de avisar os compatriotas, sendo morta a tiros.

Nem tudo eram lágrimas e mortes: Píriev filmou, em 1944 *Às seis da tarde, depois da guerra* [*V chiest tchassov viétchera póslie voini*], comédia romântica em que dois oficiais de artilharia encontram uma jovem atraente em Moscou, no intervalo de batalhas. Um deles se apaixona por ela e combina o próximo encontro quando a guerra acabar, em uma ponte de Moscou às seis da tarde. As vidas se bifurcam naqueles tempos difíceis, mas a promessa é cumprida com pano de fundo de fogos de artifício: sucesso de público. *O céu de Moscou* [*Niebo Moskvy*], também de 1944, dirigida por Raizman, traz um jovem piloto que se destaca na defesa da capital, em 1941, ao mesmo tempo em que se envolve em romance com uma enfermeira.

A guerra, que aniquilou cerca de 27 milhões de pessoas na União Soviética, afastava-se do plano da realidade e começava a ingressar no mundo da ficção. O marechal Jukov, a exemplo de Kutúzov na luta contra Napoleão, foi o comandante das forças soviéticas e principal responsável pela expulsão do exército invasor. A estratégia de recuo para aguardar o inevitável desgaste do inimigo mais uma vez foi vitoriosa. Jukov é um dos protagonistas de *Berlim*, de 1945, também de Raizman, um dos últimos documentários realizados no calor do conflito, que mostra com detalhes a ofensiva final e a queda da capital alemã.

GUERRA FRIA E PARANOIA

O refluxo da guerra na União Soviética, no plano ideológico, começou em 1942: na Páscoa, os sinos dobraram em Moscou, depois de décadas silenciosos, desde o início da era comunista. O acerto com a Igreja, fundamental para reassegurar a coesão social em tempo de alto risco para o regime, acenava também aos cristãos do Congresso norte-americano, importante garantidor de ajuda militar e financeira. Na noite do dia 5 de setembro, Stálin recebeu o bispo metropolitano de Moscou. O prelado saiu do encontro com a devolução de propriedades eclesiásticas, subsídios e autorização para imprimir a Bíblia. Um dramaturgo especialmente contratado pela Igreja Ortodoxa, Nicolai Virtá, certificou que ambos, Antigo e Novo Testamento, não continham libelos antissoviéticos.[1]

O contato com as democracias ocidentais foi intenso durante o conflito global. Começando pela alta cúpula: as conferências de Teerã, em 1943, Yalta e Potsdam, em 1945, serviram de palco para Stálin consolidar o protagonismo na cena internacional. Nas duas primeiras, o entendimento pessoal do líder soviético com Roosevelt transcorreu com fluidez, ao contrário do que ocorreu com o Presidente Truman, em Potsdam. Além da circulação de correspondentes estrangeiros em territórios da URSS, no *front* a distensão entre os soldados ficou evidente no encontro dos dois exércitos, Vermelho e americano, no rio Elba, em abril de 1945. As tropas soviéticas também se excederam no contrabando da Alemanha, de automóveis a bijuteria, de gado bovino a câmeras de cinema, bens que ficaram conhecidos como *troféus de guerra* – o saque foi tolerado por Stálin, embora com a advertência

---

[1] D. Rayfield, *Stalin y los verdugos*, Madri: Tauros, 2003, p. 474-475.

de que teria maior facilidade em prender oficiais no futuro. O herói da campanha militar, marechal Jukov, organizou seu butim em sete vagões de trem: desprestigiado nos anos que se seguiram, teve sua residência investigada pela polícia em 1948, quando inúmeros itens, incluindo joias, tapetes e pinturas, foram descobertos. Arrependeu-se escrevendo memorando a Jdánov, jurando evitar novos erros e "servir de todo o coração à Mãe Pátria, ao Partido e ao Grande Camarada Stálin".[2]

Jukov é um dos principais inspiradores de *A grande ruptura* [*Vielíki perelom*], produção de Ermler lançada em janeiro de 1945. O general Muraviov, personagem de ficção construído a partir de características dos comandantes envolvidos na batalha de Stalingrado, aparece como o principal articulador estratégico da reação soviética que levou à vitória no princípio de 1943. A narrativa é quase claustrofóbica, encerrada em gabinetes ou salas de comando: pouquíssimas ações de combates, ao contrário do que se esperaria de um filme de guerra. Ermler afirmou "que não se tratava de um filme de batalhas, mas um filme psicológico".[3] Os estereótipos são evitados: oponentes alemães não se comportam como sádicos caricatos, nem como assassinos compulsivos, muito menos são subestimados em suas capacidades, outra raridade. O nome de Stálin não é mencionado, tampouco a palavra "Stalingrado". Das longas discussões entre os generais depreende-se o estrato mental que guiou a construção de alternativas e decisões. O filme foi premiado em 1946, no festival de Cannes.

Dentre os *troféus* trazidos da Alemanha e países do Leste europeu ocupados pelo Exército Vermelho, estão milhares de filmes, a maioria alemães e americanos, além de franceses e italianos. Submetidos à triagem pelos órgãos de censura, foram lançados, entre 1947 e 1952, 122 considerados de entretenimento, inofensivos ideologicamente: enquanto os alemães foram distribuídos abertamente nos cinemas, os americanos ocuparam o circuito mais restrito de clubes de operários e casas de cultura. Alguns foram reeditados e receberam textos introdutórios. Oficialmente, alegava-se que o combalido sistema de distribuição e exibição necessitava de películas para sobreviver. Inegavelmente, as condições no pós-guerra eram difíceis para estúdios e cinema. Os controles censórios dos projetos, porém, junto com vetos a filmes finalizados, inibiram roteiristas e realizadores, afetando a produção. Em 1945, foram somente dezenove filmes; em 1946, 23; em 1947, também 23. Começava a era da *baixa produção*.

A sedimentação do poder no novo cenário sugeria mais um enrijecimento político, agravado por uma disputa sucessória que despontava no horizonte. Uma das mudanças foi transformar os comissariados em ministérios, como no caso do cinema, que aglutinou todas as instituições do setor, do ensino à distribuição. Ao mesmo tempo, a direção do *agitprop* foi confiada a Jdánov, que durante a guerra esteve à frente do Partido em Leningrado. Uma nova campanha sobre "insuficiências e defeitos ideológicos" se anunciava: em abril de 1946, o novo diretor, que se posicionava como um dos candidatos à sucessão de Stálin, reiterou diretivas do líder supremo sobre correções a serem feitas na produção cultural, "pois era evidente que as insuficiências não desparecerão por si mesmas."[4] No cinema, o primeiro alvo: *Gente simples* [*Prostíe liudi*], de Tráuberg e Kózintsev, finalizado em 1945 e com lançamento previsto para o final daquele ano. Ambientada em torno da evacuação, durante a guerra, de uma fábrica de aviões em Leningrado para o Uzbequistão, a história acompanha a busca do gerente da unidade pela esposa desaparecida. A narrativa é clássica, melodramática e conforme ao realismo socialista. Chostakóvitch compôs a trilha.

O filme foi aprovado em todas as instâncias do Ministério do Cinema, inclusive pelo Conselho Artístico. Alguns "defeitos" foram identificados: um telegrama enviado ao gerente, já no Uzbequistão, solicita a retomada da produção em dois meses. O problema era quem assinava o telegrama – Stálin. Dúvidas começaram a ser levantadas no *agitprop* sobre a conveniência da assinatura. As críticas evoluíram para o "entusiasmo desordenado" dos operários na reconstrução da fábrica, tido como depreciativo da capacidade técnica soviética, e do pânico diante do avanço alemão que motivou a transferência. Logo o telegrama é esquecido e o filme torna-se símbolo dos erros do cinema soviético, escolhido – aparentemente por Jdánov – para ser retirado da exibição, em abril de 1946. A dupla Tráuberg e Kózintsev terminou se separando depois do episódio, seguindo caminhos individuais. O filme foi liberado em 1956, mas desautorizado por Kózintsev, que não participou da remontagem.

* * *

O verão de 1946 afigurava-se como período de maturação da nova campanha ideológica. Além de *Gente simples*, o filme de Eisenstein, *Ivan, o Terrível*, fora interditado pelo Comitê Central: outra produção visada foi *Almirante Nakhimov* [*Admiral Nakhimov*], biografia realizada em 1945, por Pudóvkin. Nesta ocasião,

---

2 G. Roberts, *Stalin's General: The Life of Georgy Zhukov*, Nova York: Random House, 2012, p. 249.

3 J. Leyda, op. cit., p. 498.

4 N. Laurent, op. cit., p. 147.

o herói destacou-se na Guerra da Crimeia, em meados do século XIX, sobretudo na defesa de Sebastopol. O filme acabou condenado por deturpação ao "enfatizar bailes e danças, e não o personagem histórico".[5] A resolução previu a remissão da pena, talvez pelo custo da produção, o dobro da média: refilmado parcialmente e remontado, foi exibido em 1947.

Em 9 de agosto de 1946, Stálin presidiu reunião no Comitê Central para ratificar a nova política cultural, dividida em duas partes, literatura e cinema. No banco dos réus, uma surpresa: o diretor Leonid Lúkov, responsável por *Uma grande vida* [*Bolcháia jízn*], concluído no começo do verão daquele ano e objeto de elogios públicos, entre eles o de Bolchakov. Nenhum sinal na imprensa ou nos registros das discussões nas diversas esferas do Estado indicava um quadro negativo. Tratava-se da segunda parte da produção homônima de 1939, uma das vencedoras do prêmio Stálin de 1941, que narrava conflitos de mineiros com sabotadores na bacia do rio Don. Na sequência de 1946, os mineiros – os mesmos heróis da primeira parte – retornavam à região para reconstruir a mina. Em algum momento, cristalizou-se a opinião de que as

> *posições mais importantes (no esforço de reconstrução) eram ocupadas por trabalhadores quase analfabetos e atrasados: o diretor e o roteirista fracassaram ao não captar que em nosso país as pessoas modernas e cultas, e não as vulgares e retrógadas, são as valorizadas e promovidas. A reconstrução da mina é mostrada como se a iniciativa dos operários não tivesse apoio, mas sim oposição das organizações do Estado.*[6]

Um mês depois, em setembro, o Comitê Central aprova resolução interditando os quatro filmes – *Ivan, o Terrível*, *Gente simples*, *Uma grande vida* e *Almirante Nakhimov*, este último com a possibilidade de revisão. *Uma grande vida* veio a ser liberado em 1958.

Poucos meses antes, no dia 29 de julho de 1946, estreava nos cinemas *O juramento* [*Kliátva*], de Tchiaureli – o mito Stálin na narrativa cinematográfica do pós-guerra. Como operar a transcendência de um líder vivo para o plano do mito? A essa indagação, Tchiaureli, em parceria com o escritor Pavlenko (de *Aleksandr Niévski*), recorreu à construção de um personagem que parece habitar um tempo não histórico, capaz, por essa razão, de atributos e percepções sobre os acontecimentos caóticos da vida. O filme começa com um bolchevique assassinado por *kulaks*: a viúva vai a Moscou entregar carta-denúncia que o marido escreveu para Lênin, quando se depara com a morte do líder e o juramento de Stálin pelo prosseguimento da causa comunista. Um de seus filhos projeta tratores, uma das molas mestras do plano quinquenal da URSS. Caminhando pela Praça Vermelha, Stálin encontra por acaso um dos primeiros tratores soviéticos fazendo testes: de relance, detecta falhas no motor – velas que não produzem faíscas. Reparado o veículo, aproveita ele mesmo para dar voltas na praça. Aproxima-se a guerra e outro filho da viúva é enviado por Stálin a Paris para alertar a Europa do perigo nazista. O alerta não é ouvido, a guerra explode e os alemães invadem a União Soviética. Onisciente, o pai da nação elabora a estratégia defensiva meditando em seu gabinete, enquanto do lado de fora o conflito, caótico e impiedoso, é retratado em frenéticas cenas de cinejornal. O ator que encarnou essa ontologia mítica foi Mikheil Gelovani: pouco mais de 20 milhões de pessoas assistiram ao filme.

André Bazin escreveu um ensaio sobre *O juramento*, publicado em 1950. Para tornar-se um mito vivo, Stálin deve ser infalível e incapaz de traições: as contradições da subjetividade, que atingem a todos os mortais, lhe são desconhecidas. Para ele, o sentido da vida é cristalinamente claro, sem hesitações ou desvios. Visitando o mausoléu de Lênin, sempre solitário, ouve a voz do morto, o guia transcendental. Para Bazin, enquanto a apologia de Stálin permanecia retórica ou iconográfica, o impacto era reversível: as dificuldades começam com a utilização do cinema, que pela sua natureza é mais persuasivo ao superpor imagens na realidade. A ironia veio com as revelações de Khruschov, em 1956, sobre as atrocidades da era stalinista e o substrato do mito. Stálin, depois de 1928, praticamente não viajou mais ao interior de seu país, conhecendo o campo e a agricultura através do cinema: conhecia a versão fantasiosa, portanto. Bazin concluiu, em adendo de 1958: não seria exagero afirmar que Stálin convenceu-se de seu gênio assistindo a filmes sobre Stálin.[7]

* * *

Os fascistas foram derrotados, mas os desafios que se apresentavam à gestão do poder soviético eram gigantescos. O mundo caminhava para a divisão bipolar e a União Soviética seria um dos polos: no outro, Estados Unidos e Otan.

---

5 Ibid., p. 157-158.
6 J. Leyda, op. cit., p. 496.
7 A. Bazin, "The Stalin Myth in Soviet Cinema", in B. Nichols (org.), *Movies and Methods: vol. 1*, Berkley: University of California Press, 1976, p. 29-40.

A Revolução Chinesa e a instabilidade da península coreana exigiam atenção permanente. A descolonização que afetava os antigos domínios coloniais da França e Reino Unido criava um vazio político crescente: na Europa do Leste se tratava da garantir a influência obtida na campanha militar. A corrida armamentista, começando pela nuclear, demandava recursos. E a economia, agrária e industrial, aguardava uma urgente reconstrução.

Terra liberada [*Osvobojdiónaia ziemliá*], de Aleksandr Medviédkin, exibido em julho de 1946, se passa em uma fazenda coletiva na região de Kuban, após a derrota dos alemães na primavera de 1945. Nas terras em torno do rio Kuban que deságua no Mar Negro, a coletivização forçada do início dos anos de 1930 provocou escassez de alimentos e mortes estimadas em torno de dois milhões de pessoas. No filme de Medviédkin, a reconstrução da fazenda é feita por mulheres, que restauram casas, colecionam ferramentas, cortam, limpam, trabalham e elegem uma liderança feminina. A população masculina restringe-se a um idoso e crianças. A fazenda vizinha planeja absorver o contingente para reforçar sua produção, mas as mulheres resistem. No outono, as camponesas colhem a primeira safra na terra libertada e, na primavera, encontram soldados da linha de frente voltando para casa depois da vitória.

A Guerra Fria iria em pouco tempo contaminar os argumentos cinematográficos dos filmes de espionagem. Uma das últimas produções fora desse escopo foi *A façanha do agente secreto* [*Pódvih razvietchka*], realizada em 1947 por Boris Bárnet. Na Ucrânia ocupada, um espião soviético consegue capturar um general nazista e levá-lo para Moscou. A ação começa com o agente se associando a um empresário alemão interessado em trabalho escravo de cidadãos locais. Um ucraniano traidor infiltra-se na rede do espião e cria dificuldades para o sucesso do plano. Com *A façanha do agente secreto*, Bárnet obtém o único prêmio Stálin de sua carreira – o filme tornou-se referência para futuros roteiros de espionagem na Segunda Guerra. Já para *Nas montanhas da Iugoslávia* [*V goráhk Iugoslávi*], dirigido por Abram Room, lançado nos cinemas em outubro de 1946 com grande receptividade do público, e fotografado por Eduard Tissé, as consequências das tensões internacionais foram imediatas. A história se passa durante a luta da resistência contra os alemães, em clara referência a Tito e seu exército de *partisans*. A ruptura entre Stálin e Tito, formalizada em 1948, mas em curso desde o final da guerra, agravou-se com o apoio dado a partir de 1946 pela Iugoslávia aos comunistas gregos, durante a guerra civil na Grécia – Stálin e Churchill haviam acertado não interferir no conflito. Em 1947, o filme foi retirado de cartaz.

* * *

No outono de 1947 houve uma mudança decisiva e acentuada na propaganda soviética, que marcou o início da Guerra Fria. Se, em maio, Stálin havia se manifestado respeitosamente sobre as escolhas do povo norte-americano, em setembro o imperialismo americano (e britânico) foi declarado *inimigo número 1*. Na segunda metade de 1947, a quantidade de matérias na imprensa sobre a atitude conciliatória do Ocidente em relação aos criminosos fascistas aumentou quatro vezes. Na ONU, Andrei Vychínski, o promotor público dos expurgos de 1936-38, agora como ministro dos Negócios Estrangeiros, declarou-se contra a proibição de armas atômicas e afirmou que os planos de Truman-Marshall de reconstrução da Europa do Leste eram incompatíveis com os princípios da organização. "Os preparativos para a nova guerra", disse em 18 de setembro de 1947,

> *já são visíveis na propaganda, no processamento mental e no nervosismo. Numerosos fatos indicam que em alguns Estados – em particular, os Estados Unidos – a psicose militar é alimentada pela implementação de medidas práticas de natureza militar e estratégica.*[8]

Percebida como um conflito simétrico entre as duas potências – como na corrida nuclear, disputa tecnológica, e projeção de poder – a Guerra Fria no plano cinematográfico seria um caso de assimetria, pelo volume de produção desproporcionalmente maior do lado dos EUA, mas também pela construção da alteridade, do *outro* inimigo nas narrativas. Enquanto o cinema americano impregnou a Guerra Fria em diversos gêneros, da ficção científica ao policial, despolitizando a vida na URSS e fixando-se na *demonização* dos comunistas (com eventuais caricaturas), o cinema soviético, quando lidava diretamente com o tema, relativizou a dimensão militar e reteve a ênfase na polêmica ideológica. Recém-saídos de um conflito de escala inédita em seu território, aos realizadores da URSS parecia mais efetivo descrever as fraturas sociais da América do que dramatizar um hipotético imaginário bélico: em se tratando de Guerra Fria, "o espectador soviético é raramente convidado a admirar (no cinema) as conquistas tecnológico-militares

---

[8] A. Vyshinsky, "For the Peace and Friendship of Nations, Against the Instigators of a New War". Discurso na Assembleia Geral das Organizações das Nações Unidas (ONU), Nova York, 18 set 1947, p. 21.

de seu país".⁹ Tal perfil vigorou sobretudo na primeira fase da Guerra Fria, até a morte de Stálin.

A questão russa [Rússki vopros], dirigido em 1947 por Mikhail Romm e lançado em março de 1948, é ilustrativo dessa percepção. Cenários, atores, figurinos, enquadramentos, ritmo – todos os dispositivos reproduzem os parâmetros da narrativa clássica hollywoodiana, como se fosse um jogo de espelhos entre as duas cinematografias. A ação se passa em Nova York após a guerra: um jornalista é enviado à União Soviética para escrever matéria alarmista sobre os desígnios bélicos e expansionistas do inimigo. Praticamente não há imagens da viagem, mas a referência moral e ideológica das premissas soviéticas conquista o talentoso repórter, que se vê às voltas com um dilema de consciência sobre o teor do texto que vai escrever. Os patrões insistem no viés negativo: o principal deles, apesar do papel antipático que se espera de um magnata da mídia conservadora, é caracterizado como fruto das contradições políticas americanas do período, que o empurraram para a extrema-direita. A questão russa inscreve-se no rol de filmes da Guerra Fria com um duplo objetivo em relação ao espectador soviético: propaganda do regime e esforço de conhecimento do *outro* norte-americano, de seus valores e ideologias.

Romm foi um diretor convicto dos ideais do comunismo, com uma visão que percebia o indivíduo como determinado por fatores sociais.[10] De origem judaica, soube adaptar-se aos ciclos doutrinários do poder soviético, do culto a Lênin ao imperialismo stalinista, e em seguida à liberalização dos anos Khruchov, a Primavera (entre os ingleses conhecida como *Thaw*). Deu aulas no VGIK desde 1938, gozando de estima e admiração dos alunos, como Tarkóvski e Larissa Chepitko. No Conselho Artístico adjunto ao *agitprop*, destacou-se por defender posições que contrariavam tendências oficiais. Em 1950 realizou Missão secreta [Siekriétnaia Míssia], que se passa em 1945, seu filme mais engajado na propaganda oficial (e mais afeto a teorias conspiratórias): negociações secretas entre americanos e nazistas sendo desbaratadas por uma espiã soviética.

Internamente, a Guerra Fria potencializou na União Soviética ações que resgataram antigas fissuras, atualizando-as para os conflitos contemporâneos. Foi o caso do *cosmopolitismo sem raízes*, campanha contra artistas e cientistas acusados de falta de patriotismo, em sua maioria judeus. Artigos na imprensa veicularam suspeitas de submissão à *burguesia internacional* de diversas personalidades do mundo científico, em um momento em que a corrida nuclear era uma prioridade nacional – um dos alvos era Piotr Kapitsa, que havia residido na Inglaterra antes da guerra e fora designado como assessor do projeto da bomba atômica (desentendimentos com Biéria fizeram com que fosse afastado dessa função em meados de 1946). No teatro ocorreram perseguições e mortes: o mais emblemático foi o assassinato em janeiro de 1948 do ator e Presidente do Comitê Judaico Antifascista, Solomon Mikhoels, que passara a guerra viajando pelo mundo defendendo a causa soviética contra os invasores. Por ordens de Stálin, Solomon foi morto e seu corpo jogado na rua para simular atropelamento.

Um ano depois, em fevereiro de 1949, foi lançado nos cinemas *Tribunal de honra* [*Sud tchiesti*], dirigido por Abram Room, precedido de exortação ideológica na imprensa: o filme se opunha a manifestações de "servilismo" à ciência burguesa, ao mesmo tempo que se pautava pela educação de um "elevado sentido de dever público", pela devoção aos interesses da URSS e pela dignidade nacional do povo soviético. O roteiro, que teve trechos publicados no *Pravda* antes da estreia, foi baseado em peça teatral sobre dois bioquímicos acusados de compartilhar informações, em viagem aos Estados Unidos, sobre nova droga capaz de combater dores no tratamento do câncer. O próprio Comitê Central recomendou a produção: a história era inspirada em fatos reais. Um casal de cientistas havia descoberto a droga, e um membro da Academia de Ciências inadvertidamente defendeu a revelação do segredo em nome do ideal universal da ciência. Em uma resenha publicada antes do lançamento, *Tribunal de honra* foi anunciado como "um severo lembrete para aqueles que ousam humilhar a honra e a dignidade de nossa pátria".[11] No filme, assistido por mais de 15 milhões de espectadores, os interlocutores científicos americanos eram empresários inescrupulosos e agentes da inteligência. Após o *Tribunal de honra*, os cientistas soviéticos deveriam fazer a autocrítica e reconhecer seus erros. Com o tempo a droga revelou-se ineficaz.

No cinema, mesmo não levando a condenações e execuções, a campanha do *cosmopolitismo sem raízes* deixou sequelas. No mês em que foi lançado *Tribunal de honra*, realizou-se uma longa reunião no Ministério do Cinema, quando profissionais de origem judaica submeteram-se a críticas do Ministro e colegas. Entre os acusados estavam Leonid Tráuberg e Serguei Iutkiévitch, esse último ex-assistente de Room: na relação dos acusadores, destacaram-se pela cólera exibida

---

9   A. Shcherbenok, "Asymmetric Warfare: The Vision of the Enemy in American and Soviet ColdWar Cinemas", *Kinokultura*, nº 28, mar 2010.
10   P. Rollberg, *Historical Dictionary of Russian and Soviet Cinema*, Lanham, Maryland: Rowman & Littlefield, 2008, p. 581.

11   *Evening Moscow, 24 jan 1949*. Ver "Memorando do Comitê Central do *agitprop* a M. A. Soslov" sobre as debilidades do roteiro de A. P. Stein para *Tribunal de honra*. Disponível em <www.alexanderyakovlev.org/fond/issues-doc/69378>. Acesso em jul 2019.

Aleksándrov e Pudóvkin.[12] Segundo Iutkiévitch, poucos dias após o episódio, Pudóvkin procurou-o para desculpar-se, afirmando que fora constrangido a fazer as acusações. O grupo de judeus foi excluído dos estúdios em que trabalhavam e tiveram suas publicações interditadas.

* * *

Aleksandr Dovjienko escreveu durante a guerra uma peça teatral sobre Ivan Mitchúrin,, um homem simples que vivia na província e fazia experimentos com frutas e vegetais, um dos pioneiros no uso da genética na agronomia. Hostilizado durante a era dos tsares, mas apreciado depois da revolução bolchevique, Mitchúrin recebeu a Ordem de Lênin e uma cidade foi nomeada em sua honra, pouco antes de sua morte, em 1935. Era o personagem ideal para a veia lírica de Dovjienko: quando começou a escrever o roteiro, a ideia de filmar a cores, pela primeira vez em sua carreira, veio-lhe naturalmente. Foi surpreendido, entretanto, pelas sucessivas recusas do material escrito – foram pelo menos seis versões do roteiro apresentadas às autoridades – em razão das disputas empreendidas junto à comunidade científica pelo agrônomo ucraniano (e favorito de Stálin), Trofim Lysenko, que tinha uma visão particular do legado de Mitchúrin.

Lysenko considerava os princípios relacionados à transmissão hereditária estabelecidos pela genética de Mendel como reacionários. Para ele, comportamentos apreendidos eram geneticamente transmissíveis, de acordo com Marx, Engels e Mitchúrin. O corolário era que, uma vez estabelecida a geração educada na era bolchevique, a autoperpetuação seria inevitável. Habilidoso e sem escrúpulos nas manobras burocráticas, Lysenko logrou aproximar-se de Stálin e ser designado, entre outros cargos, como conselheiro especial na formulação do *Grande Plano para a Transformação da Natureza*, ratificado por decreto em 1948. Malgrado as dificuldades pelo envolvimento inesperado em uma altercação ideológica sensível naquele momento, Dovjienko conseguiu finalizar o filme, ainda em 1948: Stálin, entretanto, não aprovou o produto final, provavelmente influenciado por Lysenko. O diretor teve um colapso nervoso e internou-se em um sanatório.

Lysenko utilizou Mitchúrin e sua *biologia material* para perseguir e isolar inimigos na arena político-institucional da agricultura na URSS. O filme foi reeditado, à revelia de Dovjienko, e lançado no dia 1º de janeiro de 1949: no mesmo dia Lysenko declarou que seus métodos eram "a única linha correta das ciências biológicas", e trariam "colheitas sem limites".[13] *Mitchúrin*, a produção de

Dovjienko, transformou-se em uma plataforma de defesa de suas ideias polêmicas. As repercussões do *lysenkeismo* extrapolaram a escala nacional e tornaram-se uma das principais controvérsias de fundo científico durante a Guerra Fria. Com a ascensão de Khruschov, Lysenko foi removido de suas funções de protagonista sobre assuntos agrícolas. Na versão final, a música de Chostakóvitch, acoplada às imagens pastorais ao feitio de Dovjienko, ficaram como vestígios do projeto inicial. O diretor ainda realizaria um último projeto, *Adeus, América!* [*Proschai, Amérika!*], iniciado em 1949 e interrompido em 1951 por ordens do Krêmlin – funcionária da embaixada dos EUA em Moscou decepciona-se com a espionagem e a militância antissoviética de seus colegas de trabalho. O filme foi restaurado e finalizado em 1995.

* * *

Realizado por Píriev, *A balada da Sibéria* [*Skazánie o ziemlie Sibírskoi*], nas salas a partir de fevereiro de 1948, retomou a trilha dos musicais cara ao realizador, atualizando a captação da paisagem idílica e idealizada do *realismo socialista* para o registro a cores. Foi a segunda película na União Soviética inteiramente filmada com a nova tecnologia, com público de 34 milhões de espectadores e exportação para 87 países – e especial sucesso no Japão. Um promissor pianista é ferido na mão durante a Guerra Patriótica, vai para a Sibéria trabalhar como desenhista de um canteiro de obras: à noite, em um salão de chá, executa e canta antigas canções russas. A imprensa da época não poupou referências à *natureza majestosa* da região, assim como ao *trabalho árduo* das pessoas que ajudaram o músico. O destino leva o pianista ao Ártico onde compõe um oratório de significação universal. Filmado todo ele praticamente em Moscou, no estúdio da Mosfilm, é um dos melhores exemplos do que era o padrão de boa técnica fotográfica durante a era Stálin: espaço real substituído pelo espaço da realidade utópica; maestria em agregar profundidade à tela plana, pintada com a máxima nitidez; capacidade de combinar iluminação artificial com planos exteriores; e recursos cênicos improvisados, objetos reais e construídos, amenizando suas diferenças com a técnica cinematográfica. Entre os anos de 1930 até meados de

---

12   N. Laurent, op. cit., p. 246.
13   J. Riley, *Dmitri Shostakovich: A Life in Film*, Londres: Tauris, 2004, p. 65.

1950 – morte de Stálin – os mais variados cenários, do Ártico ao Volga, do Palácio de Inverno às paisagens desérticas, foram materializados nos estúdios.

Depois de assistir *Kutúzov* em 1944, Stálin manifestou sua apreciação pelo ator que encarnou o marechal Aleksei Dikiy, de origem judaica e egresso do Teatro de Arte de Moscou. Kutúzov administrou o recuo das forças do tsar para o Leste diante do exército de Napoleão e venceu a guerra, método que funcionou um século e meio depois, na invasão nazista – a imensidão do território russo utilizada como reserva estratégica. Dikiy, de aparência aristocrática e dicção russa impecável, representou Stálin em *O terceiro golpe* [*Triéti udar*], produção de 1948 dirigido por Ígor Sávtchenko: o fato de o ator ter passado quatro anos preso no Gulag na Sibéria não importava, pelo contrário, dava autenticidade ao personagem, disse o líder a Dikiy antes das filmagens. Embora não listado nos créditos, Serguei Parajánov atuou como assistente de direção. O filme narra a expulsão dos alemães da península da Crimeia em maio de 1944, mesclando imagens de bombas e destruição extraídas de cinejornais, porções de tragédias particulares encenadas com rigor estético e meditações solitárias do Comandante supremo: angústia e ansiedade controladas, sutilmente exteriorizadas. Stálin elegeu Dikiy como seu *alter ego* preferido – a ausência do acento georgiano seria o motivo, já que o rival Guelováni, também natural da Geórgia, imitava o sotaque de Stálin à perfeição, o que incomodava o líder. Mas a fina camada de humanidade agregada por Dikiy deixou uma marca diferenciada no personagem habitualmente monolítico – e talvez tenha influenciado, voluntariamente ou não, a escolha. No último plano, Stálin passa a mão na testa, ligeiramente extenuado.

Durante a guerra Serguei Guerassímov foi o responsável pela cobertura das Conferências de Yalta e Potsdam, sendo nomeado Chefe da Central de Cinejornais e Documentários de Moscou a partir de 1944, tarefa que acumulou com aulas de direção no VGIK (que passou a se chamar Instituto de Cinematografia Guerassímov em 1986, depois de sua morte). Estudantes que posteriormente alcançaram prestígio internacional, como Kira Muratova, prestaram homenagens ao professor-realizador. Em 1946, Guerassímov utilizou seus alunos nos principais papéis para a adaptação de um livro recém-lançado – *A jovem guarda*, título também do filme – sobre a resistência heroica de um grupo da Komssomol durante a ocupação alemã, em 1942, na Ucrânia oriental. A película foi rodada na região onde ocorreram os acontecimentos, precedido de visitas dos atores: as ações incluíam sabotagens, distribuição de folhetos e hasteamento da bandeira da União Soviética no dia de Revolução, terminando com execuções dos líderes. O *casting* e as proximidades física e cronológica do evento influenciaram o resultado, de intensidade dramática um pouco exagerada para os padrões técnicos do diretor. Ao exibir a primeira versão às autoridades em 1947, Guerassímov foi acusado de "desfigurar a retirada soviética durante a ofensiva alemã", tratando-a como uma debandada sem comando. Outro problema foi não enfatizar a liderança do Partido na subsequente organização da resistência estudantil, apresentada como *espontânea*. A inexistência de um traidor, necessário para a lógica causal da história, também foi apontada. O texto literário foi igualmente criticado: ambos, livro e filme, tiveram que assimilar as ressalvas. Reeditado, *A jovem guarda* [*Moladáia gvardiá*] estreou em 1948 alcançando a maior bilheteria do ano, mais de 48 milhões de entradas vendidas. Chostakóvitch escreveu a trilha musical. Ganhou o Prêmio Stálin em 1949.

Dmítri Chostakóvitch foi um dos alvos do decreto contra o *formalismo* e o *hermetismo* dos compositores promulgado em fevereiro de 1948 por Jdánov – que morreria logo depois, em agosto, por alcoolismo. Forçado a retratar-se publicamente, Chostakóvitch perdeu privilégios e rendimentos, correndo perigo de prisão. Socorreu-o a indústria cinematográfica, sua principal fonte de subsistência até a morte de Stálin. Com *A queda de Berlim* [*Pabediénie Bierlina*], dirigido por Tchiaureli em 1948, sedimentou uma confiança com o regime que salvou sua vida, segundo Vano Muradeli, outro compositor acusado de formalismo. Chostakóvitch compôs uma trilha bombástica, utilizando trechos posteriormente em sua Décima Sinfonia, escrita logo após a morte de Stálin – seu testemunho da era stalinista. Dividido em duas partes, *A queda de Berlim* enquadra-se na categoria de *documentário artístico*, conforme a crítica apologética da época, feito para celebrar os setenta anos do líder. A narrativa flui em dois planos: um casal que se encontra antes da guerra (um operário *stakhanovita* e uma devotada professora) e a evolução da guerra, culminando com a vitória soviética em 1945. Stálin, desta vez vivido pelo conterrâneo Guelováni, ensina a arte da sedução ao confuso proletário: "Recite poesia para ela", afirma. No momento em que o casal se encontra a sós em uma pradaria, os nazistas invadem a União Soviética e as bombas começam a cair.

O filme foi rodado com negativo Agfacolor, *troféu* obtido na UFA alemã no final da guerra. A produção contou com recursos excepcionais para reconstrução dos combates: além de Stálin, Hitler e seus generais, Roosevelt e Churchill também são personagens, representados no limite da caricatura, sem perder de vista a aparência de verossimilhança histórica. O estrategista supremo é cercado das circunstâncias que reforçam seu papel mítico de condutor da História. Em raro momento de transigência, Stálin pede conselhos ao *stakhanovita* na presença de

Biéria: depois de sua morte, em 1953, o filme foi retirado da distribuição. Mesmo assim, a sequência foi eliminada nas cópias disponíveis e no negativo, já que Biéria caiu em desgraça em poucos meses (durante décadas a cena era dada como fantasiosa, até que foi encontrada cópia do original na Alemanha). O casal, por sua vez, é separado pelas contingências da guerra, ela é presa como trabalhadora escrava e ele como soldado, testemunha das grandes batalhas. Na Berlim caótica, Hitler ordena a inundação do metrô, aniquilando milhares de pessoas, e se casa com Eva Braun. O duplo suicídio nazista que se segue é a senha para o reencontro da parelha soviética, sob o olhar aprovador de Stálin, que voa a Berlim para a consagração final. Exibido a partir de janeiro de 1949, a película atraiu mais de 38 milhões de espectadores.

* * *

Os números elevados de espectadores de alguns filmes nesse período devem-se à baixa quantidade da produção – em 1948, dezessete filmes, e em 1949, dezoito. Em 1948 foram lançados 21 filmes soviéticos na URSS, e em 1949, doze. Assistir ao culto cinematográfico de Stálin era mais do que uma obrigação ideológica de adesão ao regime, era participar da construção narrativa do mito, em seu momento mesmo de gestação – e era também uma das poucas opções de entretenimento.

A despeito da força da propaganda, sobrava espaço para alternativas inesperadas: um dos *troféus* da guerra, *A mulher dos meus sonhos*, comédia musical alemã de 1944, estrelado por Marika Rokk, rendeu cerca de 100 mil rublos em 1947, quase cinco vezes mais o que rendeu o *thriller* de Boris Bárnet no mesmo ano, *A façanha do agente secreto*.[14] Uma estrela de teatro de revista tenta escapar de sua exaustiva rotina tomando um trem para as montanhas, vestida apenas com seu casaco de peles: dois engenheiros a resgatam. Máia Turóvskaia salienta pelo menos duas características desse *filme-troféu* invisíveis nas produções soviéticas: erotização feminina e alusão ao bem-estar da vida europeia. Independentemente da contradição – uma produção nazista exibida comercialmente na União Soviética em plena Guerra Fria – a atratividade desses filmes ilustra um fenômeno de *normalização da demanda* por parte da audiência. Nos anos de 1948 e 1949, os lançamentos de *filmes-troféu* superaram as produções locais: foram 37 no primeiro ano e 39 no segundo.[15] Os limites do cinema codificado do realismo socialista se faziam anunciar.

Aleksei Dikiy voltaria a representar Stálin em *A batalha de Stalingrado* [*Stalingrádskaia bitva*], nova etapa da fatura mítica stalinista no cinema, dirigido por

Vladímir Petrov. Exibido em duas partes em 1949, a primeira em maio e a segunda em novembro, *A batalha de Stalingrado* utilizou igualmente personagens históricos para conferir legitimidade à visão estratégica do líder. O roteiro, de Nicolai Virtá, elevou Stálin a uma esfera sobre-humana: suas orientações são transmitidas de forma mediúnica, a execução militar propriamente dita torna-se um evento secundário. Produções que não se comunicassem de alguma forma com a entidade mítica Stálin corriam perigo. *A estrela*, dirigido por Aleksandr Ivánov em 1949, narra ação de batedores por detrás das linhas inimigas durante a Guerra Patriótica. A tensão acumulada, mostrada com realismo, termina com a morte do grupo, enaltecendo a coragem e espírito de sacrifício dos soldados. Depois de ser elogiado em todas as esferas burocráticas onde foi exibido, foi interditado por Stálin, que asseverou: "O filme é ótimo, mas o final deve ser refilmado, heróis não podem morrer." Stálin não gostou que seu personagem preferido, Sargento Mamochkin, exclamasse antes de morrer: "É assim mesmo", e evitasse o habitual "por Stálin". *A estrela* [*Zviezdá*] só foi exibido em 1953.

A utilização da virtualidade cinematográfica para a fabricação de evidências factuais – ou seja, o materialismo histórico virado ao avesso – atingiria o ápice com *O inesquecível ano de 1919*, realizado por Tchiaureli, com Mikheil Guelováni mais uma vez no papel de Stálin. Finalizado em 1951, com orçamento de quase 11 milhões de rublos, o maior da indústria soviética até então, recria ataque a Petrogrado pelos Brancos durante a Guerra Civil com apoio da frota inglesa, sob os auspícios de Churchill, então Secretário de Estado para a Guerra. No momento em que a derrota parecia iminente, Stálin consegue reverter a situação, reagrupando as forças bolcheviques e expulsando os inimigos. Apresentada como *documentário artístico*, a trama é, no entanto, ficcional: nos anos pós-Revolução, Stálin desempenhou papel coadjuvante na condução dos assuntos militares, sobretudo em relação ao rival Trótski, Comandante do Exército Vermelho. Foram mais de 31 milhões de espectadores: *O inesquecível ano de 1919* atingiu, pelo ângulo histórico, o ponto de saturação do mito.

Em 29 de agosto de 1949, nas estepes do Cazaquistão, cientistas conduzem com sucesso a explosão da primeira bomba atômica da União Soviética. O teste consolidou equilíbrio estratégico entre as duas potências, EUA e URSS, únicas detentoras

---

14   M. Turóvskaia, op. cit., p. 51.
15   C. Knight, "Stalin's Trophy Films, 1947-52: A Resource", *Kinokultura*, n° 48, abr 2015.

de um arsenal dissuasório de alcance destrutivo inédito na história. Sinalizou, também, a capacidade industrial e tecnológica da nação socialista, incrementada principalmente a partir dos planos quinquenais da gestão stalinista. Apesar do custo social e humano – operários recrutados com base em trabalhos forçados, *kulaks* expulsos de suas terras resultando em milhões de mortes – a ênfase na indústria pesada e geração de energia permitiu um inegável salto qualitativo. "Se a URSS não se industrializar", afirmou Stálin, "será destruída pelo capitalismo".[16] A luta de classes e a teleologia marxista-leninista passavam necessariamente pela industrialização. A bomba atômica era o coroamento dessa marcha histórica.

* * *

Mao Tsé-Tung visitou Moscou em dezembro de 1949, três meses depois de anunciar em Pequim a fundação da República Popular da China. Foi a única viagem internacional que fez em vida. Stálin recebeu-o e deixou o líder chinês esperando cinco semanas em uma *dacha* para a segunda reunião. A expectativa de Mao era lograr apoio para seu país, mas a recepção fria acabou deixando sequelas. A onipotência do Comandante supremo parecia não ter limites. No cinema, a representação dos limites do poder soviético era matéria ficcional: *Encontro no Elba* [*Vstrietcha na Élbe*], de Grigóri Aleksándrov, lançado em março de 1949, se passa em uma cidade alemã atravessada pelo rio Elba e dividida entre tropas soviéticas e norte-americanas, nos últimos dias da guerra. No início, generais de ambos os lados confraternizam: logo as verdadeiras intenções são desveladas, aos americanos cabendo a vilania e aliança com nazistas remanescentes, aos russos ajuda na reconstrução da cidade e suporte aos antifascistas. Chostakóvitch compôs uma trilha que significou, em suas palavras, "não apenas o aperfeiçoamento da (sua) habilidade como compositor, mas também um seminário político".[17] Jazz, por exemplo, foi utilizado para ilustrar cena em que americanos batem em um colega negro; Beethoven, para adornar sequências com alemães; e música de coro e fanfarra para entrada de tropas russas. Para Máia Turóvskaia, durante a Guerra Fria, o cinema soviético necessitava um *coeficiente de falsificação* para filmar o *inimigo* nos parâmetros do *realismo socialista*. Eram precisos cenários e personagens moldados pelo mundo capitalista para veicular a crítica socialista.[18] *Encontro no Elba* contribuiu para produzir um efeito de denegação na audiência: a negação da realidade capitalista proposta pelo filme revelou o desejo inconsciente por essa mesma realidade, pelos fetiches que a estruturam.

A conspiração do condenado [*Zagavor obrietchónikh*], realizado em 1950 por Mikhail Kalatózov, foi além dos limites territoriais: a ação se desdobra em um país não identificado da Europa Oriental, prestes a ingressar na órbita comunista. O enredo opõe o partido comunista local alinhado a Moscou a um pacto de conspiradores – sociais-democratas, antigos nazistas, burguesia industrial e Igreja católica, todos manipulados pelo embaixador norte-americano, cujo objetivo é a implantação do Plano Marshall. Stálin e a União Soviética servem de referência aos discursos e movimentos táticos dos comunistas: perseguição de *kulaks*, acusações aos opositores, manobras no abastecimento de grãos, caricatura da Igreja, dissolução do Parlamento e ditadura do proletariado. *A conspiração do condenado* projetou na esfera internacional as condicionantes da própria história bolchevique. Atores como o popular cantor Aleksandr Vertínski, que faz o aristocrático e covarde cardeal, agregaram uma aura internacional à trama – sua aparição nas telas foi uma das razões do sucesso do filme (Vertínski emigrou em 1920 e retornou à URSS em 1943). Nicolai Virtá escreveu o roteiro. Bolchakov saudou a obra como "um brilhante panfleto acusatório contra os imperialistas americanos que tentam interferir de forma imprudente nos assuntos internos das democracias populares".[19]

Fridrikh Ermler sempre foi um diretor ligado ao Partido, realizando filmes que estivessem articulados com perspectivas políticas do regime. Sua obra é um registro da evolução dessas posições: depois de cinco anos sem filmar, dirigiu em 1950 *O grande poder* [*Vielíkaia sila*], inspirado no caso Lysenko. Um cientista seguidor de Mitchúrin procura refutar a teoria dos cromossomas de Mendel e Morgan através da criação de uma nova raça de galinhas, mais produtivas e resistentes. As discussões no Instituto onde ocorre o experimento envolvem os seguintes debatedores: um adepto da ciência ocidental, cético em relação à nova genética soviética; um pesquisador que prefere um meio termo entre a integração com grupos internacionais e a produção nacional; um professor francamente hostil a descobertas estrangeiras; e um defensor intransigente de Lysenko e Mitchúrin. Acompanham também o debate um membro do Partido integrado ao

---

16 "The Bolshevik Party in the Struggle for the Collectivization of Agriculture (1930-1934)", in *History of the Communist Party of The Soviet Union (bolsheviks)*. Disponível em <www.marxists.org/reference/archive/stalin/works/1939/x01/ch11.htm>. Acesso em jul 2019.

17 J. Riley, op. cit., p. 67.

18 M. Turóvskaia, op. cit., p. 138.

19 Citação extraída da página da wikipedia em russo sobre o filme. Disponível em <https://ru.wikipedia.org/wiki/Заговор_обречённых>. Acesso em jul 2019.

Instituto e um representante do Comitê Central, encarregado de averiguar a situação para reportar às altas autoridades. – *Você entende que cosmovisão hostil está por trás disso? Podemos tolerar pessoas que são servis a estrangeiros?*[20], argumenta o representante, voltando-se para o cientista hesitante. O exercício retórico dos personagens procura convencer o espectador de que a essência do pensamento de Marx e Engels é suficiente para reorientar a genética moderna, no sentido operado por Lysenko, afastando a ciência soviética do contágio com a prática burguesa dos cientistas ocidentais. – *Nossa ciência serve para libertar a humanidade, e a deles serve como meio de escravidão!*[21] Tal como *um deus ex-machina*, o representante do Comitê Central consegue pôr fim às dúvidas e contestações, impondo aos demais contendores a razão fundada no marxismo.

Ermler logrou realizar um filme político, dramatizando um debate científico de repercussão àquela altura – e que impregnou outras áreas do conhecimento, como a linguística e a medicina. Politizar a ciência era um dos artifícios do regime para impor dogmas e exercer controle. Também em 1950 foi lançado *O acadêmico Ivan Pavlov* [*Akadêmik Ivan Pavlov*], de Grigóri Rochal, sobre o fisiologista russo de renome internacional, opositor do bolchevismo e antissemita. Pouco antes de sua morte, em 1936, Pavlov atenuou a crítica, minimizando a presença de judeus no Partido e enaltecendo o "espírito russo em direção ao bem geral da humanidade". O lançamento do filme coincidiu com período de turbulência entre os *pavlovianos*, a partir de instrução de Stálin ao Ministro da Saúde para promover discussão em torno do legado de Pavlov. Stálin interferiu pessoalmente na disputa, acusando um dos grupos de deturpar as experiências originais e propondo um expurgo setorial. As sessões duraram uma semana, em meados de 1950, e resultaram em decisões que baniram os diagnósticos psicológicos da prática psiquiátrica, privilegiando a visão mecanicista da atividade cerebral. A aplicação da teoria pavloviana da esquizofrenia foi utilizada também para detectar supostas doenças em opositores políticos. A politização da ciência diminuiu após a morte de Stálin, mas ainda iria perdurar, em graus reduzidos, até a década de 1980.

Em junho de 1950 tem início a Guerra da Coreia, com a invasão da Coreia do Sul pelos norte-coreanos. A divisão do território coreano entre norte e sul foi uma das soluções mais emblemáticas da Guerra Fria, opondo zonas de influência soviética e americana. As tensões subjacentes, exacerbadas com a corrida nuclear, ameaçavam emergir pela primeira vez desde a vitória contra o nazi-fascismo. Em fevereiro daquele ano estreava *Os cossacos de Kuban* [*Kubánskie kazaki*], de Ivan Píriev, tardia produção a cores do *realismo socialista* exaltando duas fazendas coletivas – a *realidade* que Stálin apreciava, segundo Khruschov. Ambas as fazendas são voltadas à criação de cavalos e competem em torneios regionais, nas estepes de Kubam, onde habitam os cossacos, antigos inimigos dos tsares e ciosos de sua autonomia: na Segunda Guerra, muitos deles juntaram-se às forças alemãs. No filme, a alteridade cossaca é assimilada em meio a semeaduras, colheitas e passagens das estações, arquétipos da abundância socialista. Uma fina camada de tristeza atravessa a história, pois mulheres e crianças perderam pais e maridos durante a guerra.

* * *

Em 1950 o número de detentos no Gulag foi o maior da série histórica: pouco mais de 2 milhões e meio de pessoas. O acrônimo Gulag significa *Administração Central de Campos de Trabalho Corretivo e Colônias*, conjunto heterogêneo de campos espalhados pelo país, subdivididos em administrações regionais (em 1950 eram mais de cem), por sua vez pulverizadas em centros de diferentes tamanhos, acoplados ou não a obras públicas. Estima-se que 18 milhões de pessoas tenham passado pelo Gulag entre 1930 e 1953, das quais 1,5 e 1,7 milhões tenham morrido por conta da detenção e 6 milhões por razões indiretas (fome, doenças e exaustão). Em 1950, por ordem direta da Administração Central, 5% da população do Gulag foi executada. A instituição do Gulag foi extinta em 1960, mas numerosos campos continuaram a operar, sendo finalmente fechados em 1987, na véspera do ocaso do regime. A população do Gulag incluía criminosos comuns, presos políticos, intelectuais, soldados retornando da frente ocidental, traidores e sabotadores.

A história seguia em marcha: em 1951 foi proclamada a transição gradual do socialismo para o comunismo, cujas tarefas decorrentes foram determinadas no XIX Congresso do Partido, em outubro de 1952, o último em que Stálin discursou. Mas a produção cinematográfica continuava em queda: em 1950, treze filmes, e em 1951, apenas nove. Em 1951, Aleksandr Stólper dirige *Longe de Moscou* [*Daliekó ot Moskvy*], sobre a construção de um oleoduto no Extremo Oriente por prisioneiros do Gulag no início da Grande Guerra Patriótica, debaixo de bombardeio nazista. O representante do Partido organiza a ação: o ator é o popular ator de origem judaica (assim com Stólper), Lev Sverdlin.

20 Diálogo extraído do filme.
21 Idem.

Stólper realizou três filmes durante a guerra, um deles, *Espere por mim* [*Jdí mniá*], com Sverdlin desempenhando o heroico papel de um fotógrafo-jornalista judeu, adaptado de texto de Konstantin Simonov, Secretário da *União dos Escritores da URSS* por dois longos períodos. Em 1948, Stólper filmou roteiro baseado na obra de Boris Polevói – *A história de uma pessoa de verdade* [*Póviest o nastoáschiem tchelovieke*] – outro escritor alinhado com o Partido, sobre piloto russo que cai em território inimigo, perde as duas pernas, recupera-se e volta a combater. Polevói substituiu Simonov na União em 1967.

Na literatura e na medicina, entretanto, o antissemitismo voltou com toda a força. Em agosto de 1952, o escritor Peretz Markish, responsável pela seção Ídiche da *União dos Escritores*, foi executado com mais doze poetas e novelistas judeus na prisão de Lubianka, em Moscou, acusados de traição e espionagem. Cinco deles eram membros do Comitê Judaico Antifascista. Markish foi preso em 1948: desde 1939 tinha publicado homenagens a Stálin, incluindo um poema épico de 20 mil linhas, "A guerra" ["Milkhome"]. Um dos detidos por ligações com o Comitê foi o médico Iakov Etinger, acusado de assassinar Jdánov em 1948 por meio de prescrição de tratamento propositalmente errado. A intriga evoluiu durante 1952 para configurar, segundo o clima conspiratório dos últimos anos de Stálin, um *complô sionista de médicos* cujo objetivo era liquidar a cúpula soviética, inclusive o próprio Comandante supremo. Em janeiro de 1953, o *Pravda* anunciou a prisão de nove médicos, dos quais seis judeus, acusados também de atuarem como agentes dos serviços secretos americano e inglês. Dois dos detidos morreram durante os interrogatórios, enquanto os sobreviventes admitiram a culpa. A execução não ocorreu em virtude da morte de Stálin. Em abril de 1953, o *Pravda* publicou nota confirmando que as acusações eram falsas e obtidas sob tortura.

Naum Kleiman, historiador e realizador russo, responsável pelos arquivos de Eisenstein em Moscou, atribui ao último filme de Pudóvkin, *O retorno de Vassíli Bortnikov* [*Vozvraschiénie Vassília Bortnikova*], realizado em 1952 e lançado poucas semanas depois da morte de Stálin, um signo inaudito de mudança histórica.[22] O vilarejo a que Vassíli retorna era "sujo, pobre, destruído. Isso não era inconsciente, era deliberado: como se tratava do grande Pudóvkin, deixaram-no fazer" (Pudóvkin morreu em junho de 1953). O filme foi inspirado no livro *A colheita*, de Galina Nikoláieva, que descreve a reconstrução de uma fazenda coletiva no pós-guerra e ganhou o Prêmio Stálin de 1950. Stálin faleceu no dia 5 de março de 1953. Um documentário de longa-metragem foi realizado para eternizar o momento, sob o título *O grande adeus* [*Velíkoe proschánie*], coordenado por

Aleksándrov e com contribuições de Mikhail Tchiaureli, Serguei Guerassímov e Elizaveta Svílova, produção da Mosfilm. São 75 minutos de longas filas dando o último adeus ao líder: após introdução sobre a vida e a glória de Stálin, a trilha se resume a músicas de tom fúnebre. No mesmo dia, também morria o compositor Serguei Prokófiev. Ao seu velório compareceu número extremamente reduzido de amigos e admiradores, entre eles Dmítri Chostakóvitch.

---

22   B. Eisenschitz (org.), op. cit., p. 139.

RUMO AO MODERNO CINEMA SOVIÉTICO

Pó de prata, dir. Abram Room, 1953

Almirante Uchakov, dir. Mikhail Romm, 1953

Amigos verdadeiros, dir. Mikhail Kalatózov, 1954

Otelo, o mouro de Veneza, dir. Serguei Iutkiévitch, 1956

Noite de Carnaval, dir. Eldar Riázanov, 1956

Quando voam as cegonhas, dir. Mikhail Kalatozóv, 1957

O comunista, dir. Iúli Raizman, 1958

O idiota, dir. Ivan Píriev, 1959

Destino de um homem, dir. Serguei Bondartchuk, 1959

Balada de um soldado, dir. Grigóri Tchukhrai, 1959

A carta que não se enviou, dir. Mikhail Kalatozóv, 1960

Paz para quem entra, dir. Aleksandr Alov e Vladímir Naúmov, 1961

O marujo do tsar, dir. Mikhail Schweitzer, 1960

Nove dias em um ano, dir. Mikhail Romm, 1962

A infância de Ivan, dir. Andrei Tarkóvski, 1962

Uma tragédia otimista, dir. Samson Samsónov, 1963

Andando nas ruas de Moscou, dir. Gueórgui Danelia, 1963

Bem-vindo, ou não ultrapasse, dir. Elem Klímov, 1964

Os vivos e os mortos, dir. Aleksandr Stólper, 1964

Eu sou Cuba, dir. Mikhail Kalatózov, 1964

Está na hora, adiante!, dir. Mikhail Schweitzer, 1965

Asas, dir. Larissa Chepitko, 1966

Andrei Rubliov, dir. Andrei Tarkóvski, 1966

Chuvas de julho, dir. Marlen Khútsiev, 1967

O braço de diamante, dir. Leonid Gaidai, 1968

PRIMAVERA

Ilia Ehrenburg foi um escritor e jornalista ucraniano de origem judaica. Sua trajetória alternou exílios e adesões à revolução bolchevique, até que sua reputação se consolidasse e fosse assimilado pelo sistema. Atravessou os anos de expurgo stalinista como correspondente de guerra, na Espanha e França, e em 1942 retornou à União Soviética. Um artigo de 1941, "Mate!", escrito para despertar o ódio aos alemães, provocou a ira de Hitler, que prometeu enforcar Ehrenburg quando derrotasse os soviéticos. Ganhou o Prêmio Stálin com *A queda de Paris*, registro áspero da derrota e sofrimento dos franceses, lançado em 1942. Em 1954 publicou *Degelo* (*Óttepel*, em russo transliterado) em uma revista mensal – curta e decisiva obra de ficção, que entrou para a história como signo de ruptura política e cultural da era stalinista.

O uso metafórico da palavra *Óttepel* – degelo político, primavera no sentido figurado – começou na literatura russa com Ehrenburg. Nação literária, o enredo imaginado pelo escritor – um gerente de fábrica despótico, um pintor de quadros laudatórios e um honesto artista excluído das honrarias – atingiu os fundamentos da produção artística na URSS e reverberou na vida nacional. No texto, os representantes do Partido não eram o melhor do que a sociedade podia oferecer: tendiam a um comportamento adulatório e oportunista. A repercussão, como era de se esperar, foi carregada de controvérsias (Ehrenburg teve direito de resposta, não foi preso ou exilado, sinal dos novos tempos). As turbulências da sucessão de Stálin contribuíram para mitigar a reação conservadora. O termo *Degelo* sobreviveu ao livro e tornou-se referência para descrever as lutas internas pelos destinos da cultura soviética, no final da década de 1950 e começo de 1960.

O gesto literário de Ehrenburg foi precedido de algumas proposições que refletiam a distensão política em curso. Em 5 de maio de 1953, uma estudante de cinema do VGIK publicou artigo intitulado "Sobre aqueles que não amam falar de amor": as produções soviéticas, disse a estudante, substituíram o tema do amor pelo enfoque no trabalho e na construção, evitando os diálogos líricos em favor de observações sobre tratores e geradores. Os personagens ficaram despersonalizados: as experiências pessoais, esvaziadas e indiferentes. Para Olga Chmarova, a autora do artigo, falas como – "preencha 100% de sua quota que você será minha esposa", ou "se você se tornar um mineiro de carvão stakhanovita eu certamente me casarei com você: se não, procure por sua mãe"[1] – não fazem jus à complexidade das relações humanas. Seu texto é considerado pioneiro no degelo do realismo socialista.

* * *

Atribui-se a Nikita Khruschov descrição do dia em que Stálin teve o derrame que o matou como Biéria, excitado, debruçou-se sobre o corpo imobilizado do líder, acusando-o de tirania e crueldade – um breve abrir e fechar de olhos foi suficiente para que se arrependesse e ficasse de joelhos pedindo perdão. A cena pode ter sido fantasiosa, mas sugere o poder aterrorizador que Stálin concentrava, fundado na racionalidade marxista-leninista e envolto em uma camada absolutista análoga à dos tsares – até o sanguinário Biéria o temia. A sequência dos acontecimentos *post-mortem* foi vertiginosa: em meses foi negociada a paz na Guerra da Coreia, a tortura banida, boa parte dos presos anistiada e Biéria executado. Os médicos acusados de conspiração foram soltos e o antissemitismo paranoico descontinuado. Inicialmente, Khruschov dividiu o poder com Málenkov, tido como o preferido de Stálin: conseguiu afastá-lo em 1955. Em 1956, no 20º Congresso do Partido, Khruschov pronunciou o famoso discurso secreto denunciando os abusos de Stálin e, implicitamente, liquidando a infalibilidade do Partido. Em 1958, foi sua vez de concentrar o protagonismo político na União Soviética.

A produção cinematográfica, depois do baixo rendimento de 1951, aumentou: em 52 foram 24 filmes, e no ano seguinte, 45. Depois da morte do Comandante supremo, deslanchou: em 1954 foram 51 filmes, e em 1955, 75 títulos. A crise da produção, creditada em parte ao controle ideológico acirrado a partir de 1948, fora objeto de debate no XIX Congresso de 1952: Málenkov formulou ressalvas sobre a qualidade dos filmes soviéticos, considerados "aborrecidos e estereotipados", e defendeu a retomada da atividade.[2] Na linguagem do Partido, uma crítica como essa tinha o poder de diluir instâncias censórias, aliviando os realizadores de percorrer caminhos tortuosos para viabilização das películas. Mikhail Romm lançou em 1953 *Almirante Uchakov* [*Admiral Uchakov*], ainda sintonizado com o paradigma das biografias dos heróis históricos. A Marinha soviética instigou a produção, contribuindo inclusive com correções no roteiro, a fim de creditar ao Almirante o papel de patrono da frota naval no Mar Negro no século XVIII. O épico nacionalista foi lançado em duas partes, a primeira em abril de 1953, e a segunda em outubro. Anos mais tarde, Romm repudiou a obra: o filme tornara-se anacrônico na era pós-Stálin. *Assassinato na rua Dante* [*Ubstvo na úlitsie Dante*], que o diretor completou em 1956, ficaria ainda mais fora de sincronia: ambientado na França ocupada pelos nazistas, conta a história de uma atriz atormentada ao descobrir que o filho fora recrutado pelos invasores, e termina sendo assassinada diante dele. Seus próprios estudantes julgaram as caracterizações típicas dos seus filmes stalinistas.[3] As críticas abalaram o diretor, que só voltaria a filmar em 1961.

Outras produções de 1953, depois da morte de Stálin, também tornaram-se reféns do descompasso histórico. *Pó de prata* [*Seriebrístaia pyl*], de Abram Room e Pável Armand, tem um enredo que remete à Guerra Fria no final da década de 1940: ambientado nos Estados Unidos, narra a descoberta, por um ganancioso cientista, de um pó radioativo de poder devastador, seguido de luta fratricida entre dois grupos industriais pela invenção e seus lucros. Além do novo cenário político da União Soviética, que por si só desestimulava fantasias conspiratórias, a realidade do equilíbrio nuclear estratégico entre as duas potências fazia com que ficções como *Pó de prata* já nascessem deslocadas e artificiais (em agosto de 1953 foi testada com sucesso a primeira bomba de hidrogênio soviética: a americana fora um ano antes, em novembro de 1952). O conceito stalinista de ordenamento dos fatos e fabricação de verdades não era mais absoluto. *Redemoinhos hostis* [*Vírkhi vrajdiébnye*], dirigido por Kalatózov, narra a vida e a obra de Félix Dzerjínski, o polonês que Lênin nomeou chefe da TcheKa, a polícia secreta. Morreu em 1926, antes da ascensão de Stálin: no filme, o líder (ainda representado por Mikheil Guelóvani) e Dzerjínski comandam a violenta supressão da revolta do Partido Socialista Revolucionário, em 1918. Nas salas de cinema em fevereiro de 1953, *Redemoinhos hostis* foi retirado de cartaz logo depois: reapareceu em 1956, com Stálin eliminado. Foi o primeiro expurgo cinematográfico do Comandante supremo.

1 O. Shmarova, "On Those Who Do Not Love to Talk about Love", *Current Digest of the Soviet Press*, vol. v, n° 18, 5 mai 1953, p. 26-27. Disponível em <http://soviethistory.msu.edu/1954-2/the-thaw/the-thaw-texts/on-those-who-do-not-love-to-talk-about-love-the/>. Acesso em jul 2019.

2 N. Laurent, *L'Oeil du Kremlin: cinema et censure en URSS sous Staline*, Paris: Privat, 2000, p. 248.

3 P. Rollberg, op. cit., p. 581.

A utilização de um fenômeno natural – primavera – para designar um período de liberalização política e social na União Soviética não é mera licença poética: ela remete ao abandono, pelo Estado soviético, do projeto de dominação da lógica do desenvolvimento natural, reivindicado pela razão marxista-stalinista do Partido e codificado no decreto de 1948 sobre a *transformação da natureza*.[4] O último filme de Pudóvkin, *O retorno de Vassíli Bortnikov*, inovou pela forma como é captada a natureza, graças à câmera de Serguei Urussiévski. Em princípio, o enredo é tradicional: no retorno ao vilarejo, Vassíli encontra a esposa casada com outro, e resolve dedicar-se à reconstrução agrícola da fazenda coletiva. A paisagem, entretanto, deixa de ser uma moldura apartada dos personagens para tornar-se necessária à expressão da interioridade de Vassíli. Como a representação dos atores ainda era pautada pelos limites do realismo socialista, coube à natureza e à paisagem exprimirem metaforicamente os gestos espontâneos e não verbais dos seres humanos, libertando-os da codificação dramática que caracterizava a produção da URSS na era Stálin. O filme de Pudóvkin acabou ocupando lugar privilegiado na cronologia da Primavera cinematográfica.

Serguei Urussiévski trabalhou no *front* durante a Guerra, destacando-se na nova etapa da cinematografia soviética pelo virtuosismo e experimentação, como a câmera subjetiva que aperfeiçoou nos filmes de Kalatózov. O lançamento pela indústria soviética, em 1954, da câmera portátil 35 mm Konvas, foi providencial. *Amigos verdadeiros* [*Viérnye druziá*], filmado pouco depois da morte de Stálin e lançado em abril de 1954, é uma comédia de Kalatózov à primeira vista banal e ligeiramente sarcástica, mas que não passou despercebida à época, como atestou Kleiman.[5] Três amigos reencontram-se depois de décadas para aventuras no rio Volga, longamente desejadas, mas nunca realizadas. A luz é solar e a atmosfera arejada, as situações farsescas e cômicas: um dos três, burocrata-diretor de um instituto de pecuária, sobressai-se pela atitude desdenhosa. Aos poucos perde a empáfia, restaurando o velho companheirismo. Mais de 30 milhões de espectadores assistiram ao filme, na aurora do mundo pós-Stálin. O roteiro foi escrito por Aleksandr Gálitch, que mais tarde se tornou compositor e cantor estilo *bardo*, popular na Primavera soviética, cujos temas incluíam campos de concentração e dramas da Guerra Patriótica. Não era bem visto pelo sistema, sua obra circulava sobretudo fora do mercado, ou seja, através de cópias ilegais. Gálitch foi forçado a emigrar em 1974: três anos mais tarde foi encontrado morto em seu apartamento em Paris, segurando a antena de equipamento conectado à tomada de energia. A morte foi declarada acidental. Sua filha responsabilizou a KGB.

Em dezembro de 1954 realizou-se em Moscou o II Congresso de Escritores Soviéticos, vinte anos após o primeiro, marco da consolidação do *realismo socialista* nas artes. Se, em 1934, Górki alardeava que "um novo tipo de homem está florescendo na União Soviética, com fé no poder organizador da razão e consciente de ser o construtor de um novo mundo"[6] – no evento pós-Stálin os tópicos eram *sinceridade, honestidade e abertura*, debatidos em clima de *calma sinistra*, como definiu Viktor Chklóvski, crítico também do livro-sensação de Ilia Ehrenburg, considerado por ele *um passo artístico para trás*. Um dos temas em discussão foi a *teoria da ausência de conflito*, desenvolvida nos últimos anos de Stálin pelo dramaturgo e roteirista Nicolai Virtá: o conflito entre personagens como base para o drama artístico na sociedade sem classes estaria restrito, no advento da nova era, *à luta entre o bom e o melhor*. Não caberiam mais oposição de ideias, sentimentos ou interesses relacionados ao bem e ao mal, pois no mundo comunista o mal fora eliminado. Fridrikh Ermler dirigiu um curta-metragem satírico sobre a teoria, em 1953, considerado inapropriado para exibição. Foi lançado somente em 1962, com o título *Jantar a convite* [*Zváni újin*].

Ermler, membro do Partido desde 1919, reagiu à nova ordem da Primavera realizando um melodrama sentimental, *Uma história inacabada* [*Neokontchénaia póviest*], em 1955. Uma médica e seu paciente, engenheiro construtor de navios com as duas pernas irremediavelmente paralisadas, se apaixonam: ele, representado por Serguei Bondartchuk, ator de sucesso de feições caucasianas; a médica, vivida pela atriz de origem judaica Elina Bystritskaia, dotada de uma beleza semítica-oriental. A falsa conspiração dos médicos judeus acabara de ser superada, mas jazia latente na memória coletiva, último estertor da paranoia stalinista. Todas as leituras eram possíveis para o filme de Ermler, salientou Kleiman: "Também foram os rostos, os tipos que, em matéria de cinema, levaram ao degelo."[7] A teoria de Virtá, por seu turno, eclipsou-se.

* * *

4 E. Margolit, "Landscape, with Hero" in *Springtime for Soviet Cinema: Re/viewing the 1960s*, Pittsburgh: Russian Film Symposium, 2001, p. 29.
5 B. Eisenschitz (org.), *Gels et dégels: une autre histoire du cinéma soviétique: 1926-1968*, p. 139.

6 M. Gorki, "Soviet Literature", in Gorki et al., *Soviet Writers Congress 1934*, Lawrence & Wishart, 1977. Disponível em <www.marxists.org/archive/gorky-maxim/1934/soviet-literature.htm>. Acesso em jul 2019.
7 B. Eisenschitz (org.), op. cit., p. 139.

O degelo de Khruschov seguia a passos céleres. A política agrícola, especialidade do novo líder, foi reorientada em busca de novos espaços para produção, na Sibéria e no Cazaquistão. Reformas administrativas descentralizaram decisões sobre gerenciamento da produção a conselhos regionais. A maioria dos grupos étnicos e nacionais foi liberada das transferências forçadas feitas anteriormente, favorecendo a mobilidade interna e o retorno às origens – parte dessa população estava nos campos do Gulag. Uma relativa flexibilização de consumo cultural estrangeiro, além de viagens ao exterior, teve o seu ápice com a realização, em 1957, do Festival Internacional da Juventude. Na economia, a ênfase passou a ser na produção de bens de consumo, em contraste com a prioridade na indústria pesada dos planos quinquenais anteriores. Projetos de infraestrutura de grande envergadura foram redimensionados e os recursos excedentes orientados para habitação, apontando para a criação, a médio prazo, de uma nova paisagem urbana.

O conjunto de mudanças políticas que incidiram sobre a configuração do espaço soviético em suas múltiplas dimensões – humana, econômica e social – permearam o cinema da Primavera de várias maneiras, em especial nas representações e narrativas de exploração natural, transformação urbana e mobilidade interna.[8] A expressão cinematográfica assimilou essa nova configuração. Malgrado o apoio às políticas empreendidas por Khruschov, muitos viam o novo cenário como uma volta aos fundamentos leninistas da Revolução, após os desvios stalinistas. Transpirava a percepção de que mudanças eram necessárias, mas que a estrutura básica do socialismo, com sua perspectiva de justiça social, deveria ser preservada. As reformas da Primavera traziam o *espaço social* para o primeiro plano da dinâmica revolucionária, em detrimento do *tempo*, premissa do pensamento hegeliano-marxista que tinha embasado a busca pelo progresso na União das Repúblicas Socialistas.

A invasão da Hungria em 4 de novembro de 1956 pelas forças soviéticas revelou os limites desse processo no entorno de influência de Moscou. O discurso de Khruschov no XX Congresso, em fevereiro daquele ano, havia deflagrado desejos de autonomia nos países do Leste europeu. A repressão foi rápida e brutal. Poucos dias antes, em 15 de outubro, estreava *O quadragésimo-primeiro* [*Sóroko piérvi*], nova versão do livro de Boris Lavreniev, que narra a atração entre uma atiradora *sniper* do Exército Vermelho e um oficial aristocrata dos Brancos, durante a Guerra Civil em 1919 (Protazánov adaptou o texto em 1927). A direção coube ao estreante Grigóri Tchukhrai e a fotografia a Serguei Urussiévski. Na primeira parte, ambos, Vermelhos e Brancos, enfrentam uma natureza hostil, ventos e tempestade de areia – a resistência dos bolcheviques se impõe e o Branco é detido pelos Vermelhos. Na segunda parte, em uma ilha idílica do Mar de Aral, os protagonistas se encontram isolados, por acidente. Homem e mulher despidos de seus uniformes e de suas consciências de classe, sob a luz solar do lago salgado de Aral. Na última cena, a atiradora abate o amante que tentava fugir, o quadragésimo-primeiro de sua lista. O final pode ser lido de duas maneiras, diametralmente opostas: como cumprimento do dever da heroína que preenche seu dever de classe; ou como a tragédia da heroína que liquida seu amante.[9] Ambas as leituras são possíveis e insuficientes, ambiguidade que é signo do *degelo*. Mais de 25 milhões de pessoas assistiram a *O quadragésimo-primeiro*.

* * *

Mikhail Schweitzer foi aluno de Eisenstein no VGIK, graduando-se em 1943. Junto com o colega e amigo Vladímir Venguiérov, leu a obra de Tolstói por orientação do mestre, assimilando o socialismo cristão do escritor. Em 1954, codirigiu com Venguiérov *O punhal* [*Kórtik*], drama juvenil passado na guerra, sucesso de bilheteria, lançado em novembro de 1954: um agente da TcheKa socorre grupo de escoteiros contra um inimigo de classe burguês. Na sequência, realizou *Parentes estrangeiros* [*Tchújaia ródnia*], rodado em 1955 e distribuído a partir de janeiro de 1956, baseado em conto de Vladímir Tendriakov, autor que começou a publicar na Primavera de Khruschov. Conflito entre jovem da Komssomol e sogros desvela egoísmo e ganância na fazenda coletiva que habitavam. Logo após o XX Congresso, reúne-se com Tendriakov para adaptar o livro recém-lançado do escritor, *Sacha torna-se um homem*.[10] Presidente do *kolkhoz*[11] assume a educação do filho do Secretário do distrito, que acabara de morrer – o filme começa no enterro. Único herói positivo, "um (verdadeiro) comunista"[12], nas palavras de Schweitzer, o Presidente defronta-se com personagens negativos, do Secretário do Partido ao líder regional. Decisões de caráter moral denunciam a ambição casuísta dos burocratas, enquanto o Presidente recolhe-se a uma reserva ética.

Um filme-romance de formação, mesclando as alternativas amorosas de Sacha com sua vivência política no *kolkhoz*. Completado em fins de 1956, com o

---

8 L. Oukaderova, *The Cinema of the Soviet Thaw: Space, Materiality, Movement*, Bloomington: University of Indiana Press, 2017, p. 11.
9 E. Margolit, op. cit., p. 37.
10 B. Eisenschitz (org.), op. cit. p. 163-164.

11 N.E.: Propriedade rural coletiva típica da URSS na qual os camponeses formavam uma cooperativa de produção agrícola com meios de produção fornecidos pelo Estado.
12 Idem.

título *Nó apertado* [*Tugói úziel*], foi elogiado pelo Conselho Artístico, mas severamente criticado no Comitê Central, pelos "graves erros políticos e ideológicos".[13] Schweitzer foi obrigado a refazer partes do seu trabalho, tarefa que cumpriu *cinicamente*, segundo disse a Bernard Eisenschitz. Nas tratativas com o Conselho Artístico, Romm foi dos poucos a defendê-lo. Tendriakov, que era membro do Partido, recusou-se a cooperar – vários textos de sua autoria viriam a sofrer algum tipo de censura, em particular durante a era Briéjnev, sendo publicados integralmente após a Perestroika, na década de 1980. Renomeada como *Sacha começa a vida*, a película foi finalmente lançada em outubro de 1957. Em 1988, durante a Perestroika, foi criada por iniciativa dos realizadores a Comissão de Conflitos, para rever produções que foram mutiladas de alguma forma pelo Estado na era comunista. A Comissão liberou a versão original do filme de Schweitzer, que foi restaurado e exibido em 1989. *Nó apertado* sinalizou uma mudança na produção cinematográfica após as revelações de Khruschov: a tentativa de esboçar e aprofundar dramas individuais no contexto de um destino coletivo. O cinema como expressão de subjetividades, suprimidas anteriormente pelo realismo socialista.

O filme mais popular de 1956 foi *Noite de Carnaval* [*Carnaválnaia notch*], do estreante Eldar Riazánov, uma sátira à burocracia do Partido filmada em cores exuberantes. Em uma Casa da Cultura do Estado, o veterano Igor Ilínski faz o recém-nomeado diretor que resolve mudar, em cima da hora, a programação de festejos previstos para celebrar a passagem do ano (*Noite de carnaval* foi lançado no dia 29 de dezembro de 1956): em vez de jazz, festas e danças, seriam leituras de relatórios e música clássica. O humor das situações corrói a estrutura antiquada da instituição, e o carisma de Ilínski assegura a transição para a nova ordem. Mais de 48 milhões de ingressos foram vendidos: foi a estreia também de Liudmila Gúrtchenko, ucraniana que viria a ser uma estimada cantora e atriz na URSS.

Serguei Bondartchuk fez o papel do general mouro em *Otelo, o mouro de Veneza*, também de 1956: a película rendeu o prêmio de melhor diretor do Festival de Cannes daquele ano a Serguei Iutkiévitch, apontando para a recuperação do prestígio artístico do cinema soviético na era pós-Stálin. Um dos diretores mais identificados com a Primavera faria sua estreia em 1956, Marlen Khútsiev. Recém-graduado no VGIK, onde foi aluno de Ígor Sávtchenko, era um produto das vicissitudes soviéticas: seu nome, Marlen, era eloquente em si mesmo – "Mar" de Marx, e "Len", de Lênin – homenagem dupla que seu pai, bolchevique convicto, inventou. Em 1937, quando tinha 12 anos, o choque:

a polícia do NKVD entrou na nossa casa e o prenderam (o pai) enquanto eu dormia. Eu dormia com ele no mesmo quarto. Junto a minha cama estava a dele, as duas grudadas. Mas aconteceu de tal forma que eu nunca percebi. Pela manhã olhei e meu pai não estava. Perguntei: "Onde está o meu pai?"[14]

Khútsiev nunca mais viu o pai. Seu primeiro filme, *Primavera na rua Zariétchnaia* [*Viesná na úlitse Zariétchnaia*], codirigido com Felix Mironer, atraiu mais de 30 milhões de espectadores. Produzido pelo estúdio de Odessa, narra a chegada de uma professora de literatura russa na escola de uma pequena cidade operária. Um dos estudantes, convicto do seu poder de sedução, tenta atraí-la: ressentido com a indiferença dela, abandona a escola. Um enredo romântico-juvenil, em que os jovens aparecem desengajados de obrigações e expectativas, em particular aquelas atreladas à construção do socialismo – mas que se integra no fluxo das estações, que demarcam a temporalidade da ação. Como no filme de Pudóvkin, a fusão do enredo com o ciclo natural é o dispositivo de que se vale a poética de Khútsiev, servindo inclusive para amenizar a rigidez da atriz principal.[15] Ao final, a catarse emocional da professora se materializa na cena em que o estudante abre a janela: o vento da primavera joga as páginas dos ensaios que ela escrevia no chão, como se facilitasse a libertação do herói e subsequente declaração de amor. Uma suspensão narrativa que deixa o destino em aberto.

Pelo menos três filmes lançados em 1956 tinham a palavra *Primavera* no título – neste ano, o total de produções, 104, equiparou-se ao final da década de 1920, nos últimos anos de vigência da NEP, a política econômica liberal que Lênin lançou em 1921. *O caso Rumiántsev*, de Ióssif Kheifits, lançado em março de 1956, é um melodrama contemporâneo do XX Congresso: um jovem motorista de caminhão é induzido a levar carga roubada, sendo preso e acusado. A princípio, o chefe da polícia está certo de sua culpa: entra em cena um coronel experiente que descobre os verdadeiros culpados e inocenta o motorista. Durante a elaboração do roteiro, o personagem do coronel foi inserido a pedido do Comitê do Partido de Leningrado, cidade onde o filme foi produzido – seria inadmissível, para o Comitê na nova era do degelo, uma polícia que se limitasse a insultar e humilhar o acusado. O ritmo das estações também ecoa no enredo, marca da

---

13 Idem.
14 Entrevista a Carlos Muguiro, *Nouvelle Vague Soviética*. Catálogo da Mostra – Caixa Cultural, Curadoria de Pedro Henrique Ferreira e Thiago Brito, Rio de Janeiro, 2018, p. 40-41.
15 E. Margolit, op. cit., p. 35.

primavera política no cinema. O filme foi agraciado no Festival de Karlovy Vary de 1956, na antiga Tchecoslováquia, com o prêmio *Pela Luta do Novo Homem*.

* * *

Em outubro de 1957, a União Soviética alcançou uma vitória histórica na corrida espacial contra os norte-americanos: foi lançado o Spútnik 1, primeiro satélite artificial do planeta. Pesava pouco mais de oitenta quilos, ficou apenas 22 dias em órbita, e a repercussão foi global. O foguete lançador fora projetado originalmente para levar ogivas nucleares. Um mês depois, por insistência de Khruschov, mais um feito: foi a vez da cadela Laika, que subiu ao espaço para celebrar o quadragésimo aniversário da Revolução. Laika foi encontrada nas ruas de Moscou, passou por uma bateria de testes com mais uma centena de animais, até ser selecionada para a experiência. Resistiu poucas horas após o lançamento: foi o suficiente para produzir um forte impacto favorável na propaganda soviética, em plena Guerra Fria.

As conquistas científicas, assim como a produção cultural, integravam o *soft power* do projeto civilizatório comunista em sua cruzada para superar o capitalismo ocidental. No mesmo mês de outubro daquele ano estreava *Quando voam as cegonhas*, de Kalatózov, filme que selou o retorno dos soviéticos ao grupo das cinematografias de alto nível estético. Uma jovem vê seu noivo alistar-se como voluntário na guerra. Sucedem-se o desaparecimento do futuro marido, a morte dos pais em um bombardeio, o casamento infeliz com o primo do soldado e a dedicação como enfermeira para vítimas do conflito, configurando um percurso individual sofrido e desprovido de heroísmo. Sua gentileza e plasticidade rompem com a geometria da socialização estilizada do realismo socialista: mas é também a fonte da sua solidão, do seu desamparo pela perda.[16] A fotografia de Serguei Urussiévski aclimatou-se ao estilo de direção de Kalatózov com lentes grande-angular, tomadas verticalizadas de cima das cenas e alteração de escalas, micro e macro. A velocidade dos cortes e da câmara na mão enfatizam a subjetividade dos personagens: as vistas de cima funcionam como alegoria temporal, suspensões da história que prometem ilusões, mas que terminam cedendo nos momentos finais, com a confirmação da morte do noivo. Filmado em preto e branco, ganhou a Palma de Ouro do Festival de Cannes de 1958.

Dom Quixote, também de 1957, foi a contribuição de Grigóri Kózintsev à cultura pós-Stálin: adaptar a cores um clássico da literatura, um personagem que carrega um caráter moral a um tempo honesto e derrisório, sincero e anacrônico.

A atualização de *Dom Quixote* em uma sociedade onde os comportamentos tendiam a modelar-se com base na reprodução da lógica burocrática, ancorada no Partido, era em si um gesto desafiador. Remete, também, à qualidade da recepção e interpretação de obras universais na tradição russa, de que Kózintsev era cioso. Nikolai Tcherkássov, o ator de *Ivan, o Terrível*, interpreta o personagem digna e simplesmente, construindo a ponte entre a interioridade nobre e a superfície absurda do cavaleiro errante, como avaliou crítico do *New York Times* à época do lançamento nos Estados Unidos.

A utilização dos clássicos foi também a opção de Ivan Píriev: em 1958 dirigiu *O idiota*, adaptação da primeira parte do texto de Dostoiévski. Tal como *Dom Quixote*, seu filme investia em um personagem complexo, que não se encaixava no perfil unidimensional dos heróis positivados de seus trabalhos anteriores, afinados com o olhar stalinista. Píriev, que foi diretor da Mosfilm, esteve à frente na criação do Comitê Organizador da União dos Realizadores de Cinema da URSS, em 1957 – organização independente do Estado, ao contrário da União dos Escritores – cujo primeiro congresso realizou-se em 1965.

Uma competição particular se desenrolava durante a Guerra Fria: as salas de exibição circular, *Kinopanorama* na URSS e *Cinerama* na América (existiam outras, esta era a mais popular). No plano da espectatorialidade, da recepção do espetáculo cinematográfico pelos espectadores, a audiência soviética deveria ter acesso ao sistema mais moderno, corolário da superioridade do mundo socialista. Ambos utilizavam som estereofônico e telas curvas, estendendo a imagem projetada no limite do espaço de exibição e gerando efeito de presença participativa do espectador. As diferenças eram irrelevantes – nove canais de som na URSS, sete no rival. Na Feira Mundial de Bruxelas de 1958, o documentário de Roman Karmen feito para o novo sistema, *Grande é o meu país* [*Chiroka straná moiá*], ganhou o principal prêmio e foi celebrado como vitória dupla, tecnológica e ideológica, confirmando a superioridade soviética. Em Moscou, rapidamente se edificou a sala *Panorama Circular*, no majestoso Parque de Exposições da Economia Nacional, para abrigar as projeções do *Kinopanorama*. Os espectadores movimentavam-se durante a sessão, usufruindo de uma nova experiência estética. Críticos entusiasmados previram um salto futurista para a arte do cinema, que romperia a bidimensionalidade da tela e a postura estática da plateia.[17]

16   Ibid., p. 38.
17   L. Oukaderova, op. cit., p. 36.

Em pouco tempo, porém, surgiram ressalvas e críticas na imprensa: a percepção em movimento do Kinopanorama dava ao espectador uma visão fragmentada do evento cinematográfico, não uma visão integrada como se esperava do conteúdo dos filmes, focados na percepção elevada da nação, sobretudo na adesão das nacionalidades ao projeto comunista centralizado em Moscou. A pesquisadora Lida Oukaderova sugere que a imersão corporificada que a nova tecnologia proporcionava devolveu ao espectador a "experiência de experimentar sua presença", de distanciar-se do tempo teleológico proposto pelos documentários louvatórios e ser capaz de afirmar seu tempo privado de consumo audiovisual, algo inaceitável para os ideólogos do Partido. Logo o Kinopanorama viu-se confinado a um circuito de parques temáticos: para além de dificuldades técnicas e econômicas (o Cinerama também não vingou nos EUA), seu fracasso revelou uma fratura que jazia latente na era pós-Stálin. Depois do XX Congresso, a crença no devir histórico da Revolução como instância definidora das individualidades sofreu abalo irreparável.

* * *

A ambição de produzir um filme imersivo enveredou por caminhos mais consolidados. Mikhail Chólokhov escreveu ao longo de décadas o épico *Don silencioso*: a quarta e última parte foi publicada em 1940. Depois da morte de Stálin, Serguei Guerassímov produziu a versão homônima para o cinema, em três partes, com cinco horas e meia de duração, lançado entre fins de 1957 e começo de 1958. A história oscila entre a intimidade do triângulo amoroso de dois cossacos e a mulher de um deles, por um lado, e a monumentalidade do painel histórico, Primeira Guerra Mundial e o conflito entre Vermelhos e Brancos após a Revolução, por outro. Falar de cossacos não era um tema fácil, dada a resistência que setor substancial desse grupo opôs aos bolcheviques na guerra civil, em particular na região do rio Don. Guerassímov ampliou o papel de um ativista comunista na trama, para dissipar aspectos negativos atribuídos aos cossacos: além disso, sua versão insinua que necessidades humanas, como afeto e harmonia, sobrepõem-se aos processos históricos, deslocamento dramático que o novo ambiente político da Primavera permitia.

Passada a euforia inicial da distensão, a necessidade de estabelecer limites reaparecia, aos poucos: Nikita Khruschov publicou artigo, em outubro de 1957, clamando por "laços estreitos entre a literatura e a arte e a vida das pessoas". No seu estilo direto, reiterou que os escritores e artistas encaravam a tarefa artística de forma errônea: "arte não era para falar principalmente dos aspectos negativos da vida, da falta de harmonia, e manter-se silenciosa sobre tudo o que era favorável". E aduziu: "O positivo, o novo e o progressivo na vida estavam na agitada realidade em desenvolvimento da sociedade socialista."[18] Nesse período, o novo líder articulava para acumular os cargos de secretário do Partido e presidente do Conselho de Ministros. Enfrentou antigos stalinistas como Mólotov, Málenkov, Kaganóvitch e o marechal Jukov, que pleiteavam sua deposição e o fim das reformas liberais: foram afastados e nomeados para cargos irrelevantes, mas não foram presos ou executados. Seu texto, fora de sincronia com boa parte da produção cultural, dirigia-se sobretudo aos setores refratários do espectro político.

A casa em que eu moro [Dom v kotorom iá jivu], realizado em 1957 pela dupla Lev Kulidjánov e Iákov Siéguel, se desenrola em torno de uma residência comunal entre 1935 e 1950, mas não aponta para um futuro coletivo de prosperidade. O que importa são os personagens individuais, afetados pelas contingências temporais, como a guerra, mas imbuídos de seus destinos. Entre as mulheres, a esposa do geólogo é a que mais sofre com ausências do marido, sempre às voltas com pesquisas de campo e longas temporadas fora de casa: em uma noite, ela cede às investidas do primogênito da família vizinha. Culpada, decide abandonar o marido quando de seu retorno, mas o momento a impede: é o dia em que a Alemanha invade a URSS. O geólogo vai para o *front*, onde morre em combate. Para ele, protagonista-ausente, o tempo que passa é uma permanente busca por espaços, físicos e mentais, mesmo a guerra parece ter apenas um significado funcional, despida de aspectos morais ou ideológicos: não purifica ou enobrece, apenas o coloca, vivo ou morto, em um espaço fora do alcance da esposa. No período stalinista, era o espaço cinematográfico que tinha uma função puramente mecânica, cabendo ao tempo e à razão marxista-leninista que o comandava estabelecer as condições do progresso histórico. Na cultura da Primavera, os papéis se inverteram: é o tempo que funciona mecanicamente, e o espaço passa a ser o articulador de significados.[19] O filme fez quase 30 milhões de espectadores.

A recomposição com o passado, com a pureza dos ideais da Revolução, é a marca de *O comunista* [Kommunist], de Iúli Raizman, lançado em fevereiro de

---

18   N. Khruschov, "For a Close Tie between Literature and Art and the Life of the People", s. p., *Current Digest of the Soviet Press*, vol. IX, nº 35, out 1957. Disponível em <http://soviethistory.msu.edu/1961-2/khrushchev-on-the-arts/khrushchev-on-the-arts-texts/khrushchev-on-art-and-life/>. Acesso em jul 2019.

19   P. Petrov, "The Freeze of Historicity in Thaw Cinema", *Kinokultura*, nº 8, abr 2005.

1958. Ambientado nos confins da Sibéria, em 1919, mostra os horrores da Guerra Civil. O herói, bolchevique e idealista, chega no vilarejo para administrar o almoxarifado de material de construção, fundamental para obras pioneiras da linha férrea e central elétrica, mas também foco de corrupção e violência. O filho, que o comunista não conheceu, conduz em voz *off* a narrativa, inspirado em memórias claudicantes que ouviu de sua mãe. A história da implantação do comunismo em um microcosmo longínquo torna-se um relato privado, carregado de tonalidades emocionais que revelam a internalização do mito revolucionário. O herói, que mal conhece a cartilha marxista – a despeito do título do filme, ele age motivado por uma ética própria, autodidata – termina sendo assassinado pelos representantes da velha Rússia: não há delegados do Partido que assegurem sua salvação, o que há é a destruição da central elétrica e a falência momentânea do projeto revolucionário.

A atmosfera política distendida seguia atenuando as perseguições burocráticas e o controle ideológico, facilitando a produção cinematográfica, dependente dos recursos do Estado: roteiristas e diretores sentiam-se mais confiantes em propor projetos. Foram 108 filmes em 1957, 121 em 1958 e 137 no ano seguinte, 1959. Kalatózov e Urussiévski realizaram em 1959 *A carta que não se enviou* [*Nieotpravliénoe pismó*], lançado em junho de 1960: quatro geólogos – três homens e uma mulher – partem para a Sibéria em busca de diamantes. Nos primeiros minutos, uma sequência de planos longos com movimentos de câmera, tomadas aéreas e imagens próximas dos personagens desorientados na floresta, dão a tônica. A narrativa inspira-se na carta do líder do grupo para a esposa, nunca enviada, em paralelo ao contato por rádio com Moscou: do centro para a periferia, o espaço afigura-se sob controle, como se espera de uma produção soviética, e a jazida de diamantes é descoberta. No meio da história, começa um novo filme: instala-se um triângulo amoroso entre os exploradores, logo um incêndio devastador na floresta desorganiza a operação. O virtuosismo fotográfico justapõe silhuetas e desolação, desespero e desconcerto, close e profundidade de campo. A câmera funde superfícies e promove a integração dos corpos com a paisagem, como se estivessem sendo devorados pelo espaço. A cartografia mapeada na primeira parte se desintegra: a tentação do espaço que move o filme leva a um afastamento dos protagonistas, material e psicológico, das instituições políticas e ideológicas que sustentavam a expedição, gerando uma sensação de desamparo.[20] O espaço é percebido como se fora autônomo, fora das categorias preconcebidas do realismo socialista. O final, que previa a morte dos quatro geólogos em diferentes momentos, teve de ser refeito por exigência dos órgãos de controle: o líder deve sobreviver. No último instante, um helicóptero avista alguém na estepe gelada.

* * *

No dia 2 de janeiro de 1959, os soviéticos lançaram o satélite Luna 1, projetado para chegar na Lua. Um problema no lançamento impediu o sucesso da missão: o artefato, o primeiro a atingir uma órbita heliocêntrica, chegou perto, cerca de 6 mil quilômetros. No dia 9 de setembro, foi a vez do bem-sucedido Luna 2 subir para o espaço, caindo na superfície lunar cinco dias depois – o primeiro veículo espacial a pousar em um outro corpo celestial. No mesmo ano, estreou nos cinemas a ficção científica *O céu está chamando* [*Niebo zoviet*], dirigida por Valiéri Fókin e produzida no estúdio Dovjienko, em Kiev: missão interplanetária soviética parte em direção a Marte, porém não cumpre o objetivo, em função de um desvio feito para salvar uma espaçonave americana, encalhada no asteroide Ícaro, perto do planeta vermelho. O produtor Roger Corman comprou em 1962 os direitos do filme para exibição nos EUA, e contratou Francis Ford Coppola para fazer a reedição. Uma luta de monstros foi inserida: as falas dubladas, os sinais em alfabeto cirílico apagados (NASA em vez de CCPP) e o resultado, uma versão treze minutos mais curta, lançada com novo título *Batalha além do Sol* [*Battle Beyond the Sun*].

A película mais popular de 1959 – 44 milhões de entradas vendidas – foi a comédia romântica *Ivan Brovkin em terra virgem* [*Ivan Bróvkin na tsieline*], realizada por Ivan Lukínski. O espaço a ser ocupado são as pradarias próximas ao Cazaquistão, conforme validado pela nova política agrícola de Khruschov. Um soldado volta da Guerra Patriótica e provoca celeuma no *kolkhoz*: quer partir para as terras virgens, que ele considera um dever patriótico, para ajudar seu país e prosperar individualmente. A nova fazenda coletiva em construção dispõe de maquinário moderno e colonos voluntários: a liberdade de ir e vir é assegurada, quem não se adaptar, está livre para retornar. Na parede, retratos de Lênin, apenas. Não se fala em Stálin, traições ou sabotagens: os espaços são amplos e idealizados, e o final, feliz. Ainda em 1959, em *Balada de um soldado* [*Balata o soldate*], de Grigóri Tchukhrai, o espaço cinematográfico também é uma travessia: o soldado aqui é um astuto destruidor de tanques, que prefere seis dias de licença para visitar a mãe (e consertar o telhado) em vez de ser condecorado. A recusa é a senha para

20 L. Oukaderova, op. cit., p. 63.

a ausência de retórica patriótica e ufanista do próprio filme: sua viagem de trem é o espaço idealizado da União Soviética virado ao avesso, onde traumas e sequelas da guerra afloram. Jovem e ingênuo, o soldado percorre o trajeto como se fora uma sutura moral de situações, apaziguando conflitos e restaurando relações, além de esquivar-se de bombas e tiros. Consegue rever a mãe por poucos minutos. A voz em *off* no fim diz que, embora ele pudesse ter ido longe na vida se tivesse vivido, será sempre lembrado simplesmente como um soldado russo.

Um conto de Mikhail Chólokhov foi adaptado fielmente por Serguei Bondartchuk, que assinou a direção pela primeira vez, além do papel principal: *O destino de um homem* [*Sudbá tcheloviek*], lançado em outubro de 1959. Um ex-motorista de caminhão durante a guerra rememora sua turbulenta vida a um interlocutor silencioso. Casamento, família, guerra e separação: a história trágica do século imiscui-se no destino individual. As tragédias pessoais se sucedem, prisão pelos alemães e fuga, morte da família. Um encontro casual com uma criança abandonada resgata o afeto e preenche o vazio. Chólokhov, escritor alinhado com o Partido, ganhou o Nobel de literatura em 1965 (em 1958, Boris Pasternak foi impedido de receber o Prêmio Nobel: sua novela *Doutor Jivago* havia sido proibida no ano anterior). Durante a era Stálin, chegou a defender compatriotas da região do Don em carta ao Krêmlin, utilizando-se da sua proximidade com o líder (Chólokhov foi amigo também de Khruschov). Na década de 1960, entretanto, aprovou condenações de escritores por subversão, e passou a ser hostilizado pelos intelectuais: também criticou *Um dia na vida de Ivan Deníssovitch*, primeiro livro que Aleksandr Soljenítsin conseguiu publicar, em 1962, ambientado em um campo do Gulag. Soljenítsin afirmou que a principal obra de Chólokhov, *Don silencioso*, era plágio de um escritor morto na década de 1920. A maioria dos especialistas contesta a acusação.

* * *

A distensão dos anos Khruschov permitiu uma abertura para trocas com o exterior, inclusive acadêmicas, proporcionando um trânsito de ideias contrastantes com o passado recente stalinista. Lideranças emergentes, como Mikhail Gorbatchov, foram influenciadas pelo novo ambiente. Khruschov inaugurou um estilo sincero e inusitado de debater temas internacionais: no verão de 1959, encontrou-se com Nixon na Exibição Nacional Americana em Moscou, quando entabulou acalorado debate sobre doutrinas econômicas, capitalismo x comunismo.

Conhecido como o *Debate da cozinha*, o encontro teve como cenário eletrodomésticos, televisores e aparelhos *hi-fi* que estavam expostos para o público. Na exposição constava casa pré-fabricada para classe média, automóveis, barcos, equipamentos esportivos e até um parque infantil. Poucos meses antes, evento similar foi realizado em Nova York, com produtos soviéticos. Convidado, Khruschov viajou em setembro aos Estados Unidos com a família para uma visita midiática, que incluiu várias cidades e fazendas no interior, além de almoço na 20th Century Fox, seguido de mais uma contenda entre comunismo e capitalismo. Tentou visitar a Disneylândia em Los Angeles, mas a segurança impediu: no último dia, reuniu-se com o Presidente Eisenhower em Camp David.

Ióssif Kheifits absorveu esse momento para trabalhar em um filme desvinculado de referências políticas explícitas: *A dama e o cachorrinho*, adaptação do conto de Anton Tchékhov, lançado em janeiro de 1960, na celebração do centenário de nascimento do escritor. Uma atração extraconjugal começa durante férias no Mar Negro, cercada da melancolia de fim de século na Rússia tsarista. A fotografia em preto e branco, contrastada e com luz rebatida, sugere nos mínimos reflexos a insaciabilidade por debaixo da austeridade, o desejo oculto nos silêncios e pausas. As conversações são banais, os olhos expressam a transgressão possível. Aleksei Batalov e Iya Savvina interpretam os personagens: o rosto de Savvina e sua intensidade sincera sugere a proximidade do abismo e das palavras subtraídas, da emoção contida nas longas caminhadas, prestes a explodir. Um drama burguês pré-revolucionário, executado com o rigor do cinema moderno naquela juntura histórica.

Mesmo nos filmes que dialogavam com a mitologia revolucionária, abriam-se espaços de digressão. *O marujo do tsar* [*Mitchman Panin*], realizado em 1960 por Mikhail Schweitzer, alterna entre comédia e o relato histórico: a fonte são as memórias de Wasilij Paniuszkin, personagem que atravessou o século XX na linha tênue que separa o ativismo da aventura, que na URSS significava probabilidade de prisão no Gulag e morte. O roteiro, passado na época do tsarismo, fez um recorte temporal das memórias: jovem aspirante a oficial da marinha durante a monarquia, Wasilij envolve-se na fuga de um grupo de treze bolcheviques e acaba exilando-se na França, onde se aproxima dos imigrantes russos. Uma carta de Lênin, à época residente em Zurique, convence-o a voltar à Rússia para atuar como agente infiltrado. Preso, vai a julgamento, mas consegue alegar que sua permanência na França se deveu a paixões amorosas – no filme, o relato lúbrico de Wasilij é ilustrado com sequências filmadas no estilo do cinema pré-revolucionário, dos diretores Bauer e Protazánov. Sua pena é a perda do *status* de aspirante ao oficialato e a redução à categoria de marinheiro comum: as últimas imagens, imitando os enquadramentos de Eisenstein do navio em *O encouraçado Potemkin*, remetem à participação de Wasilij na liderança da rebelião de fevereiro de 1917, na base de Kronstadt.

Wasilij Paniuszkin exerceu, depois da Revolução de Outubro, diversos cargos militares durante a Guerra Civil. Em 1921 retirou-se do Partido Bolchevique, e esteve ligado à criação do Partido Socialista dos Trabalhadores e Camponeses. Foi preso e sentenciado a dois anos de trabalho forçado, em 10 de agosto do mesmo ano: em 5 de dezembro de 1921, uma anistia o libertou. Reintegrado ao Partido, ocupou postos burocráticos até que, em 1937, foi detido durante o expurgo stalinista. Julgado e condenado a oito anos em 1940, teve a pena aumentada para dez anos em 1944. Retornou a Moscou no degelo pós-Stálin e faleceu em 1960. Um de seus últimos atos foi assistir ao filme, *O marujo do tsar*, ao lado da filha.

* * *

O delicado equilíbrio estratégico proporcionado pela capacidade de destruição nuclear, da URSS e dos EUA, continuava a pairar como ameaça latente. O temperamento oscilante de Khruschov, por vezes irascível e histrião, era mais uma incerteza: na Assembleia Geral da ONU de 1960, ele surpreendeu os delegados levantando-se no meio do debate e batendo com o sapato na bancada. O motivo da irritação foi o comentário de um delegado filipino sobre imperialismo soviético no Leste europeu. Em 1962, os soviéticos tentaram instalar mísseis de alcance médio em Cuba, equipados com artefatos nucleares: em outubro, a crise atingiu o clímax, e a guerra nuclear entre as duas potências nunca esteve tão próxima. Os mísseis foram finalmente removidos, com a promessa de Kennedy de que os americanos não invadiriam a ilha e, secretamente, retirariam seu arsenal da Turquia. O acordo, tido como um recuo inaceitável por muitos na URSS, custou caro a Khruschov: fragilizou sua base interna de apoio e desagradou a China. Durante a Revolução Cultural Chinesa, estudantes trocaram o nome da rua em Pequim onde se situava a embaixada soviética para *Rua contra o Revisionismo*.

Em 1961, a dupla Aleksandr Alov e Vladímir Naúmov, ex-alunos de Ígor Sávtchenko, realizaram *Paz para quem entra* [*Mir vkhodiáschemu*], drama ambientado nos últimos dias da Segunda Guerra. Em uma cidade dilapidada, as tropas soviéticas descobrem uma jovem gestante alemã, prestes a dar à luz: o comando ordena entregar a mulher ao hospital. Um tenente e o motorista são encarregados da missão, enfrentam percalços e traições, e incorporam no trajeto um sargento norte-americano, que perambulava no caos da Alemanha destruída. No caminhão também viajava um soldado soviético gravemente ferido. Conseguem chegar ao hospital, a criança nasce e a guerra acaba. O filme fecha com o bebê urinando em um lote de armas esquecidas no chão.

Nos anos em que não filmou, Mikhail Romm dedicou-se à seção que abriu na Mosfilm para encorajar experimentação nos jovens realizadores egressos do VGIK: Andrei Kontchalóvski, Andrei Tarkóvski, Larissa Chepitko e Gleb Panfílov, entre outros, participaram do grupo. Em 1961, realiza *Nove dias de um ano* [*Dieviát dniei odinogo goda*], lançado em março de 1962, sobre um triângulo amoroso envolvendo dois físicos nucleares, em um instituto na Sibéria. São nove dias na vida de um físico experimental, talentoso, mas impregnado de uma obsessão ilimitada pelo progresso científico: o contágio (consciente) com o material radioativo é inevitável (o ator é Aleksei Batalov). O amigo, físico teórico, procura aproximar-se da noiva do cientista, chegam a marcar o casamento, mas ela desiste e volta para o antigo amante, já doente, perto da morte. Monólogos interiores recriam o fluxo dessa consciência atormentada, sob cenários frios e ângulos que distorcem ligeiramente os objetos. A fotografia é em preto e branco diáfano.

* * *

Iuri Gagárin nasceu em uma fazenda coletiva em 1934, a oeste de Moscou, em meio à execução do segundo plano quinquenal da era Stálin. Com apenas 27 anos, tornou-se o primeiro ser humano a ir ao espaço: no dia 12 de abril de 1961, a nave Vostok 1 foi lançada de uma plataforma em Baikonur, no Cazaquistão. Deu uma volta completa ao redor do planeta. Esteve em órbita durante 108 minutos, a uma altura de 315 km, com uma velocidade aproximada de 28 mil km/h. Pela proeza, recebeu a medalha da Ordem de Lênin. O feito de Gagárin contrastou com o início da construção, em agosto do mesmo ano, do muro de Berlim, cicatriz que dava a perceber a tensão subjacente à Guerra Fria e a incapacidade de entendimento entre as potências.

Internamente, a demolição simbólica dos signos associados ao Comandante supremo continuava. Stalingrado, palco da decisiva batalha da Guerra Patriótica, mudou de nome em 1961 – passou a chamar-se Volgogrado. Em seguida, no dia 31 de outubro, o corpo de Stálin foi retirado do Mausoléu de Lênin, na Praça

Vermelha. *A infância de Ivan*, filme de estreia de Andrei Tarkóvski, chegou aos cinemas em abril de 1962. O projeto inicial, com um colega do VGIK na direção, havia sido interrompido: Tarkóvski e Andrei Kontchalóvski reescreveram parcialmente o roteiro, adaptado de uma novela de Vladímir Bogomólov. "Sempre que tentávamos substituir a causalidade narrativa pela articulação poética", revelou, "surgiam protestos das autoridades do cinema".[21] De um lado, a pressão da Mosfilm, na pressa por concluir uma produção estagnada: de outro, roteiristas, um deles diretor, ansiosos por introduzir novas temporalidades na trama, trazendo outras possibilidades de leitura dos filmes sobre a Guerra Patriótica. Ivan tem 12 anos, perde a mãe no conflito e engaja-se como batedor no Exército Vermelho. Motivado pelo trauma e cercado por adultos, impõe-se: oficiais substituem simbolicamente o pai, também morto na guerra, e a mãe retorna nos sonhos.

As novas temporalidades – não apenas os sonhos que estruturam a narrativa, mas também "a pressão do tempo no interior do plano", como dizia Tarkovski[22] – sugeriam que a compreensão do que se passava na tela não seria mais uma simples associação entre eventos, personagens e mudanças. A montagem e os ritmos artificiais que ela induzia não eram mais prioritários. Em *A infância de Ivan*, importa traduzir o absurdo da guerra, capaz de distorcer e destruir a pureza da infância. As linhas inimigas são porosas, fantasmáticas: passam por pântanos, lagos. A trilha sonora encarrega-se de destacar os ruídos da água que cai. No limite, figura e fundo tornam-se indistinguíveis: emerge um novo mundo, rostos e objetos imprecisos, incertos. A sequência final, montada com imagens de cinejornal da queda de Berlim em 1945, focaliza Goebbels carbonizado e suas crianças envenenadas, salas destruídas da Chancelaria, o globo terrestre de Hitler – um corte abrupto para a realidade. O último plano é a foto de Ivan, antes de ser enforcado. O filme ganhou o Leão de Ouro no Festival de Veneza em 1962.

Serguei Parajánov nasceu na Geórgia, em uma família de origem armênia. Estudou no VGIK e começou a dirigir na década de 1950, até o contato com o filme de Tarkóvski: "Eu não sabia fazer nada e eu não teria feito nada se não tivesse havido a *Infância de Ivan*",[23] disse após a sessão. Em 1962, aceita completar em Kiev a realização de uma produção tragicamente interrompida dois anos antes, pela morte no *set* de filmagens de uma das atrizes, em um incêndio. O diretor, Anatóli Slesarenko, foi preso: sua insistência em repetir a cena teria sido uma das causas do acidente. A Ministra da Cultura, Ekaterina Furtsieva, interveio pessoalmente para agilizar o tratamento de atriz, que cobriu o rosto com as mãos e sobreviveu alguns dias, até morrer, com 22 anos. Parajánov filmou sequências adicionais e o filme foi lançado em dezembro de 1962, com o título *Flor sobre a pedra* [*Tsvetok na kamiene*]. A história transcorre em uma mina na bacia do rio Donets, que passa na Rússia e na Ucrânia. Um conflito se instala entre uma comunidade pentecostal e a direção política da mina: as duas histórias correm em paralelo, pontuadas por romances, fanatismo religioso, e despertar de consciências. O diretor da mina representa o clássico personagem do realismo socialista: os jovens casais, a transição. As adições visaram a implosão da narrativa. O resultado não agradou ao diretor.

---

21 D. Iordanova, "Ivan's Childhood: Dream Come True", *The Criterion Collection*, 23 jan 2013.
22 Idem.

23 "Sergey Paradzhnov", *New World Encyclopedia*. Disponível em <www.newworldencyclopedia.org/entry/Sergey_Paradzhanov>. Acesso em jul 2019.

A PORTA DE ILITCH

Khruschov discursou no XXII Congresso do Partido em 1961 propondo plano de vinte anos para lançar as bases materiais do comunismo. Reiterou seu adágio sobre a coexistência pacífica possível entre as duas potências nucleares: *a guerra pode ser evitada*, insistiu. No último dia do Congresso, implicou Stálin no assassinato de Kírov, em 1934. Tal como ele próprio se via, disse que Kírov era precursor na luta contra os inimigos do Partido e defensor da verdadeira tradição leninista. Reintroduzir a marcha do tempo como referência para consolidação do projeto marxista-leninista, porém, chocava-se com os desdobramentos desencadeados com as reformas liberais que seu governo vinha implementando.

Em 1962, visitando uma exposição comemorativa da seção de Moscou da União dos Artistas, deparou-se com os trabalhos do artista abstrato Ernst Neizviéstni: sua reação foi destemperada e agressiva, repudiando a obra. Neizviéstni, veterano condecorado de guerra, tirou a camisa e mostrou cicatrizes cobrindo suas costas. Seguiu-se debate acalorado, sem conclusão no final, mas origem de um mútuo respeito entre os contendores (anos mais tarde, a pedido da família, Neizviéstni projetou o mausoléu da sepultura de Khruschov). Um dos membros da comitiva, chefe recém-apontado da KGB, prometeu ao artista (com ironia) emprego em uma mina de urânio. Neizviéstni não foi preso nem exilado, mas perdeu seu *status* oficial de artista e os benefícios conexos: acabou emigrando da União Soviética.

***

A porta de Ilitch [*Zastava Ilitcha*] foi o título da obra que Marlen Khútsiev começou a rodar em 1961. Também é o nome do bairro da capital onde mora o protagonista, sua família e dois amigos de infância. O clima de distensão após o XXII Congresso contaminou a produção: a primeira parte, com o retorno de Serguei do serviço militar, é uma aceleração de afetos, encontros e promessas, uma excitação juvenil diante do futuro – e a cidade de Moscou, a forma pela qual é fotografada, com a câmera leve, reforça o *pathos* dos personagens. O clímax é a parada do Primeiro de Maio. Política e alegria se misturam no frenesi da população, movimentos e olhares capturados de uma forma pouco vista no cinema soviético, acostumado à rigidez dos desfiles stalinistas.

Na segunda parte, paira a maturidade de Serguei e seus próximos: dúvidas existenciais, incertezas diante do futuro. O pai de Serguei, morto na Guerra Patriótica, retorna em sonho, integrado à narrativa. Monólogos pessimistas e diálogos intensos tomam a cena, que converge para uma festa de rompimentos, onde um dos coadjuvantes é Andrei Tarkóvski, em um papel "irritado e antipático", como disse Khútsiev.[1] O filme é uma mescla do social com o natural: a apoteose da liberdade da Primavera, um paganismo socialista. A dinâmica da linguagem é o fluxo da vida diária, pontuado pelo ciclo das horas do dia e pela alternância das estações. Moscou acaba por ser, na sua abrangência, uma variante do cosmos: a luz que a ilumina, os reflexos do céu no asfalto úmido, a rua de paralelepípedos, o rio gelado, os passageiros no transporte público e as demolições urbanas.[2]

Durante as filmagens, Khútsiev teve o apoio da Ministra da Cultura, Ekaterina Furtsieva, próxima de Khruschov. Ao final de 1962, os sinais se inverteram: os conservadores tomaram a dianteira na luta política no Partido, e os ideólogos prevaleceram. Até o ruído dos passos dos guardas à noite foi criticado – "passos naquela altura só na prisão", disse um deles. Khruschov convocou seiscentos artistas e intelectuais no Krêmlin, em março de 1963, para um escárnio público: entre os singularizados estava o filme de Khútsiev. "Os personagens, disse o líder, são pessoas moralmente doentes: os jovens decidem por eles mesmos o que fazer na vida, sem pedir conselhos aos pais".[3] Uma subversão hierárquica intolerável, inaceitável e estrangeira para o povo soviético. Romm levantou-se e discordou de Khruschov: *vejo o filme de outra maneira*, disse. Khútsiev foi obrigado a fazer cortes e reeditar o material. A nova versão foi lançada em janeiro de 1965, com outro título: *Tenho vinte anos* [*Mnié dvátsat let*].

A produção cinematográfica manteve-se estável no início da década: 116 filmes em 1960; 131 em 1961; 120 em 1962; e 133 em 1963. *O homem anfíbio*, ficção científica com enredo romântico, bateu o recorde da bilheteria em 1962: mais de 65 milhões de tíquetes vendidos. Adaptado de um livro de 1928, narra as angústias de um cientista que implantou guelras de tubarão em seu filho, a fim de garantir sua sobrevivência. A ação se passa em uma comunidade pesqueira de pérolas em algum lugar da América do Sul (no livro, Buenos Aires). O pai sonha com uma república utópica submarina: o filho, contra a vontade do pai, almeja uma amante, alguém que salvou de um ataque de tubarão. Ele – irremediavelmente preso no meio líquido – ela, ao ar livre: a união é impossível, não há ilusões. "Sentirei falta da terra", exclama o homem anfíbio, ao retornar para as profundezas.

* * *

Valentina Terechkova foi a primeira mulher a viajar no espaço exterior. Foram 48 órbitas em volta da Terra, a partir de 16 de junho de 1963. Dois dias antes, outra espaçonave tinha sido lançada, com o astronauta Valiéri Bykóvski a bordo. A dupla protagonizou a primeira aproximação espacial: mesmo em diferentes níveis, passaram a cinco quilômetros de distância um do outro, e trocaram comunicações. A televisão transmitiu imagens da pioneira sorrindo, com seu diário de bordo flutuando na cabine. Na volta, por pouco não ocorreu uma tragédia: os cientistas tiveram de desenvolver um algoritmo em pleno voo, que permitisse o retorno. Valentina pousou perto da fronteira com a Mongólia, no Cazaquistão. Resgatada por moradores de um vilarejo, aceitou convite para jantar. Foi repreendida por não ter feito exames médicos antes do contato.

Eu, vovó, Iliko e Ilarion: a enumeração dos personagens é o título do filme que o georgiano Tengiz Abuladze rodou em 1962, apropriado para uma narrativa realista e pastoral no interior de seu país natal. Zuriko, narrador e personagem principal, vai à escola junto com a avó, analfabeta: Iliko e Ilarion são os amigos do convívio diário, idosos e confusos. O primeiro tem apenas um olho, e o segundo é míope: na caçada, atira no cachorro de Zuriko depois de mirar o coelho. Chega a Segunda Guerra e a realidade permanece como estava, sem sobressaltos (a guerra acontece longe). O preto e branco das imagens ilumina planícies e o interior da casa. Os amigos vendem a vaca para custear estudos de Zuriko na capital. Após a formatura, desiste da promessa de casamento na cidade, e retorna

---

1   Entrevista a Carlos Muguiro, *Nouvelle Vague Soviética*, Catálogo da Mostra – Caixa Cultural, Curadoria Pedro Henrique Ferreira e Thiago Brito, Rio de Janeiro, 2018, p. 43.

2   E. Margolit, op. cit., p. 43.
3   J. Woll, "RUSSIA Being 20, 40 years later. Marlen Khutsiev's *Mne dvadtsat' let* (I Am Twenty), 1961". *Kinoeye*, nº 8, 10 dez 2001.

à casa a tempo de ver a avó no leito de morte. Seu futuro é a continuação do presente, sem heroísmos.

Em 1963, o cinema na URSS passou por nova transição institucional. O Ministério do Cinema, criado no pós-guerra, fora absorvido desde 1953 pelo Ministério da Cultura. O novo desenho, montado no ocaso da era Khruschov, estabeleceu uma gigantesca corporação estatal para supervisionar todos os assuntos ligados à área, batizada com a mesma sigla utilizada nos anos 1920, Goskino (Comitê Estatal para o Cinema). A principal mudança foi a autonomia do órgão, que passou a dispor de canal direto com o Comitê Central do Partido e o Comitê de Ministros. O responsável designado foi Aleksei Románov, que ficou até 1972: fiel membro do Partido, era conhecido pela vigilância que exercia sobre insinuações eróticas e comportamentais nos filmes. Em meados da década de 1960, o número anual de espectadores alcançava cerca de 4 bilhões, chegando a 4,6 bilhões em 1970.[4] Diante de uma tal penetração – mais de 150 mil salas e 138 mil clubes com exibição – a necessidade de um controle mais rígido se afigurava inevitável, em especial quando ondas conservadoras se anunciavam no horizonte.

A Goskino controlava planos de produção dos estúdios e aprovava roteiros: determinava quantas cópias seriam feitas para os lançamentos; supervisionava sete plantas de negativos, 158 centros de distribuição e pouco mais de 150 mil câmeras. Comandava, em conjunto com o Ministério das Finanças, toda a economia do cinema: preços de tíquetes, salários, financiamento da produção e a partilha dos rendimentos.[5] Uma teia de sanções permeava o sistema, sob a tutela da Goskino. Cortes de orçamento e protelação de decisões, expedientes típicos da época de Stálin voltaram a ser utilizados com fins de controle: viagens ao exterior e participações em festivais internacionais, sempre difíceis de se obter, funcionavam como incentivos.

No campo político, os sinais de desaceleramento das reformas tornavam-se mais visíveis. Em discurso reproduzido pelo *Pravda*, no dia 10 de março de 1963, Khruschov emitiu julgamentos contraditórios sobre Stálin: apesar de seus atos arbitrários e abuso de poder terem atingido severamente o Partido, Stálin, um devoto marxista, merecia créditos pelos serviços prestados ao movimento comunista. A Primavera havia permitido que dúvidas sobre a condução da campanha militar durante a Guerra Patriótica aflorassem, tema de sensibilidade evidente, afetando praticamente toda a população. A partir de 1960, contudo, iniciou-se esforço para reescrever a história oficial da Segunda Guerra: em 1965, foi publicado o sexto e último volume, com uma versão pós-Khruschov das decisões tomadas durante o conflito. Erros e cálculos equivocados de Stálin foram relativizados: o Comandante supremo, ao contrário do que se supunha, estava ciente dos riscos de invasão alemã em 1941, e tomou as medidas necessárias de precaução. O culto a Stálin, com seus excessos retóricos e midiáticos, foi substituído pelo culto à vitória soviética na Guerra Patriótica. Essa tônica denotava a proximidade de novo congelamento político, que viria com a subida ao poder de Leonid Briéjnev, em 1964.

* * *

O distanciamento temporal da Guerra Patriótica permitia exploração de novos territórios dramáticos, no bojo da Primavera. Ígor Talankin realizou em 1962 *Entrada* [*Bkhod*], baseado em roteiro da escritora Vera Panova. A guerra e a violência gráfica são abstraídas, mas as ondas de destruição continuam a se propagar, impactando de modo fragmentário as vidas dos que ficaram na retaguarda. Girando em torno de Leningrado e os pontos de fuga no interior, a história acompanha, separadamente, dois adolescentes, unidos por breves encontros. No trem, de volta para a cidade após o fim do bloqueio pelos alemães, ela e a irmã órfãs, e ele, voltando para a mãe e à procura do pai: e no começo da guerra, em 1941, em uma estação lotada de refugiados à espera da evacuação, no estupor que antecede um bombardeio. A não linearidade do roteiro, que alterna espaços e tempos, desorienta o espectador, assim como a guerra desorienta personagens e desvela as fraturas afetivas. A maturidade do jovem, que trabalha em uma fábrica de aviões, se impõe: no final, enfrenta o pai, e se aproxima do meio-irmão menor. Um filme de formação, com a guerra no extracampo cinematográfico, despojada de conteúdos patrióticos.

Vladímir Venguiérov, aluno de Eisenstein, pautava-se por uma indiferença discreta à doutrina do realismo socialista: *Trajeto vazio* [*Porójni reiz*], que dirigiu em 1963 e lançou no início do ano seguinte, desarticula a polaridade entre personagens positivos e negativos. O juízo ideológico que atravessava livros e filmes durante os anos de Stálin no poder, esvai-se: cada personagem resta ele mesmo, sem artifícios. No filme, um jornalista idealista é designado para escrever um

---

4 R. Stites, *Russian Popular Culture: Entertainment and Society Since 1900*, Cambridge: Cambridge University Press, 1992, p. 169.

5 A. Dawson, S. Holmes (ed.), *Working in the Global Film and Television Industries: Creativity, Systems, Space, Patronage*, p. 42-43.

artigo sobre motorista ligado à indústria madeireira, no norte do país. Em meio ao inverno rigoroso, acaba deparando-se com evidências de fraude, através da manipulação da milhagem pelo chofer. Inquieto, reúne provas e prepara-se para escrever um devastador artigo, mas o diretor da empresa florestal tenta dissuadi-lo. O motorista é encarregado de levar o jornalista ao centro distrital: abandoná-lo em um local ermo pode congelar o denunciante e terminar com os problemas. Entretanto, a gasolina acaba e ambos estão ameaçados de morrer – a temperatura vai a quarenta graus abaixo de zero. Venguiérov interessa-se em compreender os dois personagens, sem preconceitos. No limite, ambos sobrevivem.

O filme mais popular de 1963 foi *Uma tragédia otimista* [*Optimistítcheskaia traguédia*], de Samson Samsónov, com 46 milhões de ingressos vendidos, rodado em preto e branco no formato Sovscope 70 mm, e exibido também no Kinopanorama. Baseado em peça teatral de 1932, igualmente popular à época, narra episódio durante a Guerra Civil envolvendo marinheiros anarquistas e uma Comissária bolchevique. Logo na chegada, ela se impõe: mata um marujo corpulento que se preparava para violenta-la no *deck* do navio, na frente dos demais. A liderança do grupo estava nas mãos de um antigo marinheiro, que controlava até os oficiais. A rigidez da composição dos personagens, característica dos anos 1930, ressurge em cinemascope a fim de promover o renascimento da fé revolucionária. O estereótipo das situações funciona como memória épica, quando os inimigos eram os Brancos, e os desvios ideológicos, os anarquistas, recuperáveis. Tudo é delimitado e previsível nessa trama, até a morte heroica da Comissária. A marcha da história em direção ao socialismo revive, nem que seja por um momento fugaz.

* * *

Guennádi Chpálikov estudou no VGIK na turma de Tarkóvski e Andrei Kontchalóvski. Colaborou no roteiro de *Tenho vinte anos*, de Khútsiev: em 1962, foi convidado pelo realizador Gueórgui Danelia para escrever *Andando nas ruas de Moscou* [*Iá chagaio po Moskve*], rodado em 1963 e lançado em abril do ano seguinte. Chpálikov imaginou um conjunto de personagens despreocupados no verão da capital soviética, vivendo acontecimentos conectados de forma fluida, sem uma centralidade dramática (Nikita Mikhálkov é um dos atores, em seu primeiro papel). Angústias existenciais, ao contrário do filme de Khútsiev, foram diluídas pelo tom juvenil dos acontecimentos: frequentemente, a narrativa abandona os protagonistas e se detém em locais estranhos à história, com coadjuvantes sem função. O fundamental, em uma película preto e branco formato *widescreen*, era passar para o espectador uma nova experiência sensória do espaço urbano, sob chuva ou sol: o verdadeiro centro dramático de *Andando nas ruas de Moscou* é a dinâmica espacial na qual a história se desenrola, a rotina moderna da capital.[6] Nessa altura da vida soviética, a paisagem urbana moscovita já exibia os sinais das mudanças estruturais da Primavera, nos apartamentos individuais e na organização dos espaços de convivência. No filme, a movimentação dos corpos e da câmera, a integração nos ambientes – com utilização crescente de vidros, a exemplo das metrópoles ocidentais – são enfatizadas logo na primeira sequência, quando o candidato a escritor, um dos principais personagens, chega no novo aeroporto de Moscou: saindo, depara-se com uma jovem, mostrada através do reflexo na extensa parede de vidro. Os dois travam um diálogo ambíguo e irreverente, senha da narrativa adotada a seguir em *Andando nas ruas de Moscou*. A proposta captou a efervescência da juventude naquele momento, sem referir-se a projetos ideológicos ou heroísmos pessoais.

Depois da crise dos mísseis em Cuba, a relação entre as superpotências distendeu – um discurso de Kennedy em junho de 1963, reconhecendo o sofrimento soviético durante a guerra, contribuiu para reduzir as tensões. Sua morte, em novembro, impediu novos progressos e prejudicou Khruschov, que tinha no presidente americano um interlocutor para negociações de desarmamento. Aproveitando-se das seguidas ausências do líder na capital (um total de cinco meses entre janeiro e setembro de 1964), Briéjnev articulou-se com um grupo de conspiradores. Em 12 de outubro daquele ano, Khruschov descansava em férias quando foi chamado por Briéjnev para reunião especial em Moscou, sobre crise na agricultura. Embora a crise fosse verdadeira, desconfiou da convocatória, mas não tomou nenhuma precaução especial para a viagem: não contava com a traição do chefe da KGB, que o recebeu com guardas de segurança. Não houve resistência: no dia 14, o Comitê Central aceitou pedido *voluntário* de aposentadoria de Khruschov, por razões de idade e saúde. Naquele dia, revelou a um amigo: "Estou velho e cansado. Deixe-os lidar sozinhos. Eu fiz a coisa principal. O medo se foi e podemos falar como iguais. Essa é minha contribuição. Eu não vou brigar."[7]

Em agosto de 1964, Serguei Parajánov terminava as filmagens de *Os cavalos de fogo*, na região montanhosa dos Cárpatos ucranianos, baseado na obra de

---

6 L. Oukaderova, op. cit., p. 90.

7 W. Taubman, *Khrushchev: The Man and His Era*, Nova York: W.W. Norton, 2004, p. 13.

Mikhail Kotsyubinsky. Feito no centenário de nascimento do escritor, logrou produzir uma etnografia poética da cultura popular de uma região periférica da União Soviética, com uma linguagem a um tempo moderna, pelo virtuosismo das imagens e da trilha sonora, e trágica, pela ênfase nos ritos – amor, sexo, Deus e morte. A história segue a trajetória funesta de Ivan: mortes do pai e da amada, desespero e loucura (trecho em preto e branco), casamento infeliz e morte. Com a câmara na mão na topografia íngreme, e o transbordamento das cores beirando a abstração, *Os cavalos de fogo* veicula uma narrativa épica sem nenhum ponto de contato com o realismo socialista. Parajánov recusou-se a dublar os diálogos para o russo, optando pelo dialeto dos Hutsuls, povo que vive nos Cárpatos. O filme estreou em outubro de 1965 e alcançou 8,5 milhões de espectadores.

* * *

Grigóri Kózintsev dirigiu *Hamlet* para o teatro em 1953, logo depois da morte de Stálin, utilizando a tradução de Pasternak – Stálin não gostava da peça, e um veto tácito seu teria impedido novas montagens depois de consolidar-se no poder, na década de 1930.[8] A Rússia tsarista tinha uma longa afinidade com Hamlet (e Shakespeare), com eventuais rechaços da monarquia, cuja relação com o texto também era conflituosa. No século XIX, a popularidade de Hamlet deslanchou, embora com frequência a partir de uma leitura romântica e decadentista, que relegava o personagem a um comportamento ocioso e desiludido. No final do século, essa visão foi alterada no bojo de uma crescente politização de intelectuais e artistas. Nos primeiros anos do período comunista, Hamlet foi adaptado para as novas circunstâncias, expressando a passagem do feudalismo para a emergente burguesia capitalista: apesar de bem-intencionado, era por definição um fracassado, pois a história, na visão marxista, não havia atingido o ponto em que sua visão humanista pudesse prevalecer. O realismo socialista e o tratamento unidimensional que impunha às artes terminou atingindo o príncipe dinamarquês, cujo tormento interno tornou-o inassimilável para o novo código. Na Primavera, Hamlet reapareceu com um perfil de dissidente político, amargo e consciente de seu destino trágico.

Para Kózintsev, Hamlet, ao especular sobre moral e verdade, dirigia seu discurso contra a tirania da Corte de Elsinore, personificada pelo tio-assassino, Cláudio. Era quase solitário nessa cruzada política: sua consciência era torturada, sem vínculos com a luta de classes ou a aparição histórica da burguesia. Isso não significava uma opção apolítica, pelo contrário, para Kózintsev, estudioso de Shakespeare, o personagem já nasceu em conflito com sua época, cada palavra que saía de sua boca tinha um conteúdo político. Em 1963, o diretor realizou a versão cinematográfica da obra, em preto e branco (para capturar o tom cinzento e frio do norte europeu) e em 70 mm. No filme, Hamlet alterna vastos ambientes internos com amplas tomadas externas, fugindo da claustrofobia convencional em voga até então nas adaptações do texto para o audiovisual. O príncipe circula com desenvoltura nesses espaços, atormentado com a verdade que carrega sobre o assassinato do pai, mas sem excluir-se do convívio social. A câmera se movimenta conforme o ritmo do seu pensamento, sugeriu Kózintsev: e a música de Chostakóvitch surge de forma abrupta para ditar rumos e desvios a este pensamento. Espionagens, traições, arrependimentos e culpa: os núcleos temáticos marcam a ação. Foi lançado em maio de 1964, primeiro no Reino Unido e em seguida na União Soviética.

Konstantin Simonov foi um dos escritores que se adaptou aos novos tempos da Primavera. Durante a Guerra Patriótica, atuou como jornalista, escreveu poemas e romances, eventualmente enaltecendo Stálin. Um de seus poemas, dedicado à atriz Valentina Serova, é dos mais populares da era soviética: *Espere por mim*, composto em 1941. Depois das revelações de Khruschov no XX Congresso, fez a autocrítica e conseguiu manter a imagem de honestidade: na era Briéjnev, sua produção caiu. Escreveu alguns versos e foi ser correspondente na guerra do Vietnam. Um de seus livros, *Os vivos e os mortos [Jivye i miórtvye]*, publicado em 1959, foi levado às telas com o mesmo título por Aleksandr Stólper, em 1964, e tornou-se a maior bilheteria do ano: mais de 41 milhões de ingressos. A história se passa nos primeiros meses do conflito, quando os alemães avançavam e os soviéticos recuavam. Um jornalista militar atravessa linhas inimigas, presencia aviões abatidos e perdas, socorre sobreviventes – e termina sendo preso pelos invasores. Consegue fugir, mas sem o cartão do Partido. Privado da identidade, parte para a ação, única maneira de resgatar seu *status* oficial. O tempo em que esteve detido foi elidido do filme, conforme o tabu originário do stalinismo: durante a guerra, ex-prisioneiros soviéticos eram perseguidos pela polícia secreta quando escapavam, pelo receio de que pudessem ter se tornado traidores.

---

8   T.A.C. Moore, *Kozintsev's Shakespeare Films: Russian Political Protest in Hamlet and King Lear*, Jefferson: McFarland & Company, 2012, p. 19-20.

Apesar disso, não há heróis do Partido ou louvações específicas ao Comandante supremo. O objeto do culto é a Guerra Patriótica.

* * *

Um raro esforço de coprodução internacional da Mosfilm foi *Eu sou Cuba* [*Iá Kuba*], rodado em 1963 e lançado no final de 1964 em Havana e Moscou, respectivamente em outubro e novembro. Foi dirigido por Kalatózov e fotografado por Urussiévski, dupla premiada em 1958 no Festival de Cannes pela ousadia formal e capacidade de transmitir sutilezas psicológicas e emocionais em seus filmes. A preparação durou dois anos: a assimilação cultural da vida nos trópicos pela equipe soviética que se instalou em Cuba é um componente que se refletiu no resultado final. Os movimentos e o virtuosismo da câmera na mão agregaram-se à sensualidade caribenha, e produziram uma corporeidade física nas imagens que desarma as hierarquias centrípetas e a organização espacial da visão do espectador. Em alguns planos, Urussiévski entregava a câmera a um dos atores; em outros, um complexo sistema de guindastes e cabos criava transições externas e internas inusitadas – por exemplo, entre marcha fúnebre e ateliê de charutos – provocando deslocamentos disruptivos e insólitos. Urussiévski disse que a mobilidade fazia a câmera respirar e aumentar a *realidade da impressão*.[9] O roteiro, partilhado entre um cubano e um soviético, situa quatro histórias em algum momento da segunda metade dos anos 1950, antes da Revolução: uma prostituta negra que leva um cliente estrangeiro para sua casa, na favela; um plantador de cana que é expulso das terras em que trabalha pela chegada de uma multinacional, incendeia sua casa e morre; estudantes que planejam ações contra o governo de Batista e são abatidos pela polícia; e um camponês na Serra Maestra, que sofre com bombardeios e junta-se às forças rebeldes de Castro.

O transbordamento barroco de *Eu sou Cuba* acabou desagradando críticos e público dos dois países: em ambos, o filme foi rapidamente retirado de cartaz. Na União Soviética, a principal queixa era a de que a ênfase no espaço havia derrotado a narrativa temporal. A consequência era o enfraquecimento dramático e a rarefação do enredo (sinalizando, implicitamente, excesso de formalismo, tal como nos anos do stalinismo). Em Cuba, a ressalva era de que Kalatózov e equipe não tinham captado o comportamento e as emoções do povo cubano. A crise dos mísseis soviéticos e a queda de braço entre Kennedy e Khruschov ocorreram durante a produção: um filme que se pretendia modelo da amizade entre os dois povos, tão distantes entre si, não poderia passar ileso diante dessa circunstância. Anos mais tarde, na década de 1990, foi redescoberto em festivais nos Estados Unidos. Scorcese e Coppola abraçaram com entusiasmo seu relançamento. Logo, tornou-se um clássico.

Os heróis positivados dos filmes infantis na URSS são crianças que salvam vidas em incêndios, cantores que se destacam nos corais ou atletas precoces em competições de cultura física. Em *Bem-vindo, ou não ultrapasse* [*Dobró pojalovat, ili Postronnim vkhod vospreschion*], dirigido por Elem Klímov em 1964, o herói é um menino que desafiou as proibições do campo de férias de pioneiros e nadou no rio sem a presença do supervisor. Expulso, retorna secretamente ao campo por medo de decepcionar a avó, e esconde-se em um cubículo, debaixo do palanque. A ironia com os códigos restritivos aparece logo no início: o filme abre com um panorama descontraído, com o banner convidativo: "Bem-vindo". Logo abaixo, "Não ultrapasse"; e, no lado interno do portão, uma prescrição mais rigorosa para os residentes do campo, "Saída não autorizada não é permitida". Situações burlescas satirizam a duplicidade dos agentes da moralidade – até que o supervisor é removido do cargo e a alegria da liberdade, antes internalizada em um personagem, contagia a todos.

* * *

A queda de Khruschov sugeria que a história estava voltando aos trilhos do progresso social e econômico preconizado pela ciência marxista. Tal era a visão da ala conservadora que se apossou do poder em 1964: no início, Briéjnev, um engenheiro metalúrgico nascido na Ucrânia, compartilhou uma *liderança coletiva*, juntamente com Aleksei Kossyguin (Primeiro-ministro) e Nikolai Podgórni (Chefe de Estado). Briéjnev assumiu o cargo mais importante, Primeiro Secretário do Comitê Central, ocupando-se de assuntos militares e relações com países alinhados. Gradualmente, emergiu como o principal líder. Enquanto em meados da década de 1960 Kossyguin, que também era responsável pela economia, encontrava-se com os líderes estrangeiros, com o passar do tempo Briéjnev chamou a si cada vez mais esse papel.

Em relação ao Partido, o objetivo era reassegurar a estabilidade da *nomenklatura*, a camada dirigente da União Soviética, que chegou a alcançar 750 mil

---

9 L. Oukaderova, op. cit., p. 76.

pessoas na era Briéjnev. No plano econômico, Kossyguin manteve a ênfase na produção de bens de consumo e estimulou maior independência na gestão das empresas estatais, mas retomou o controle centralizado nos Ministérios para a alocação de recursos. Na perspectiva teleológica do marxismo-leninismo, Briéjnev viria a afirmar nos anos 1970 "que uma sociedade socialista desenvolvida é um estágio natural no amadurecimento socioeconômico do novo sistema no marco da primeira fase da formação comunista".[10] O conceito de *sociedade socialista desenvolvida* foi a pedra basilar ideológica de sua longa permanência no poder: mais tarde, Gorbatchov qualificaria a era Briéjnev de "estagnação econômica".

Na juntura histórica de 1964, Mikhail Schweitzer iniciou a produção de seu filme, *Está na hora, adiante!* [*Vriémia, v period!*], lançado nos cinemas em novembro de 1965. Codirigido por sua mulher, Sofia Milkina, baseado em livro homônimo de Valentin Kataiev, o título – em si mesmo uma celebração do movimento da história – é tirado de um fragmento da última peça de Maiakóvski, *Os banhos*, em que operários às voltas com burocratas constroem uma máquina do tempo (o texto foi encenado por Meyerhold 29 dias antes do suicídio do poeta, em 1930). O filme abre com uma sequência de cinejornal sobre a marcha da Revolução, impulsionada pela música de Svirídov e culminando com a imagem de Maiakóvski no leito de morte. Em seguida, direto para a ação, que se passa durante um dia, ambientada no canteiro de obras da Siderúrgica Magnitogorsk, no início da década de 1930. Estimulados pela competição com projeto vizinho, uma galeria de jovens do Komssomol, comandados por um gerente de origem judaica, supera-se freneticamente até bater o recorde da produção diária. Um jornalista de Moscou acompanha: em meio à velocidade dos movimentos da câmera e da montagem, sua narrativa é apenas uma dentre várias camadas de narração. O enredo se subdivide em arranjos discretos em que os diversos protagonistas interagem imbuídos do objetivo comum. A aceleração do tempo relativiza clivagens positivas e negativas dos personagens: a história é aqui e agora, diz um deles.

* * *

Em meados da década de 1960, muitos esperavam ver em *Está na hora, adiante!* alusões críticas ao stalinismo. No primeiro plano quinquenal, um esforço colossal foi feito para a construção da fábrica, iniciada em 1929 e concluída em 1933, antes do prazo previsto. No entanto, Schweitzer mostrou jovens trabalhadores que entusiasticamente queriam construir não apenas uma siderúrgica em particular, mas um novo Estado. A insistência de Stálin em capacitar a União Soviética com meios de produção, como o aço, foi estratégica para a ascensão econômica do país. O custo, entretanto, foi significativo: hoje sabe-se que muitos dos voluntários dos primeiros anos em Magnitogorsk desistiram diante das duras condições de trabalho, e milhares de camponeses (a maioria tártaros) foram transferidos à força para o sítio da obra, a fim de substituí-los – estima-se que esse número tenha chegado a 40 mil. Juntos com 26 mil condenados não políticos igualmente levados para trabalhar no local, viviam em acampamentos rodeados de arame farpado. Desse contingente, cerca de dez mil operários não resistiram ao frio, fome e doenças, como tifo e malária, durante os anos da construção, e pereceram. A cidade de Magnitogorsk, onde a siderúrgica continua em atividade, situa-se ao sul dos Montes Urais, próximo ao Cazaquistão: em 2015, foi classificada como a terceira mais poluída da Rússia. A usina foi projetada por uma empresa norte-americana e inspirada em similar no estado de Indiana, nos EUA.

A Primavera no cinema não apenas reorganizou o espaço cinematográfico, mas também as interações entre público e personagens, na familiaridade das cidades, paisagens e interiores.[11] *Asas* [*Krylia*], de Larissa Chepitko, lançado em novembro de 1966, atualizou esse deslocamento ao eleger como protagonista uma mulher, aviadora condecorada na Guerra Patriótica e prestigiada diretora de escola após a desmobilização (Chepitko foi aluna de Dovjienko e Romm no VGIK). A URSS foi pioneira em utilizar mulheres na aviação de combate: Stálin emitiu uma ordem em 8 de outubro de 1941 para implantar três unidades da força aérea compostas por combatentes femininas. Depois do conflito, quase todas deixaram o serviço militar. A personagem-aviadora de *Asas* carrega uma angústia insuperável: o parceiro amoroso, também piloto, abatido diante de seus olhos. A comunicação com as gerações mais jovens, inclusive com a filha, é difícil – solitária, ela flana pelas ruas de Sebastopol, projetando memórias e desejos na arquitetura da cidade. Sente-se deslocada no mundo pós-Stálin, seu contato com o passado é mediado pelo amante que dirige um museu de aviação, seu mundo quase particular. Na guerra, os esquadrões femininos eram chamados de *Bruxas da noite* pelos alemães. No final, sem autorização, entra em um avião e decola.

---

10 L. Brezhnev, "A Historic Stage on the Road to Communism", *World Marxist Review*, vol. XX, nº 12, 1977, p. 3-5; 7. Disponível em <http://soviethistory.msu.edu/1980-2/our-little-father/our-little-father-texts/brezhnev-on-the-theory--of-developed-socialism/>. Acesso em jul 2019.

11 L. Oukaderova, op. cit., p. 118.

O pai de Leonid Gaidai era ucraniano, ativista político, e acabou sendo exilado na Sibéria. Convocado para a guerra, Gaidai foi gravemente ferido. Na volta, estudou no VGIK com Aleksándrov e foi assistente de Boris Bárnet. Dirigiu sua primeira comédia em 1958 sobre um burocrata tacanho: foi criticado pela ausência de personagens positivos, e o filme sofreu 47 minutos de cortes. Na sequência, adaptou seu estilo a um tipo de comédia pastelão que iria se tornar o recordista absoluto de público no cinema soviético. Personagens caracterizados de acordo com a tipologia arquetípica do gênero – o estúpido, o covarde, o experiente – movimentam-se e se chocam em situações ordinárias da vida cotidiana, provocando ondas de humor. Três de suas realizações, produzidas durante a década de 1960, alcançaram 70 milhões ou mais de entradas vendidas: *Operação Y e outras aventuras de Chúrik* [*Operátsia Y i druguie prikliutchénia Chúrika*], de 1965; *Caucasiano cativo* [*Kavkázkaia plennitsa*], de 1967; e *O braço de diamante* [*Brilliantóvaia ruká*], de 1968. Insinuações eróticas e humor corrosivo, revelando uma discreta sátira à retórica oficial, sem amarguras, complementavam o quadro. A agilidade da edição e a precisão dos movimentos dos atores se moldavam às expectativas da sociedade urbana da URSS, em vias de ingressar no consumo moderno. Os filmes de Gaidai, porém, seguiam ancorados no imaginário russo: sua circulação internacional foi reduzida.

* * *

O fascismo de todos os dias [*Obyknoviéni fachizm*], documentário dirigido por Mikhail Romm finalizado em 1965, contou com a colaboração de Iuri Khaniutin e Máia Turóvskaia na pesquisa de imagens e roteiro. O fio condutor é o texto narrado por Romm: dividido em capítulos, comenta o fluxo das imagens, como se estivesse na mesa de montagem ao lado do espectador. A seleção de cenas foi longa e minuciosa, utilizando-se de fontes variadas, sobretudo material confiscado pelo exército soviético durante a guerra, tais como: filmes de propaganda da ascensão do nazismo, com ênfase em eventos públicos, mulheres e jovens; imagens dos campos de extermínio de judeus e gueto de Varsóvia; e fotos achadas nos bolsos de soldados e oficiais alemães mortos em combate, que oscilam entre situações familiares e flagrantes sádicos de assassinatos e torturas de mulheres judias. Os comentários de Romm transitam do dramático ao ordinário, com a voz sempre suave. Mas também resvalam para a ironia, especialmente quando voltados à desconstrução do culto da personalidade erigido em torno de

Hitler. À época do lançamento, em dezembro de 1965, não passou despercebido o paralelo com o culto análogo na União Soviética, relativo a Stálin.

Em 1956, King Vidor dirigiu em Hollywood *Guerra e paz*, com Henry Fonda, Audrey Hepburn e Mel Ferrer nos principais papéis. O desempenho nos EUA foi sofrível, mas na União Soviética ultrapassou todas as expectativas. Em meio à Guerra Fria, adaptar o clássico de Tolstói e superar o rival norte-americano passou a ser um desafio: a resposta veio a partir de 1961, quando a Mosfilm iniciou a produção de *Guerra e paz* sob a direção de Serguei Bondartchuk, corroteirista e responsável por um dos principais papéis, Piotr Bezúkhov. Foram seis anos de filmagens, custo estimado em 700 milhões de dólares e 135 milhões de tíquetes vendidos. Lançado em quatro partes a partir de 1966, alcançou finalmente o nível hollywoodiano que Boris Chumiátski almejava nos anos de 1930 para a cinematografia soviética, não apenas na exuberância da reconstrução histórica – mais de quarenta museus contribuíram com figurinos e objetos – como também pela reverberação épica de sua narrativa. *Guerra e paz* de Bondartchuk atualizava e confirmava a estratégia defensiva utilizada contra as forças de Napoleão e na Guerra Patriótica do século XX, de recuo diante do invasor poderoso até sua exaustão e enfraquecimento. A Primavera e a distensão correlata, mesmo que sujeita a turbulências, autorizava o tratamento dos personagens da nobreza decadente sem os desvios dramáticos artificiais do realismo socialista. O desafio foi vencido, com sobras.

Desprovido de heroísmos, *Andrei Rubliov*, dirigido por Tarkóvski com a ajuda de Kontchalóvski no roteiro, viu a história de uma perspectiva inversa. O herói, ou anti-herói, é um pintor medieval de ícones cuja vida se conhece pouco – mas sua relevância na tradição pictórica russa é essencial. Em julho de 1966, o filme estava pronto para distribuição: idas e vindas das instâncias de aprovação exigiram cortes, e a versão inicial de 205 minutos ficou reduzida a 186. O impasse aumentou depois de uma exibição no *Dom Kino,* a casa de cinema mais prestigiada da capital. Engavetado, foi somente no Festival de Cannes, em 1969, que *Andrei Rubliov* começou sua carreira pública. Na União Soviética estreou em dezembro daquele ano e foi distribuído, em escala adequada ao valor de sua produção, a partir de 1971. Na tela, Rubliov não exerce o ofício de pintor, alternando errâncias geográficas e metafísicas, e calando-se voluntariamente na segunda metade da história. A Rússia no século XV era um território instável, com um conflito interno intermitente que durou décadas: manter a fé nesse caos e resistir à barbárie de tártaros e príncipes rebeldes era uma proeza, como era também a de não ceder à tentação dos pagãos. À sua volta, um baloeiro flutua por cima de igrejas e animais, na primeira sequência do filme. No final é um fazedor de sinos que comove o artista. A ambição do projeto, naqueles anos soviéticos, era a de inserir *Andrei Rubliov* no tempo histórico por meio do seu devir espiritual, rompendo com a linearidade das narrativas convencionais de heróis do passado. A última sequência – montagem de fragmentos coloridos dos ícones de Rubliov – funciona como retorno do real.

* * *

Lênin na Polônia [*Liénin v Polche*] deu o prêmio de melhor diretor a Serguei Iutkiévitch no Festival de Cannes de 1966. Lançado em abril daquele ano, não tem diálogos: a narração em voz *off* é do próprio Lênin quando de sua estada na Polônia, mesclando situações pessoais e reflexões sobre estratégia revolucionária em tempos de crise internacional, após a ruptura com os mencheviques e a formação do partido bolchevique, em 1912. Foram dois anos entre Cracóvia e Poronin, vilarejo ao sul do país: com a eclosão da guerra, partiu para a Suíça. Interpretado por Maksim Chtraukh, ator de Eisenstein, o personagem adquire uma dimensão distinta da imagem veiculada nos filmes da era stalinista, do Lênin avô da nação, neutralizado e submisso historicamente a Stálin, o pai protetor. O interstício leninista em solo polonês resultou ameno, uma pausa para meditação, mesmo com o período na prisão acusado de espionagem. Amigos poloneses não o traem e ele consegue sair. Também eram relativamente calmas naquele momento as relações entre o Krêmlin e a Polônia, que sediava o Pacto de Varsóvia, a aliança militar entre a URSS e os países do Leste europeu: os dirigentes poloneses eram parceiros confiáveis para Briéjnev, que começava a se inquietar com a vaga liberalizante em ascensão na antiga Tchecoslováquia.

Embora sem a intensidade dos anos stalinistas, após a queda de Khruschov a complexidade das decisões que afetava as produções cinematográficas voltou a impactar com maior severidade. Todos os filmes eram objeto de negociação na União Soviética, do roteiro à pós-produção, dada a natureza estatal da atividade: quando o regime assumia perfil mais conservador, aumentavam as chances de interferências, por razões morais, estéticas ou políticas, muitas vezes obscuras e imprevisíveis. Andrei Kontchalóvski credita a interdição de *A história de Ássia Kliátchina, que amava, mas não se casou* [*Istória Ássi Kliátchnoi, kotóraia liubila, da nie vychla zamuj*], que dirigiu em 1966, à conjuntura na época do lançamento. "Do ponto de vista oficial, a estética do filme era somente estranha e incompreensível, disse mais tarde a Ian Christie, e tudo que não era compreensível (naquele tempo) era antissoviético".[12] Ássia reside em uma fazenda coletiva e está grávida: o pai da criança hesita em casar, um terceiro faz propostas insistentes de casamento. Apenas duas profissionais integram o elenco, Ássia e a mãe. A narrativa e a realidade avançam lentamente: a relação entre causa e efeito, a mola mestra do tempo cinematográfico, demora para se articular, os planos são longos. Criar o filho sem marido é a opção. *A história de Ássia Kliátchina*, como também é conhecida a película, só foi lançada nos cinemas em 1988.

Marlen Khútsiev realizou em 1967 *Chuvas de julho* [*Iúlski dojd*], ambientado em Moscou, verão e outono. Lena, a personagem principal, é engenheira e trabalha em uma gráfica: o noivo é um cientista promissor. O filme é uma história de amor, mais precisamente, seu desvanecimento gradual. Os amigos em torno são moscovitas, representantes da *intelligentsia* técnica, com trinta anos ou mais, sem os traumas históricos das gerações precedentes. Ele perde alguém próximo, e hesita: "Estou com medo, Volódia... eu provavelmente nunca vou ser capaz de explicar a ninguém por que, apesar de todas suas maravilhosas qualidades, eu não vou me casar com você" – confessa, insatisfeita com o conformismo do parceiro. Detalhes preenchem a imagem, no tempo – longos minutos na porta de um hotel, assistindo à chegada de convidados de uma recepção diplomática – e no espaço, como na sequência do piquenique do grupo de amigos. Na última caminhada, ela vagueia na cidade e depara-se com encontro de veteranos da guerra em frente ao Teatro Bolchói. Foram autorizadas 150 cópias de *Chuvas de julho*, lançado em agosto de 1967: o filme fez 3 milhões de espectadores. Selecionado para o Festival de Veneza, no último momento, os italianos foram informados que a cópia legendada não tinha ficado pronta.

* * *

Larissa Chepitko escolheu um conto de Andrei Platónov, *A pátria da eletricidade* [*Ródina elektrítchestva*], para adaptar e incluir no longa-metragem de episódios comemorativos do cinquentenário da Revolução, *Começo de uma nova era*, de 1967. Platónov é um corpo estranho na literatura soviética: estudou tecnologia elétrica, e tornou-se um prolífico escritor e jornalista após a revolução bolchevique,

---

12 I. Christie, *A meeting with Andrei Konchalovsky*. Disponível em <www.opendemocracy.net>. Acesso em jul 2019.

alternando entre projetos de eletrificação e literatura. Seus textos adquiriram uma ambiguidade perturbadora com o plano quinquenal dos anos de 1930, a um tempo enfáticos na exaltação do progresso coletivo e sombrios na fabulação dos universos particulares. Stálin teria se referido a ele, durante reunião pública, como *canalha* e, pouco depois, *profeta*. No filme, um engenheiro monta uma bomba com motor de motocicleta, irrigando a terra árida do *kolkhoz*. Apesar dos subtextos da trama sugerirem a habitual positividade das ações comunistas, a tensão carregada pela geração elétrica permeia a atmosfera: a água flui nas valas, mas a sobrecarga explode o artefato. Luzes e sombras, movimentos e rostos testemunham que, a despeito do acidente, a esperança por dias melhores foi internalizada, mas a classe camponesa continua à mercê das calamidades. O filme foi censurado e liberado vinte anos mais tarde, na *glásnost* de Gorbatchov.

O caso de censura mais contundente no início do gelo político de Briéjnev foi *A comissária* [*Komissar*], realizado em 1967 por Alexander Askoldov, adaptado de um conto de Vassíli Grossman. O escritor, ucraniano, atuou como correspondente durante a guerra, e foi um dos primeiros a relatar sobre os campos de extermínio de judeus – Grossman não foi preso na onda antissemita dos últimos anos de Stálin, mas, mesmo na Primavera, seus principais livros continuaram banidos. Askoldov trabalhou no Ministério da Cultura e na Goskino antes de estudar direção com Leonid Tráuberg, graduando-se em 1966. Sua familiaridade com os meandros burocráticos talvez tenha acelerado os prazos de aprovação do filme, evitando sanções e permitindo sua finalização.[13] Durante a Guerra Civil, uma comissária bolchevique engravida e, impedida de abortar pela proximidade do parto, é acolhida pela família de um artesão judeu. A história se passa em um vilarejo no norte da Ucrânia: o calor afetivo com que é recebida justapõe-se à dureza disciplinada e masculinizada do seu caráter, os dogmas revolucionários cedem diante da sabedoria da tradição. Nasce o filho, e a comissária, feminina, apega-se: mas os Brancos avançam e, com eles, o perigo iminente de um *pogrom*. Ela volta à luta e deixa a criança no lar que a recebeu. Filmado em preto e branco, com uma trilha musical dissonante e surpreendente, *A comissária* revelou-se intolerável para as autoridades pela sua premissa: a humanização da Revolução através da intimidade dos valores judaicos. Considerado irrecuperável, o filme foi interditado, e ordenada a destruição de cópias e negativos. Askoldov acabou sendo vetado para futuras produções e ostracizado pela classe. Em 1987, o ex-diretor compareceu ao Festival de Moscou e apelou aos companheiros: funcionários diligentes conseguiram salvar o negativo, o filme merecia ser reabilitado. Apesar dos prêmios internacionais que veio a receber com a obra restaurada, Askoldov nunca mais exerceu o ofício, emigrando para a Alemanha para dar aulas de cinema.

A desestalinização começou tarde na Tchecoslováquia. No começo da década de 1960, a economia se estagnou. O crescimento industrial foi o mais baixo da Europa Oriental, as importações de alimentos explodiram. Pressões de Moscou e do próprio Partido Comunista Tcheco precipitaram um movimento de reforma. As propostas iam da redefinição do centralismo democrático a uma maior autonomia da Eslováquia. Em outubro de 1967, Dubcek, um reformista moderado, iniciou sua ascensão no Partido, apoiado por manifestações de estudantes. Em dezembro daquele ano, Briéjnev visitou Praga, mas preferiu omitir-se em relação à disputa política: logo depois, em janeiro de 1968, Dubcek foi eleito Secretário-geral do Partido. As reformas vieram na sequência: censura abolida, mobilização da mídia em favor da democratização do socialismo, federalização do país e um novo modelo econômico. A aliança com a União Soviética foi reafirmada, contudo, assim como a marcha histórica em direção ao comunismo.

* * *

O sétimo companheiro [*Sedmói spútnik*], dirigido por Grigóri Aronov e Aleksei Guérman, tem como personagem principal um general do exército tsarista, professor de Direito da Academia Militar e viúvo. Vem a Revolução e é detido, juntamente com aristocratas, oficiais, banqueiros e delinquentes, em um grande palácio tomado pelos bolcheviques. É libertado por um antecedente de que mal se recordava: em 1905, recusara-se a atuar como promotor em uma causa contra marinheiros rebeldes, por considerá-la injusta. O mundo, entretanto, não era o mesmo, seu apartamento passara a ser comunal, compartilhado por várias famílias. Sem ter aonde ir, acaba voltando ao palácio para trabalhar na lavanderia. Ganha a confiança dos revolucionários e é nomeado investigador do Exército Vermelho: logo se defronta com execuções arbitrárias e fora da lei, no roldão da Guerra Civil. Tenta impedir, mas cai preso pelos Brancos, em um destacamento cujo comandante é um ex-aluno. Julgado como traidor, é fuzilado. O filme foi lançado em abril de 1968.

Os primeiros anos da era Briéjnev mantiveram a média da produção: 123 filmes em 1964, 134 em 1965, 139 em 1966 e 143 em 1967. Os controles na indústria cinematográfica acompanharam o momento conservador, mas o caso extremo

---

13   P. Rollberg, op. cit., p. 66.

de *A comissária* era exceção: a tônica era vetar à distribuição em grande escala os filmes tidos como inadequados, permitindo apenas poucas cópias e exibições em cineclubes. Foi o caso de *Breves encontros* [*Korótkie vstrietchi*], o longa-metragem que a ucraniana Kira Muratova completou em 1967, que ficou limitado a um público restrito e somente em 1988 foi liberado para lançamento (muitas vezes era a própria diretora quem levava a cópia para exibição no circuito alternativo). Muratova fez o principal papel feminino, Valentina, e o popular cantor e compositor Vladímir Vyssótski seu parceiro amoroso, Maksim: a história é o triângulo amoroso que se instala quando uma empregada vinda do campo é admitida no lar. Doce, inteligente e carinhosa, Valentina é uma trabalhadora do conselho distrital, enquanto Maksim é um geólogo que não pode e não quer se estabelecer na cidade. Em suas intermitentes ausências, conheceu a jovem e manteve um *affair* com a nova contratada: agora, tinha de viver a dualidade dentro de casa. O espaço interior, filmado nas minúcias, parece reproduzir a disjunção do casal. No exterior, prevalece a continuidade, materializada nas preocupações da dirigente com o abastecimento de água; o geólogo, por seu turno, rompeu com o chefe.

Aceleração da história: a marcha dos acontecimentos parecia escapar da previsão marxista-leninista do futuro como consolidação do comunismo e da sociedade sem classes. A história passou a afigurar-se como um espaço de dispersões, onde princípios de causalidade unívocos ficavam diluídos. Os limites de sustentação do bloco capitaneado pelos soviéticos afloraram na Primavera de Praga, quando Dubcek aprofundou as reformas na Tchecoslováquia, com apoio da população: no dia 3 de agosto de 1968, as reformas foram taxadas de contrarrevolucionárias pelo Pacto de Varsóvia, quando Briéjnev apresentou sua doutrina de que "os países socialistas têm o dever de apoiar e defender os avanços socialistas".[14] No dia 20, cerca de 650 mil soldados equipados com o que havia de mais moderno na URSS invadiram o país e restabeleceram a linha dura no Partido Comunista local. Não houve resistência militar, mas emigrações em massa, suicídios e atos de sabotagem. A eliminação do *socialismo com face humana* provocou divisões entre os países alinhados – a China, entre outros, condenou enfaticamente a invasão. Após meio século de exercício do poder, chegara o momento em que a marcha da história ameaçava desintegrar-se na periferia do sistema. Quando atingiria o centro era questão de tempo.

14 "Brezhnev Doctrine", *Enciclopédia Britânica*. Disponível em <www.britannica.com/event/Brezhnev-Doctrine>. Acesso em jul 2019.

BIBLIOGRAFIA ANOTADA

CINEMA

Livros

ARMSTRONG, Richard. *Mourning Films: A Critical Study of Loss and Grieving in Cinema*. Jefferson: McFraland & Co, 2012.

Estudo sobre filmes que tratam de perda e luto, entre eles Eviguéni Bauer, o notável realizador pré-revolucionário na Rússia.

BULGAKOWA, Oksana. *Serguei Eisenstein: A Biography*. Berlim: Potemkin Press, 2002.

Minucioso e dinâmico texto biográfico, que complementa a rica bibliografia sobre o diretor e dialoga com a incrível e diversa produção intelectual de Eisenstein. Mesmo para conhecedores, uma revelação.

BRITO, Thiago e FERREIRA, Pedro Henrique (curadores). *Nouvelle Vague Soviética – Catálogo da Mostra Caixa Cultural*. Rio de Janeiro: Caixa Cultural, 2018.

Excelente reunião de textos críticos e entrevistas de alguns dos principais nomes do cinema da Primavera soviética.

CHRISTIE, Ian e TAYLOR, Richard. *The Film Factory: Russian and Soviet Cinema in Documents 1896-1939*. Londres: Routledge, 1988.

A maioria das citações transcritas neste livro foram extraídas dos documentos coletados por Christie e Taylor, que vão de 1896 a 1939. Indispensável.

CHRISTIE, Ian e TAYLOR, Richard (eds.), *Inside the Film Factory: New Approaches to Russian and Soviet Cinema*. Londres Routledge, 1994.

Editado após o fim do período comunista, traz contribuições de destacados pesquisadores, russos e não russos, como Yuri Tsivian, Denise Youngblood, Vance Kepley Jr, Jim Hoberman e Bernard Eisenschitz, além dos editores.

DAWSON A. e HOLMES, S. (ed.), *Working in the Global Film and Television Industries: Creativity, Systems, Space, Patronage*. Londres: Bloomsbury, Academic, 2012.

Ampla compilação de dados da indústria audiovisual, em nível global.

DELEUZE, Gilles. *Imagem-Movimento*. São Paulo: Brasiliense, 1983.

Primeiro tomo da extraordinária incursão cinematográfica de Deleuze.

EISENSCHITZ, Bernard (org.). *Gel et Dégels: une autre histoire du cinema soviétique 1926-1968*. Paris: Centre Pompidou, 2002.

Volume que acompanhou a retrospectiva organizada no Centre Pompidou, em 2002, reunindo um conjunto rico e variado de depoimentos, textos e críticas, extraídos de fontes russas. Dados como número anual de produção de filmes constam do volume, além do cruzamento com a história política e cultural da União Soviética. O limite temporal escolhido – 1968 – foi utilizado no presente volume.

EISENSTEIN, Serguei. *Notes of a Film Director*. Fredonia: Fredonia Books, 2003.

Eisenstein é talvez o diretor de cinema que mais escreveu, quantitativa e qualitativamente, sobre sua atividade e seus desdobramentos culturais.

HOBERMAN, Jim. *The Red Atlantis (Culture and the Moving Image)*. Filadélfia: Temple University Press, 2000.

Embora tratando de autores e suportes diversos, não exclusivamente da União Soviética, o livro do crítico do Village Vanguard traz a costumeira competência em extrair informações preciosas sobre casos específicos, como no filme *A comissária*.

LAURENT, Natacha. *L'Oeil du Kremlin: cinema et censure en URSS sous Staline*. Toulousee: Privat, 2000.

Por meio de um exaustivo levantamento de arquivos disponibilizados sobretudo após o fim do monopólio comunista, a pesquisadora logrou elaborar uma reconstituição da censura nos anos Stálin, alinhando oscilações, arbitrariedades e autoritarismo em uma evolução não linear, mas sempre opressiva.

LEYDA, Jay. *Kino: História del cine ruso y sovietico*. Buenos Aires: Editorial Universitário, 1965.

Leyda é um norte-americano que viveu em Moscou na década de 1930 como estudante de cinema, conheceu e tornou-se amigo de Eisenstein, de quem traduziu coleções de ensaios que se tornaram referência para os estudiosos. Meticuloso e abrangente, o livro de Leyda cobre desde os primórdios do cinema pré-revolucionário na Rússia até 1958, na aurora da Primavera soviética. Fundamental.

MACKAY, John. *Dziga Vertov: Life and Work (Volume 1: 1896-1921)*. Boston: Academic Studies Press, 2018.

Excepcional investigação sobre Dziga Vertov, rico em detalhes biográficos e interpretações originais. Imprescindível.

MICHELSON, Annete (org.). *Kino: The Writings of Dziga Vertov*. Califórnia: University of California Press, 1984.

A antologia organizada pela crítica e teórica Annette Michelson permanece como brilhante introdução ao pensamento de Vertov, através de manifestos, diários e intervenções políticas.

MILLER, Jamie. *Soviet Cinema: Politics and Persuasion under Stalin*. Londres: Tauris, 2010.

Estudo das circunstâncias prevalecentes durante os longos anos de Stálin no poder e suas reverberações no mundo do cinema, explorando amplo conjunto de fontes.

MOORE, Tiffany Ann Conroy. *Kozintsev's Shakespeare Films: Russian Political Protest in Hamlet and King Lear*. Jefferson: McFarland, 2012.

Abrangente investigação inspirada na erudição de Kozintsev.

RILEY, John. *Dmitri Shostakovich: A Life in Film*. Londres: I. B. Tauris, 2005.

Chostakóvitch começou como pianista nas salas escuras de cinema em Leningrado e veio a ser o principal compositor de trilhas do cinema soviético, inclusive (e sobretudo) quando cerceado pelos ditames do realismo socialista.

ROLLBERG, Peter. *Historical Dictionary of Russian and Soviet Cinema*. Lanham, Maryland: Scarecrow Press, 2008.

Excepcional trabalho de fôlego e síntese, o dicionário histórico de Peter Rollberg tornou-se referência do tema (uma segunda edição foi publicada em 2016). Um de seus méritos foi o de ampliar o campo de pesquisa para além do cinema soviético canônico.

STITES, Richard. *Russian Popular Culture: Entertainment and Society Since 1900*. Cambridge: University Press, 1992.

Publicação com diversificadas fontes de dados sobre cultura popular na Rússia.

TSIVIAN, Yuri (org.). *Lines of Resistance: Dziga Vertov and the Twenties*. Indiana: Indiana University Press, 2005.

Impressionante conjunto de documentos e artigos publicados na década de 1920, tendo como referência Dziga Vertov (muitos são de sua autoria). A lógica do compêndio privilegiou o conflito como fio condutor, fornecendo ao fim um panorama único dos debates que animaram aquela década.

TSIVIAN, Yuri. *Early Cinema in Russia and its Cultural Reception*. Londres: Routledge, 1994.

Um dos mais originais e instigantes estudos sobre o cinema das primeiras décadas, focalizado na produção e recepção na Rússia, mas de alcance universal.

TAYLOR, Richard. *The Politics of the Soviet Cinema 1917-1929*. Cambridge: Cambridge University Press, 1979.

Pioneiro estudo de Richard Taylor sobre o tema.

TAYLOR, Richard, e SPRING, Derek (org.), *Stalinism and Soviet Cinema*. Londres: Routledge, 2011.

Volume que reúne estimulante coleção de ensaios sobre os impactos do stalinismo na produção cinematográfica, composto por estudiosos russos como Máia Turóvskaia e Leonid Kozlov, além de não russos, como Peter Kenez, Ian Christie e os editores.

OUKADEROVA, Lida. *The Cinema of the Soviet Thaw: Space, Materiality, Movement*. Bloomington: University of Indiana Press, 2017.

Excelente apreciação do cinema da Primavera soviética, após a queda de Stálin, focado em filmes escolhidos a dedo, resultando em leituras estéticas instigantes.

YOUNGBLOOD, Denise. *Soviet Cinema in the Silent Era 1918-1935*. Texas: Texas Press, 1991.

Exame detalhado, sobretudo a partir de material de imprensa do período, recapitulando a intensidade das polêmicas em torno da consolidação da indústria cinematográfica na União Soviética, a partir da Revolução de 1917.

YOUNGBLOOD, Denise. *Movie for the Masses: Popular Cinema and Soviet Society in the 1920s*. Cambridge: Cambridge University Press, 1993.

Resultado de exaustiva pesquisa em fontes primárias, complementando o estudo anterior, o livro da pesquisadora Denise Youngblood relaciona, entre outras, informações de mercado de grande valor para compreensão da inserção social do cinema soviético. O estudo de três diretores do período – Barnet, Ermler e Protazánov – é um dos destaques do livro.

Artigos

BAZIN, André. "The Stalin Myth in Cinema", in *Movies and Methods*. Nichols, Bill (org), vol. I. Berkeley: University of California Press, 1976.

Pioneiro olhar sobre a mitificação de Stálin no cinema.

BULGAKOWA, Oksana. "The Russian Cinematic Culture". Center for Democratic Culture at Digital Scholarship@UNLV, 2012. Disponível em <https://digitalscholarship.unlv.edu/russian_culture/22/>. Acesso em jul 2019.

Excelente introdução à cultura cinematográfica russa.

IORDANOVA, Dina, "Ivan's Childhood: Dream Come True", The Criterion Collection, jan 23, 2013.

Introdução acurada sobre o primeiro longa-metragem de Tarkóvski.

MACKAY, John. "Man with a Movie Camera (Dziga Vertov, 1929)", 2013. Ensaio disponível em <www.academia.edu/4090580/_Man_with_a_Movie_Camera_An_Introduction_>. Acesso em jul 2019.

Artigo sobre o excepcional *Um homem com uma câmera de cinema*, de Vertov.

MACKAY, John. "Stride Soviet (1926) and Vertovian Technophobia", 2008. Ensaio disponível em <http://web.archive.org/web/20090423083342/http://www.yale.edu/slavic/faculty/stride-soviet-mackay-2008.html>. Acesso em jul 2019.

Análise contundente de *Caminhe, Soviete!*, de 1926.

MACKAY, John. "Disorganized Noise: Enthusiasm and the Ear of the Collective", *Kinokultura*, nº 7, jan 2005.

Instigante leitura de *Entusiasmo: sinfonia de Donbass*, realizado por Vertov em 1931.

MARGOLIT, Evgenii. "Landscape, with Hero" in *Springtime for Soviet Cinema: Re/viewing the 1960s*, Alexander Prokhorov (org.), Russian Film Symposium: Pittsburgh, 2001, p. 29-50.

Crítico russo, sua leitura da Primavera é extremamente original.

PETROV, Petre. "The Freeze of Historicity in Thaw Cinema", *Kinokultura*, nº 8, abr 2005.

Competente texto sobre a absorção da história nos filmes da Primavera.

SHCHERBENOK, Andrey. "Asymmetric Warfare: The Vision of the Enemy in American and Soviet Cold War Cinemas", *Kinokultura*, nº 28, 2010.

Artigo que localiza a produção dos EUA e URSS no contexto da Guerra Fria.

TSIVIAN, Yuri. "New Notes on Russian Film Culture between 1908 and 1919" in *The Silent Cinema Reader*, Lee Grieveson e Peter Kramer (org.). Londres: Routledge, 2004.

Texto em que o autor resume sua leitura sobre o cinema pré-revolucionário.

WOLL, Josephine. "Russia Being 20, 40 years later: Marlen Khutsiev's Mne dvadtsat' let (I Am Twenty, 1961)", *Kinoeye*, nº 8, 2001. Disponível em <www.kinoeye.org/01/08/woll08.php>. Acesso em jul 2019.

A autora é pioneira do estudo e análise dos filmes da Primavera.

YOUNGBLOOD, Denise, "A War Remembered: Soviet Films of the Great Patriotic War", *The American Historical Review*, vol. 106, nº 3, jun 2001, p. 839-856. Oxford: Oxford University Press.

Youngblood aborda filmes soviéticos selecionados produzidos durante a Grande Guerra Patriótica.

Websites

Cinesovietico
www.cinesovietico.com

Site organizado por um pesquisador espanhol que contém uma inacreditável quantidade de informações sobre o cinema produzido no período pré-revolucionário e o imediatamente depois da Revolução. Surpreendente pela abrangência, foi acessado entre 2016 e 2018. O webmaster encerrou suas postagens, mas o site continua no ar.

Kinokultura
www.kinokultura.com

Revista eletrônica de cinema que reúne estudiosos russos e não russos, publicada desde 2003, com uma rica seleção de análises críticas de lançamentos e textos de alcance histórico.

HISTÓRIA, POLÍTICA E MEMÓRIAS

Livros

ALEKSIÉVITCH, Svetlana. *O fim do homem soviético*. São Paulo: Companhia das Letras, 2016.

Montado a partir de um cruzamento de depoimentos pessoais, o livro de Aleksiévitch acabou configurando um laboratório às avessas do projeto comunista de criação do homem soviético, o homem novo da História. Seu trabalho, portanto, é a história virada ao avesso.

BERLIN, Isaiah. *The Soviet Mind: Russian Culture Under Communism*. Washington, D.C.: Brookings Institution Press, 2011.

Notável coletânea de ensaios e impressões desse pensador que nasceu em Riga, na Letônia, mudou-se para São Petersburgo onde viveu até 1921, quando sua família emigrou para o Reino Unido. Suas observações alinham erudição e vivência pessoal, desvelando um cenário em que o principal ator é o fluxo histórico das mentalidades.

CLARK, Katerina e HOLQUIST, Michael. *Mikhail Bakhtin*. São Paulo: Editora Perspectiva, 2008.

Volume que alia biografia e estudo crítico, fornecendo também um rico panorama da vida e obra do intelectual brilhante que foi Bakhtin, em meio às turbulências da União Soviética.

CONQUEST, Robert. *O grande terror – os expurgos de Stálin*. São Paulo: Expressão e Cultura, 1970.

O compêndio clássico sobre a maior articulação histórica que se tem notícia para concepção e implementação do terror. Embora o acesso aos arquivos tenha naturalmente aumentado depois da queda do Partido Comunista em 1990, o conjunto de dados e informações que Conquest amealhou é impressionante.

FITZPATRICK, Sheila. *A Revolução Russa*. São Paulo: Todavia, 2017.

Australiana dedicada ao estudo da Revolução Russa, Fitzpatrick logra um texto que é estimulante e ao mesmo tempo imparcial, performance difícil de se obter em um tema como esse. Indispensável.

KHRUSHCHOV, Nikita. *Memoirs of Nikita Khrushchev*, vol. II. Pennsylvania: Penn State Press, 2006.

MIÉVILLE, China. *Outubro: história da Revolução Russa*. São Paulo: Boitempo Editorial, 2017.

O ano de 1917 e a vertigem revolucionária narrada em alta velocidade, uma síntese molecular dos acontecimentos que mudaram o mundo (e o cinema).

PRIESTLAND, David. *The Red Flag: A History of Communism*. Nova York: Grove Press, 2010.

RAYFIELD, Donald. *Stalin y los verdugos*. Madri: Tauros, 2003.

Rayfield é um acadêmico especializado em literatura georgiana. Sua pesquisa sobre a repressão na era Stálin é posterior e complementar à de Conquest. Mesmo com eventuais exageros retóricos, o saldo final é assustador.

ROBERTS, G. *Stalin's General: The Life of Georgy Zhukov*. Nova York: Random House, 2012.

SERGE, Victor. *O ano I da Revolução Russa*. São Paulo: Boitempo Editorial, 2007.

Texto escrito no calor revolucionário, inigualável pela vibração, pelos anseios e decepções. Engajando-se no movimento histórico, Serge relata o momento crucial da aceleração do devir, que tanto influenciou o cinema.

TAUBMAN, William. *Khrushchev: The Man and His Era*. Nova York: W. W. Norton & Co., 2003.

ŽIŽEK, Slavoj. *The Universal Exception*. Londres: Bloomsbury Publishing, 2014.

Websites

Marxists Internet Archive
www.marxists.org

Acervo estupendo de documentos e textos relacionados ao marxismo, de atas de Congressos do Partido a artigos de personalidades, fonte preciosa de citações no presente livro. Incontornável.

ÍNDICE ONOMÁSTICO

As páginas seguidas da letra *f* indicam fotografia e as seguidas da letra *n* indicam nota.

À beira do mar azul [*U sámago sínego mórie*] (1936), 137-138
A ti, front! [*Tiebié, front!*] (1942), 172
Abuladze, Tengiz, 261
acadêmico Ivan Pavlov, O [*Akademik Ivan Pavlov*] (1950), 202
Acordeão [*Garmon*] (1934), 122
Acorrentada pelo filme [*Zakóvanaia fílmoi*] (1918), 12f, 45
Adeus, América! [*Proschai, Amérika!*] (1949-1995), 195
Aelita, a rainha de Marte [*Aelita – korolieva Marsa*] (1924), 16f, 65, 66, 71, 97
Aerogrado [*Aerograd*] (1935), 81f, 134
Agadjánova-Chutkó, Nina, 68
Aleichem, Sholom, 70
Aleksandr Niévski (1938), 89f, 139, 144, 169, 178, 188
Aleksándrov, Grigóri, 82f-83f, 85f, 90f, 100, 106, 129, 130, 131, 133, 137, 138, 143, 156f-157f, 171, 180, 194, 200, 205, 272

Alexandre II, tsar, 59
alfaiate de Torjok, O [*Zoikróichik iz Torjká*] (1925), 71-72
Almirante Nakhimov [*Admiral Nakhimov*] (1945), 187-188
Almirante Uchakov [*Admiral Uchakov*] (1953), 210f, 239
Alov, Aleksandr, 221f, 254
Amigos verdadeiros [*Viérnye druziá*] (1954), 211f, 240
Andando nas ruas de Moscou [*Iá chagaio po Moskve*] (1963), 227f, 264-265
Andrei Rubliov (1966), 233f, 273-274
Aniversário da Revolução (1919), 42
apelo dele, O [*Ego priziv*] (1925), 72
arco-íris, O [*Ráduga*] (1943), 181
Armand, Pável, 239
Arnshtam, Lev, 172, 182
Aronov, Grigóri, 277
Arredores [*Okráina*] (1933), 122
Arsen Djordjiachvili (1921), 47
Arsenal (1929), 80f, 102
Arte do cinema, revista, 117, 138
"arte do cinema, A" ["Iskusstvo svietotvórtchestva"] (Gárdin), artigo, 41
Artista do povo da URSS (1936), 137, 180

Arvátov, Boris, 44, 57
Às seis da tarde, depois da guerra [V chiest tchassov viétchera póslie voini] (1944), 152f, 183
Asas [Krylia] (1966), 232f, 271
Asas queimadas (1915), 28
Askoldov, Alexander, 276-277
Assassinato na rua Dante [Ubstvo na úlitsie Dante] (1956), 239
assassinos estão chegando, Os [Ubítsy vykhodiat na dorógu], 177
Avdeenko, 168-169

Bábel, Isaac, 70, 138, 144
Bábitski, Boris, 138
Bakhtin, 35, 66, 287
balada da Sibéria, A [Skazánie o ziemlie Sibírskoi] (1948), 155f, 195
Balada de um soldado [Balata o soldate] (1959), 219f, 251
Balzac, Honoré de, 174
banhos, Os (Maiakóvski), 270
Bárnet, Boris, 40, 60, 62, 97-98, 101, 104, 122, 137-138, 171, 180, 183, 190, 198, 272, 284
Bárskaia, Margarita, 166, 167
Batalha além do Sol [Battle Beyond the Sun] (1962), 251
batalha de Stalingrado, A [Stalingrádskaia bitva] (1949), 158f, 198-199
batalha pela nossa Ucrânia Soviética, A [Bitva zá nachu soviétskuiu Ucraínu] (1943), 176
Batalov, Aleksei, 253, 255
Batalov, Nikolai, 97
Bauer, Eviguéni, 24, 25, 27-28, 30, 40, 41, 254, 281
Bazin, André, 142, 189, 284
Bedny, Demian, 109

Beethoven, Ludwig van, 117, 200
Beideman, Mikhail, 59
beijo de Mary Pickford, O [Potselui Mary Pickford], 60
Bela adormecida [Spiáschaia krassávitsa], 128
Bem-vindo, ou não ultrapasse [Dobró pojalovat, ili Postronnim vkhod vospreschion] (1964), 228f, 269
Benjamin, Walter, 72
Béria, Lavriénti, 141
Berlim (1945), 183
Berlin, Isaiah, 19, 287
Bezúkhov, Piotr, 273
Biéria, 180, 193, 198, 238
Bleiman, Mikhail, 173
Blok, Aleksandr, 24
Bofetada no gosto público, manifesto (1912), 29
Bogdánov, Aleksandr, 44, 48-49
Bogomólov, Vladímir, 256
Bola de sebo (1934), 84f, 139
Bola de sebo (Maupassant), 139
Bolchakov, Ivan, 167-169, 176, 178-180, 188, 201
Bondartchuk, Serguei, 218f, 241, 244, 252, 273
Boris Godunov (1907), 21
braço de diamante, O [Brilliantóvaia ruká] (1967), 235f, 272
Braun, Eva, 198
Brecht, Bertold, 177
Breslav, Vladímir Márkovitch, 71
Breves encontros [Korótkie vstrietchi] (1967), 278
Briéjnev, Leonid, 244, 263, 265, 267, 269-270, 274, 276-278
Brik, Lília, 12f, 45, 98
Brik, Óssip, 44-45, 98-99, 101

Bukhárin, Nikolai, 106, 141-142
Bulgakowa, Oksana, 56, 107
Burroughs, Edgar Rice, 65
Bykóvski, Valiéri, 261
Bystritskaia, Elina, 241

cadáver vivo, O [*Jivói trup*] (1929), 26, 118
Calada, minha tristeza, calada [*Moltchi, grust, moltchi*] (1918), 25
Cama e sofá (1927), 97-98
camarada Abraão, O [*Tovarisch Abram*] (1919), 37
Caminhe, Soviete! [*Chagai, Soviet!*] (1926), 63-65, 285
caminho da vida, O [*Ptiovka jízn*] (1931), 112-113
camponeses, Os [*Kriestiane*] (1935), 128, 131
Canção de ninar [*Kolybiélnaia*] (1937), 137
"Canção sobre a pátria" ["Piéscia o ródine"], música, 138
"Cartas de um turista", artigo, 105
Capablanca, José Raúl, 66
capital, O (Marx), 99
capote, O (Gógol), 71
carta que não se enviou, A [*Nieotpravliénoe pismó*] (1960), 220f, 250
cartão do Partido, O [*Pártini biliet*] (1936), 86f, 135
casa dos mortos, A (1932), 114
casa em que eu moro, A [*Dom v kotorom iá jivu*] (1957), 249
casa na rua Trubnaya, A [*Dom na Trubnoi*] (1928), 101
casamento do urso, O [*Miedviéjia cvadba*] (1925), 68
caso Rumiántsev, O (1956), 245
caso simples, Um [*Prostoi slutchai*] (1932), 119
Catarina II, Imperatriz, 38

Caucasiano cativo [*Kavkázkaia plennitsa*] (1967), 272
cavaleiro do Oeste selvagem, O (1925), 60
cavalos de fogo, Os [*Tini Zabutykh Predkiv*] (1964), 265-266
Centelhas negras, 37
céu de Moscou, O [*Niebo Moskvy*] (1944), 183
céu está chamando, O [*Niebo zoviét*] (1959), 251
Chaplin, Charles, 129, 130
chaves da felicidade, As [*Kliutchi stchástia*] (1913), 31, 64
Chepitko, Larissa, 192, 232f, 255, 271, 275
Chklóvski, Viktor, 44, 57, 60, 64, 97-99, 114, 169, 241
Chmarova, Olga, 238
Chólokhov, Mikhail, 248, 252
Chórin, 112
Chostakóvitch, Dmítri, 107-108, 112, 122, 180-181, 187, 195, 197, 200, 205, 267, 283
Chpálikov, Guennádi, 264
Christie, Ian, 30, 66, 96, 274, 281, 284
Chtraukh, Maksim, 274
Chub, Esfir, 44, 56, 72, 97-99, 170
Chumiátski, Boris, 111, 125-127, 130-131, 133, 137-139, 141-144, 167, 273
Churchill, Winston, 190, 197, 199
Chuvas de julho [*Iúlski dojd*] (1967), 234f, 275
Cibrario, Giacomo (Jacques), 36-37
Cidadão Kane (1941), 142
ciência da lógica, A (Hegel), 50
cinema no Ocidente e na URSS, O (Lunatchárski), 59
Cinematografia de milhões: uma experiência de análise (Chumiátski), 126, 130
Cine-olho [*Kino-glaz*] (1924), 57, 63-64

Circo [*Tsirk*] (1936), 85f, 130, 138
círculo do poder, O [*Blíjni krug*] (1994), 126
Clair, René, 128
Coabitação / Superlotação (1918), 35
colheita, A (Nikoláieva), 204
Com os braços abertos (1938), 143
Comandante Ivánov [*Combrig Ivánov / The Beauty and the Bolchevik*] (1923), 38
Começo de uma nova era (1967), 275
comissária, A [*Komissar*] (1967), 276, 278, 282
comunista, O [*Kommunist*] (1958), 215f, 249
Conquest, Robert, 96, 287, 288
conspiração do condenado, A [*Zagavor obrietchónikh*] (1950), 160f, 201
Contraplano [*Vstriétchni*] (1932), 122
Coppola, Francis Ford, 251, 269
Corman, Roger, 251
cossacos de Kuban, Os [*Kubánskie kazaki*] (1950), *161*, 202
curto caminho, O (Stálin, ed.), 141

dama de espadas, A [*Pikovaya Dama*] (1916), 31
dama e o cachorrinho, A (1960), 253
Danelia, Gueórgui, 227f, 264
De Mille, Cecil B., 98-99
Décima Sinfonia (Chostakóvich), 197
décimo-primeiro ano, O [*Odinnatsáti*] (1928), 105, 111
Degelo [*Ottepel*] (Ehrenburg), 237
Deleuze, Gilles, 67, 69, 103, 282
Delsarte, François, 39
demônios, Os (Dostoiévski), 142
Depois da morte [*Posle smiérti*] (1915), 26
derrota das tropas alemãs perto de Moscou, A [*Razgrom niemiétski voisk pod Moskvói*] (1942), 172

Descendente de Gengis Khan [*Potomok Tchinguiskhana*] (1928), 101
desertor, O [*Dieziertir*] (1933), 119
destino de um homem, O [*Sudbá tcheloviek*] (1959), *218*, 252
Devaneios [*Griózy*] (1915), 28
dez mandamentos, Os (1923), 98
dia na vida de Ivan Deníssovitch, Um (Soljenítsin), 252
diabinhos vermelhos, Os [*Krásnie diavoliata*] (1923), 47
diário de Glumov, O [*Dniévnik Glumova*] (1923), 56
Diderot, 38
Dikiy, Aleksei, 196, 198
Disney, Walt, 125, 128
Doller, Mikhail, 169-170
Dom Quixote (1957), 246-247
Don silencioso (Chólokhov), 248, 252
Donskói, Mark, 165-166, 171, 181-182
Dostoiévski, Fiódor, 35, 66, 114, 142, 247
Doutor Jivago (Pasternak), 252
Dovjienko, Aleksandr, 46, 69, 80f-81f, 100-103, 109, 131, 133-134, 154f, 176, 194-195, 251, 271
Dr. Mabuse, o jogador (1922), 56
drama por telefone, Um [*Drama u tielefona*] (1914), 23
Drankov, Aleksandr, 20-21
Dubcek, 277, 278
Duboy, Ivan, 134
Dukelski, Semion, 167
Dzerjínski, Félix, 113, 239

Éclair, 25
Eggert, Konstantin, 68
Ehrenburg, Ilia, 237, 241
Eikhenbaum, Boris, 98
Eisenhower, Dwight D., 253

Eisenschitz, Bernard, 244, 281
Eisenstein, Serguei, 9, 14f, 17f, 20-22, 29, 36, 38, 44, 46, 51, 55-58, 63, 67-70, 72, 76f, 88f-89f, 98-103, 106, 108, 125-131, 133, 135, 137, 139, 144-145, 150f-151f, 171, 177-180, 187, 204, 243, 254, 263, 274, 281-282
Eisymont, Viktor, 170, 182
Ekk, Nikolai, 112
Ekster, Aleksandra, 66
Ela defende a Pátria [*Oná zaschischaet Ródinu*] (1943), 175
Encontraram-se em Moscou [*Svinarka i pastukh*] (1941), 174
Encontro no Elba [*Vstrietcha na Élbe*] (1949), 157f, 200
encouraçado Potemkin, O (1925), 17f-18f, 22, 38, 60, 63, 68-69, 177, 254
Engels, Friedrich, 194, 202
Entrada [*Bkhod*] (1962), 263
Entusiasmo: sinfonia de Donbass [*Entuziazm: Sinfónia Danbassa*] (1931), 111-112
Era uma vez uma menina [*Jilá bylá diévotchka*] (1944), 182
Erdman, Nikolai, 130
Ermler, Fridrikh, 71, 97, 108, 122, 126, 128, 131, 133, 142, 171, 175, 186, 201-202, 241, 284
Escarlatina [*Scarlatina*] (1924), 71
Espanha (1939), 170
Espere por mim (Simonov), 267
Espere por mim [*Jdí mniá*], 204
Está na hora, adiante! [*Vriémia, v period!*] (1965), 231f, 270
Estás ouvindo, Moscou [*Slíchich, Moskvá*], 55
Estrela vermelha (Bogdánov), 49
estrela, A [*Zviezdá*] (1949), 199
Estúdio Górki (1940), 166

Etinger, Iakov, 204
Eu sou Cuba [*Iá Kuba*] (1964), 230f, 268
Eu, vovó, Iliko e Ilarion (1962), 261
extraordinárias aventuras de Mr. West no país dos bolcheviques, As [*Neobytchainye prikliutchénia ministera Vesta v strane bolchevikov*] (1924), 60

"Fábrica de fatos" ["Fábrika faktov"], artigo, 63
façanha do agente secreto, A [*Pódvih razvietchka*] (1947), 190, 198
Fairbanks, Douglas, 50, 59-61
fascismo de todos os dias, O [*Obyknoviéni fachizm*] (1965), 272
Febre do xadrez [*Chakhmátnaia goriátchka*] (1925), 66-67
felicidade, A [*Stchástie*] (1935), 27, 130-131
felicidade do judeu, A [*Evréiskoe stchástie*] (1925), 70
Ferrer, Mel, 273
festa de São Jorge, A [*Prázdnik sviátigo Iórguena*] (1930), 113-114
fim de São Petersburgo, O [*Koniets Sankt-Peterburga*] (1927), 78f, 98
Fiódorov, Nikolai, 66
Fiódorov, Vassíli, 114
Fitzpatrick, Sheila, 108-109, 287
Flor sobre a pedra [*Tsvetok na kamiene*] (1962), 257
Fóguel, Vladímir, 62, 67, 97
Fókin, Valiéri, 251
Fonda, Henry, 273
Ford, John, 140, 179
Fourier, Charles, 54
Fragmentos de um Império [*Oblómok imperii*] (1929), 108
Friélikh, Oleg, 97

fronte vermelho, No [*Na krásnom fronte*] (1920), 40
Furtsieva, Ekaterina, 256, 260

Gagárin, Iuri, 255
Gaidai, Leonid, 235f, 272
Gálitch, Aleksandr, 240
Gan, Aleksei, 44, 69
Gapon, Gueórgui, 22
Gárdin, Vladímir, 25, 31, 40-41, 47-48, 64, 67-68, 122, 131
garota americana de Bagdá, A, 60
Gaumont, 25, 43
Gelovani, Mikheil, 140, 141, 189
Gengis Khan, 101
Gente simples [*Prostíe liudi*] (1945), 187-188
Gorbatchov, Mikhail, 9, 252, 270, 276
Górki, Maksim, 24, 38, 48-50, 62, 67, 118, 124, 139, 165-166, 171, 241
grande adeus, O [*Velíkoe proschánie*] (1953), 204
grande amanhecer, O [*Vielíkoe zárievo*] (1938), 141, 144
grande cidadão, O (1937 e 1959), 142
grande consolador, O [*Vielíki utechítel*] (1933), 123-124
Grande é o meu país [*Chiroka straná moiá*] (1958), 247
grande poder, O [*Vielíkaia sila*] (1950), 201
grande ruptura, A [*Vielíki perelom*] (1945), 186
grande vida, Uma [*Bolcháia jízn*] (1946), 188
Granóvski, Aleksei, 70
greve, A [*Statchka*] (1925), 14f, 56-57, 68-69
Griffith, D.W., 23, 28, 36, 57, 128
Grossman, Vassíli, 276
Guelóvani, Mikheil, 196-197, 199, 239

Guerássimov, Serguei, 40, 71, 169, 173, 180, 196-197, 205, 248
Guérman, Aleksei, 277
"guerra, A" ["Milkhome"] (Markish), poema, 204
Guerra e paz (1915), 31
Guerra e paz (1956), 273
Guerra e paz (Tolstói), 39, 65
Guinzburg, Semion, 20
Gúrtchenko, Liudmila, 244

Hamlet (Shakespeare), 266-267
Hegel, 19, 50, 109
Henry, O., 124
Hepburn, Audrey, 273
História da Guerra Civil (1922), 42
história de Ássia Kliátchina, que amava, mas não se casou, A [*Istória Ássi Kliátchnoi, kotóraia liubila, da nie vychla zamuj*] (1966), 274-275
história de uma pessoa de verdade, A [*Póviest o nastoáschiem tchelovieke*] (1948), 204
história inacabada, Uma [*Neokontchénaia póviest*] (1955), 241
Hitler, Adolf, 171-173, 178, 197-198, 237, 256, 273
homem anfíbio, O (1962), 260-261
homem com a arma, O [*Tcheloviek s rujiom*] (1938), 140-141
homem com uma câmera de cinema, Um (1929), 104

idiota, O (1958), 216f-217f, 247
Iejov, Nikolai, 141
Ilínski, Ígor, 61-62, 72, 113-114, 143, 244
inesquecível ano de 1919, O (1951), 162f, 199
infância de Górki, A [*Diétstvo Górkogo*] (1938), 165-166

infância de Ivan, A (1962), 225f, 256
Insurreição [*Vostánie*] (1918), 38
Intolerância [*Nieterpímost*], 36, 40
invencíveis, Os [*Niepobiédimie*], 173, 181-182
Ioganson, Eduard, 71
Iosseliani, Otar, 62
Iutkiévitch, Serguei, 48, 122, 140, 171, 193-194, 212f, 244, 274
Ivan (1932), 133
Ivan Brovkin em terra virgem [*Ivan Bróvkin na tsieline*] (1959), 251
Ivan, o Terrível, partes 1 e 2 (1944/1945), 150f-151f, 179, 180, 187-188, 247
Ivánov, Aleksandr, 59, 168, 199

Jackson, Tom, 47
Jakobson, Roman, 29, 98
Jantar a convite [*Zváni újin*] (1962), 241
Jaurès, Jean, 22
Jdánov, Andrei, 118, 120, 124, 168, 177, 186, 187, 197, 204
Jeliabujski, Iuri, 62
jovem estrito, Um [*Strógui iúnocha*] (1936), 136
jovem Fritz, O [*Iúni Fritz*] (1942), 177
Jovem Guarda, A (Guerassímov), 196
Jovem Guarda, A [*Moladáia gvardiá*] (1948), 196, 197
Joyce, James, 99, 125
Jukov, marechal, 183, 186, 249
juramento, O [*Kliátva*] (1946), 188-189
juventude de Maksim, A [*Iunost Maksima*] (1935), 128, 132

Kaganóvitch, 249
Kalatózov, Mikhail, 160f, 173, 201, 211f, 214f, 220f, 230f, 239-240, 246, 250, 268
Kámenev, Lev, 64-65, 95, 132, 140

Kapitsa, Piotr, 192
Kaplan, Fanni, 51, 142
Kápler, Aleksei, 140
Karmen, Roman, 172, 247
Kataiev, Valentin, 270
Kaufman, Denis Arkadievitch (*ver* Vertov, Dziga)
Kaufman, Mikhail, 43, 105
Keaton, Buster, 60, 129
Kenez, Peter, 121, 284
Kennedy, 254, 265, 268
Khaniutin, Iuri, 272
Kheifits,Ióssif, 121, 169, 245, 253
Khokhlova, Aleksandra, 40
Kholódnaia, Vera, 25-26
Khruschov, Nikita, 9, 167, 176, 189, 195, 203, 238, 242-244, 246, 248, 249n, 251-254, 259, 260, 262, 265, 267-269, 274
Khútsiev, Marlen, 234f, 244-245, 259-260, 264, 275
Kiérienski, 99
Kinofot, revista, 44
Kino-Nediélia, 42
Kino-Pravda (Cine-Verdade), 43, 64
"Kinóki. Insurreição", manifesto, 44
Kírov, Serguei, 122, 134-135, 142, 259
Khlébnikov, Vielímir, 29
Kleiman, Naum, 204, 240, 241
Klímov, Elem, 228f, 269
Komarov, Serguei, 40, 60
Kontchalóvski, Andrei, 126, 255-256, 264, 273-274
Kopálin, Iliá, 172
Kossyguin, Aleksei, 269-270
Kotsyubinsky, Mikhail, 266
Kózintsev, Grigóri, 47, 63, 71, 100, 107-108, 111-112, 128, 131-133, 141, 142,

169, 171-172, 177, 187, 246, 247, 266-267, 283
Krauss, Rosalind, 99
Krinítski, 100
Kronstadt, 55, 254
Krúpskaia, Nadiejda, 34
Kulechov, Lev, 20, 27, 36, 39-42, 55, 57, 60-62, 67, 69, 98, 104, 118, 123, 124, 127, 133, 137
Kulidjánov, Lev, 249
Kutúzov (1943), 172, 196
Kyrlya, Yvan, 113

lado de Vyborg, O [*Vibórskaia staraná*] (1939), 132, 141
ladrão, Um – mas não de Bagdá, 60
ladrão de Bagdá, O, 50, 57,
Ladynina, Marina, 143, 174
Lanari Bo, João, 10, 303
Lang, Fritz, 56, 128
Lavreniev, Boris, 242
lei da vida, A [*Zakon jízni*] (1940), 167-168
Lênin, Vladímir, 20, 22, 27, 29, 33-35, 37, 39, 41-45, 48-51, 53, 64-65, 72, 96, 99, 100, 106, 124-125, 140-142, 144, 165, 189, 192, 194, 239, 244, 245, 251, 253, 255, 274
Lênin em 1918 [*Liénin v 1918 goda*], (1939), 92f-93f, 141-142, 144
Lênin em Outubro [*Liénin v Oktiabrié*] (1937), 51, 87f, 140-141
Lênin na Polônia [*Liénin v Polche*] (1966), 274
Leyda, Jay, 21, 27, 50, 67, 122, 133, 136, 180, 282
Liébedev, Nikolai, 57
Liérmontov, 169
linha do fogo, Na – cameraman de cinejornal (1941), 172

linha geral, A (1926), 101
Lissitzky, El, 36
Lloyd, Harold, 129
Lonely Villa, The (1909), 23
Longe de Moscou [*Daliekó ot Moskvy*] (1951), 203
Los, 65-66
Lukínski, Ivan, 251
Lúkov, Leonid, 188
Lumière, irmãos, 24-25
Lunatchárski, Anatóli, 33-34, 36, 39, 45, 48-50, 58-59, 61, 65, 68, 69, 72, 103, 106
Lysenko, Trofim, 194-195, 201-202

maçãs-reinette de Katka, As [*Katka – bumajni ranet*] (1926), 71
Máchenka, 173-174
Máchenka (1941), 173
MacKay, John, 64, 104-105, 112
mãe, A (Pudóvkin), 61
mãe, A [*Mat*] (1919), 38, 67, 97
Maiakóvski, Vladímir, 12f, 29, 34, 44-46, 98, 109, 270
Makarova, Tamara, 169
Makhnó, Nestor, 47
Málenkov, 238, 249
Maliévitch, Kazimir, 29, 36, 57
Mandelstam, Óssip, 144
Mao Tsé-Tung, 200
marca do Zorro do vilarejo, A, 60
Mariétskaia, Vera, 169, 175
Marinetti, 48
Markish, Peretz, 204
Marseillaise ao music hall, 108
Marshak, Samuil, 177
marujo do tsar, O [*Mitchman Panin*] (1960), 222f, 253
Marx, Karl, 20, 99, 109, 132, 168, 194, 202, 244

Mascarada [Macarad] (1941), 169
Mass, Vladimir, 130
"Mate!", artigo, 237
Maupassant, 139
Mecânica do cérebro [Mekhanika golóvnogo mózga], 66
Medo e miséria no Terceiro Reich (Brecht), 177
Medviédkin, Aleksandr, 114-115, 130-131, 190
Membro do governo [Tchlien Provítielstva] (1939), 169
Mendel, 194, 201
menina de Leningrado, A [Frontóvye podrúgui] (1941), 170
Merimée, Prosper, 68
Meu aprendizado [V liudiákh] (1939), 166
mexicano, O [Meksikánets], 55
Meyerhold, Vsiévolod, 34, 45, 55, 61, 69, 118, 135, 144, 178, 270
Michelson, Annette, 42, 283
Mikhálkov, Nikita, 264
Mikhoels, Solomon, 70, 193
milagreiro, O [Tchudovoriets] (1922), 50
Milkina, Sofia, 270
Minha pátria [Moiá rodna] (1933), 121
"Minha sugestão para o cinema soviético" (Stakhánov), artigo, 117
Minhas universidades [Moí univiersitiety] (1940), 166
Mínin e Pojárski (1939), 169
Miragem (1916), 25
Mironer, Felix, 245
Miss Mend (1926), 62
Missão secreta [Siekriétnaia Míssia] (1950), 192
Mitchúrin (1949), 154f
Mitchúrin, Ivan, 194, 201
Mocidade de Lincoln, A (1939), 179

Mólotov, 134, 165, 167, 249
montanhas da Iugoslávia, Nas [V gorákh Iugoslávi] (1946), 190
Morgan, 201
Morozov, Pável, 139
morte do Cisne, A (1916), 28
Moscou em Outubro (1927), 98
Mozjúkhin, Ivan, 31, 40
mulher dos meus sonhos, A (1944), 198
mulheres de Riazan, As [Baby riazánskie] (1927), 2f-3f, 77f, 101
Muradeli, Vano, 197
Muratova, Kira, 196, 278
Muraviov, general, 186

Não nascido para o dinheiro [Ne dliá diéneg rodívchiisia] (1918), 45
Napoleão III, 68, 170, 172, 183, 196, 273
"Nascimento do Cine-Olho", artigo, 41
Naúmov, Vladímir, 221f, 254
Neizviéstni, Ernst, 259
Nelly Raintseva (1916), 25
New York Times, 122, 165, 176, 247
Nicolau II, tsar, 22-23, 26
Nielsen, Asta, 25
Nikoláieva, Galina, 204
Nilsen, Vladímir, 126, 130, 131
Nixon, Richard, 252
Nó apertado [Tugói úziel] (1956), 244
"Nós", artigo, 44
Noite de Carnaval [Carnaválnaia notch] (1956), 213f, 244
noiva rica, A [Bogátaia nevestá] (1938), 139
Nós voltaremos [Sekrietar paikoma] (1942), 174
nova Babilônia, A [Nóvi Babilon] (1929), 107
nova Moscou, A [Nóvaia Moskvá] (1938), 131
Nove dias de um ano [Dieviát dniei odinogo goda] (1962), 255

Oitava Sinfonia (Chostakóvich), 180
Oliecha, Iuri, 136
Operação Y e outras aventuras de Chúrik [Operátsia Y i druguie prikliutchénia Chúrika] (1965), 272
operária-milagre, A [Tchudienitsa] (1936), 131
Orlova, Liubov, 129-130, 138, 143
Otelo, o mouro de Veneza (1956), 118, 212f, 244
Otsep, Fiódor, 62
Oukaderova, Lida, 248
Outubro [Oktiábr] (1927), 51, 55, 76f, 99-101
Ozep, Fedor, 118

Padre Sérgio (1918), 13f, 31-32
Pai e filho [Otiets e cyn] (1937), 167
palácio e a fortaleza, O [Dvoriets i kriépost] (1923), 59
Panfílov, Gleb, 255
Paniuszkin, Wasilij, 253-254
Panova, Vera, 263
Para a felicidade [Za stchástiem], 27
Parajánov, Serguei, 196, 256, 265-266
Parentes estrangeiros [Tchújaia ródnia] (1955), 243
partida do grande ancião, A [Ukhoda vielíkogo startsa] (1912), 31
Pasternak, Boris, 44, 252, 266
Pathé, 25, 30, 43, 56
pátria da eletricidade, A [Ródina elektrítchestva] (Platónov), 275
patrulha perdida, A (Ford), 140
Pavlenko, 144, 188
Paz para quem entra [Mir vkhodiáschemu] (1961), 221f, 254
Pedro, o Grande (1937 e 1958), 143
Pela lei [Po zakónu] (1926), 60

Perestiáni, Ivan, 28, 47
Pessoa nº 217 [Tcheloviek nº 217] (1944), 183
Petrov, Vladímir, 143, 158f, 172, 199
Petrov-Bytov, Pavel, 100, 103
Pickford, Mary, 59-61
Piel, Harry, 56
Piotróvski, Adrian, 103
Píriev, Ivan, 86f, 91f, 135, 139, 143, 152f, 155f, 161f, 171, 174, 180, 181, 183, 195, 202, 216f-217f, 247
plano para as grandes obras, O [Plan vielíki rabot] (1930), 111
Platónov, Andrei, 275
Pó de prata [Seriebrístaia pyl] (1953), 208f, 239
Podgórni, Nikolai, 269
poética do cinema, A [Poétika kinó] (1927), 98
Polevói, Boris, 204
Polikuchka (Tolstói), 39
Popova, Liubov, 29
porta de Ilitch, A [Zastava Ilitcha] (1961), 259
Possad, Siérguiev, 42
prado de Bejin, O [Bejin lug] (1937), 88f, 127, 139, 144
Pravov, Ivan, 21, 77f, 101
Preobrajiénskaia, Olga, 21, 31, 77f, 101
Preobrajiénski, Nikolai, 36
Primavera de Praga, 278
Primavera na rua Zariétchnaia [Viesná na úlitse Zariétchnaia] (1956), 245
Primavera soviética, 192, 237, 240, 241, 242-246, 248-249, 260, 262-263, 265-267, 271, 273, 276, 282
Prince, Charles, 50
"problema da abordagem materialista no cinema, O" (Eisenstein), 57
processo dos três milhões, O [Protsess o triokh miliónakh] (1926), 72

professor, O [*Utchítiel*] (1939), 169
projeto do engenheiro Prite, O [*Proekt injeniera Praita*] (1918), 40
Prokófiev, Serguei, 205
Proletkult, organização cultural proletária, 38, 49, 55-56
Prostituta [*Prostitutka*] (1926), 97
Protazánov, Iákov, 13f, 16f, 23, 25, 30-32, 64-66, 71-72, 104, 113-114, 131, 133, 137, 169, 242, 254, 284
Púchkin, Aleksandr, 21, 31, 169
Pudóvkin, Vsiévolod, 9, 20, 38, 40, 46, 60, 61, 66-69, 78f-79f, 97-98, 100-101, 103-104, 106, 118-119, 128, 133, 137, 148f-149f, 163f, 169, 170-172, 177, 180, 187, 194, 204, 240, 245
punhal, O [*Kórtik*] (1954), 243

quadragésimo-primeiro, O [*Sórok piérvi*] (1956), 72, 242-243
Quando voam as cegonhas (1957), 214f, 246
queda da dinastia Romanov, A (1927), 98
queda de Berlim, A [*Pabediénie Bierlina*] (1949), 159f, 197
queda de Paris, A (1942), 237
questão russa, A [*Rússki vopros*] (1948), 153f, 192

Rabinóvitch, Isaac, 66
Raizman, Iúli, 66, 171, 173, 183, 215f, 249
rapazes felizes, Os [*Viessiólye rebiata*] (1934), 82f-83f, 129-131
Raspútin, 24
Razumny, Aleksandr, 37-38
Redemoinhos hostis [*Vírkhi vrajdiébnye*] (1953), 239
rei de Paris, O [*Korol Parija*], 27
Religião e socialismo [*Relíguia i sotsialism*] (1908), 48

retaguarda do inimigo, Na [*V tylu vraga*] (1941), 170
retorno de Maksim, O [*Vozvrochiénie Maksima*] (1937), 132
retorno de Vassíli Bortnikov, O [*Vozvraschiénie Vassília Bortnikova*] (1952), 163f, 204, 240
Revolução de Outubro (1919), 36
Revolucionário [*Rievolutsioner*] (1917), 28
Riazánov, Eldar, 213f, 244
Robespierre, 49
Rochal, Grigóri, 202
roda do diabo, A (1926), 71
Rodtchenko, Aleksandr, 43-44, 45n
Rokk, Marika, 198
Romanov, Aleksei, 262
Romm, Mikhail, 51, 84f, 87f, 92f-93f, 139, 140-142, 153f, 174, 179-180, 183, 192, 210f, 224f, 238-239, 244, 255, 260, 271-272
Room, Abram, 69, 97, 111, 136-137, 190, 193, 208f, 239
Roosevelt, 181, 185, 197
Rozenel, Natália, 58
Rumo à ditadura [*K diktature*], 56

sábio, O [*Mudriets*] (1923), 56
Sacha começa a vida (1957), 244
Sacha torna-se um homem (Tendryakov), 243
Samsónov, Samson, 226f, 264
Sangue por sangue, morte por morte (1941), 172
Sanin, Aleksandr, 39
Sapato rasgado [*Rványe bachmaki*] (1933), 166
Satã triunfante [*Sataná likúiuschi*] (1917), 31
Sávtchenko, Ígor, 122, 196, 244, 254
Savvina, Iya, 253

Schweitzer, Mikhail, 222f-223f, 231f, 243-244, 253, 270
selo do velho lutador, O (1916), 28
senhorita e o valentão, A [*Barichnia i khuligan*] (1918), 45
Sérgio de Radonege, 42
Serova, Valentina, 267
serralheiro e o chanceler, O [*Sliésar i kántslier*] (1923), 48
sétimo companheiro, O [*Sedmói spútnik*] (1968), 277
sexto do mundo, Um [*Chestaia tchast mira*] (1926), 72-73
Shakespeare, William, 117, 266-267
Shchors, Mykola, 134-135
Shneider, Evguéni, 170
Siéguel, Iákov, 249
Simonov, Konstantin, 169, 204, 267
Sinclair, Upton, 125
Slesarenko, Anatóli, 256
Só (Tráuberg e Kózintsev), música, 112
"Sobre aqueles que não amam falar de amor", artigo, 238
Soljenítsin, Aleksandr, 252
Sonho [*Metchtá*] (1941), 174
Soviete de São Petersburgo, 26
Stakhánov, Aleksei, 117-118
Stálin, Ióssif, 30, 38, 46, 47, 51, 55, 62, 64-65, 70, 72-73, 75, 98, 100-101, 106-107, 109-111, 117, 120-122, 124, 125, 126-128, 130-144, 165-171, 173-174, 176, 178-182, 185-192, 194-205, 237-241, 248, 251-252, 255, 259, 262, 263, 266, 267, 271, 273, 274, 276, 282, 283, 284, 287
Stanislávski, Konstantin, 26, 34, 39
Stenka Rázin (1908), 20-21
Stenka Rázin (1939), 21, 25
Stepan Khalturin (1925), 59

Stevenson, Robert Louis, 166
Stólper, Aleksandr, 167, 203-204, 229f, 267
Superlotação (1918) (*ver* Coabitação)
Suvorov (1941), 148f, 170
Sverdlin, Lev, 203-204
Svetlana, 140
Svílova, Elizaveta, 43, 105, 111, 205
Svirídov, 270

Táguer, 112
Talankin, Ígor, 263
Tarich, Iuri, 177
Tarkóvski, Andrei, 131, 192, 225f, 233f, 255, 256, 260, 264, 273, 285
Taylor, Richard, 96, 281, 284
Tchapaiev (1935), 127-128, 132, 134
Tchapaiev, Vassíli Ivánoviych, 128
Tchardynin, Piotr, 25, 47, 166
Tchárni, Markus, 105
Tchékhov, Anton, 48, 122, 130, 253
Tcherkássov, Nikolai, 144, 180, 247
Tchiaureli, Mikhail, 47, 131, 141, 159f, 162f, 180-181, 188, 197, 199, 205
Tchukhrai, Grigóri, 72, 219f, 242, 251
Tempestade sobre a Ásia (1928), 79f, 101
Tendriakov, Vladímir, 243-244
Tenho vinte anos [*Mnié dvátsat let*] (1965), 260, 264
terceiro golpe, O [*Triéti udar*] (1948), 196
Terechkova, Valentina, 261
Terra [*Zemliá*] (1930), 109
Terra liberada [*Osvobojdiónaia ziemliá*] (1946), 190
Tissé, Eduard, 57, 68, 129, 131, 144, 190
Tito, 190
Todo o país está assistindo Tchapaiev (1934), 127
Tolstói, Aleksei, 65

Tolstói, Lev, 20, 26, 31, 39, 48, 65, 118, 174, 243, 273
Tommy (1931), 114
Trabalhador Distinguido da URSS, 133
Tracy, Spencer, 143
tragédia otimista, Uma [Optimistítcheskaia traguédia] (1963), 226f, 264
Trainin, Ilia, 58-59, 61, 72, 104
Trajeto vazio [Porójni reiz] (1963), 263
Tratoristas [Traktoristy] (1939), 91f, 143
Tráuberg, Leonid, 47, 63, 71, 100, 107, 112, 128, 131, 132, 133, 141, 142, 169, 171-172, 177, 187, 193, 276
Três canções sobre Lênin [Tri piésni o Liénine] (1934), 124
Tretiakov, Serguei, 44
treze, O [Trinádtsat] (1937), 140
Tribunal de honra [Sud tchiesti], (1949), 193
trio de pequeno-burgueses, Um: amor a três [Triétia meschanskaia: Liubov vtriom] (1927), 97
Trótski, Leon, 33, 37, 53, 54-55, 64, 65, 70, 95, 98, 100, 106, 140, 142, 165, 199
Truman, 185, 191
Tsiolkóvski, Konstantin, 66
Tsivian, Yuri, 23-24, 63, 281
Tukhatchevski, Mikhail, 144
Turguêniev, 28, 139
Turkin, Nikandr, 12f
Turóvskaia, Máia, 117-118, 122, 198, 200, 272, 284
Tyniánov, Iuri, 71

Ucrânia em chamas (1943), 176
Ukhanov, Konstantin, 64-65
Ukraína, jornal, 176
Ulysses (Joyce), 99
Uma vez, à noite [Odnájdi nótchiu] (1945), 183
Uma vez no verão [Odnájdy liétom], 136
Urussiévski, Serguei, 240, 242, 246, 250, 268
Utiósov, Leonid, 129

Valquíria, A (Wagner), 145
Varlámov, Leonid, 172
Vassíliev, Irmãos (Serguei e Gueórgui), 127-128, 133, 171
velho cavaleiro, O [Stári naiézdniki] (1940-1959), 181
velho e o novo, O [Stári i nóvi] (1929), 101
vendedora de cigarros de Moscou, A [Papirósnitsa Masselproma] (1924), 62
Venguiérov, Vladímir, 243, 263, 264
Verbítskaia, Anastassia, 31
Verne, Julio, 166
"Vertigem do sucesso" ["Golovokrujiénit ot uspiékhov"], artigo, 110
Vertínski, Aleksandr, 201
Vertov, Dziga, 20, 21n, 29, 36, 41-43, 44-46, 56, 58, 63-65, 69, 70, 72-73, 97, 101, 103-105, 111, 123-125, 131, 133, 137, 172, 283
Vida e morte do tenente Schmidt [Jízn i smiérti leitienanta Schimdt] (1917), 38
Vida na morte [Jísni v smiérti] (1915), 28
Vidor, King, 273
Virtá, Nicolai, 185, 199, 201, 241
Vitória na margem direita da Ucrânia [Pobieda na pravobieriéjnoi Ukraíne] (1945), 176
Viva o México!, 125
vivos e os mortos, Os (1964), 229f, 267
vivos e os mortos, Os [Jivye i miórtvye] (Simonov), 267
"vodca, a Igreja e o cinema, A" ["Vodka, tsiérkov i kinematógraf"], 53
Volga-Volga (1938), 90f, 130, 143

"Volga, Volga", canção folclórica, 21
Voltaire, 38
Vorochílov, 134
Vychínski, Andrei, 168, 191
Vyssótski, Vladímir, 278

Wagner, Richard, 145
Walsh, Raoul, 51
Welles, Orson, 142-143
Whitman, Walt, 72, 105
Wilson, Edmund, 32

Youngblood, Denise, 70, 281, 284, 285

Zarkhi, Aleksandr, 121, 169
Zinóviev, 64, 95, 132, 140
Žižek, Slavoj, 120
Zóia (1944), 182-183
Zvenígora (1928), 102-103

SOBRE O AUTOR

João Lanari Bo nasceu em São Paulo, em 13 de março de 1955, e vive atualmente entre Brasília e Rio de Janeiro. É professor de cinema da Faculdade de Comunicação da Universidade de Brasília (FAC-UNB) desde os anos 1980. Residiu em Tóquio por três anos, onde atuou como diplomata, e publicou, após seu retorno, o livro *Cinema japonês* (2016). Colabora em periódicos como *Correio Braziliense* e a revista *Devires*.

Este livro foi publicado pela Bazar do Tempo
em outubro de 2019, na cidade de São Sebastião
do Rio de Janeiro, com miolo impresso em
papel Pólen Soft 80 g/m² pela gráfica Stamppa.
Foram usados os tipos Graphik e GT Sectra.